DARKSIDE

A Year and a Day of Everyday Witchcraft:
366 Ways to Witchify Your Life
Copyright © 2017 by Deborah Blake
Published by Llewellyn Publications Woodbury,
MN 55125, USA. www.llewellyn.com

Tradução para a língua portuguesa
© Flávia Souto Maior, 2022

Diretor Editorial
Christiano Menezes

Diretor Comercial
Chico de Assis

Diretor de Novos Negócios
Marcel Souto Maior

Diretora de Estratégia Editorial
Raquel Moritz

Gerente de Marca
Arthur Moraes

Gerentes Editoriais
Bruno Dorigatti
Marcia Heloisa

Editora
Nilsen Silva

Capa e Projeto Gráfico
Retina 78

Coord. de Diagramação
Sergio Chaves

Designer Assistente
Ricardo Brito

Preparação
Jane Rotta

Revisão
Victoria Amorim
Retina Conteúdo

Finalização
Roberto Geronimo

Marketing Estratégico
Ag. Mandíbula

Impressão e Acabamento
Braspor

DADOS INTERNACIONAIS DE CATALOGAÇÃO NA PUBLICAÇÃO (CIP)
Jéssica de Oliveira Molinari - CRB-8/9852

Blake, Deborah
    Diário mágico / Deborah Blake ; tradução de Flávia Souto Maior.
— Rio de Janeiro : DarkSide Books, 2022.
432 p.

ISBN: 978-65-5598-175-9
Título original: A Year And a day of Everyday Witchcraft

1. Wicca 2. Calendários religiosos I. Título II. Maior, Flávia Souto

22-1801   CDD 133.4

Índices para catálogo sistemático:
1. Wicca

[2022, 2025]
Todos os direitos desta edição reservados à
DarkSide® Entretenimento LTDA.
Rua General Roca, 935/504 — Tijuca
20521-071 — Rio de Janeiro — RJ — Brasil
www.darksidebooks.com

MAGICAE APRESENTA

DEBORAH BLAKE

DIÁRIO MÁGICO

366 DIAS DE MAGIA
E EQUILÍBRIO

TRADUÇÃO
FLÁVIA SOUTO MAIOR

DARKSIDE

*Para o Blue Moon Circle, passado
e presente, e para os meus leitores,
porque vocês são o máximo.
Obrigada por pedirem este livro.*

DIÁRIO MÁGICO

017 **JANEIRO**
energia e luminosidade

051 **FEVEREIRO**
lucidez e determinação

083 **MARÇO**
abundância e festividade

117 **ABRIL**
fertilidade e renascimento

151 **MAIO**
renovação e beleza

185 **JUNHO**
recolhimento e reflexão

DIÁRIO MÁGICO

219 | **JULHO**
força e encantamento

253 | **AGOSTO**
recomeços e poesia

287 | **SETEMBRO**
flores e bem-estar

321 | **OUTUBRO**
união e sorrisos

355 | **NOVEMBRO**
sintonia e musicalidade

389 | **DEZEMBRO**
finalização e leveza

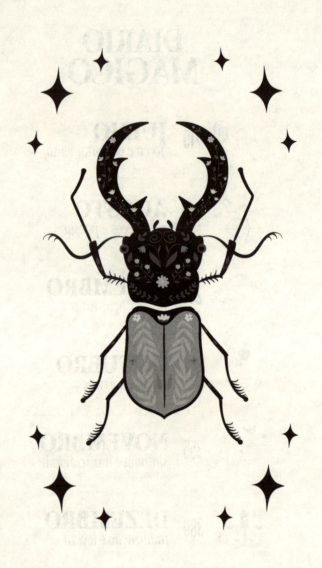

Introdução

Bem-vinda* ao *Diário Mágico*. Por que neste livro temos um ano e um dia em vez de 365 dias? Em parte, porque um ano e um dia é uma medida de tempo tradicional utilizada na bruxaria contemporânea. Às vezes para estudo, como naqueles programas que seguem um sistema de graduação, de modo que uma pessoa estudaria durante um ano e um dia para chegar a um certo nível. Outras vezes para um compromisso ou juramento, como um ritual de união das mãos (*handfasting*) em que o casal escolhe se unir por um ano e um dia, e não por uma vida inteira.

Mas existe outra razão para haver um dia extra neste livro, que você pode ou não usar, de acordo com o seu desejo. No entanto, espero que ao terminar o livro você se sinta inspirada a iniciar seu ano seguinte de forma mágica, seja com o ritual que sugeri ou algum outro inventado por você mesma.

O livro é configurado para acompanhar um ano inteiro, começando em primeiro de janeiro, mas você pode iniciar a leitura pela data que preferir e completar o ciclo a partir desse ponto. E, é claro, nada impede que você apenas abra em uma página aleatória, se esse for o seu estilo. Não há regras aqui, e ninguém vai ficar vigiando. Minha principal intenção é prover formas simples de conectá-la diariamente com a bruxa que há dentro de você — em resumo, permitir que você "bruxifique" sua vida em pequenas, fáceis, educativas e (assim espero) divertidas doses diárias.

---

* Por uma questão de padronização textual, o texto deste livro se encontra no gênero feminino, mas a prática, é claro, não exclui praticantes de outros gêneros. (As notas são das editoras.)

Se preferir, no entanto, você pode utilizar este livro como sua própria jornada pessoal de "um ano e um dia". As iniciantes vão achar os tópicos úteis para uma introdução à prática pessoal da magia, enquanto as bruxas e pagãs mais experientes podem usar as ocorrências como forma de renovar ou aprofundar uma prática já existente. Minhas leitoras estavam me pedindo para escrever um livro com entradas diárias e um devocional havia algum tempo; este livro é um pouco de ambos — há sugestões de como usar o fragmento daquele dia (se desejar), além de poemas e palavras de sabedoria de autores que me inspiram; espero que eles também toquem o seu coração.

Este livro segue a Roda do Ano e o ciclo sazonal geral. No entanto, dependendo de onde você mora, alguns aspectos podem se aplicar em maior ou menor grau. Sinta-se à vontade para fazer ajustes que se adequem à sua situação de vida e ao seu estilo.

O livro também toca em vários aspectos de uma prática pagã moderna, incluindo a conexão com a natureza, com a Deusa e com o Deus; celebrações lunares e de feriados; receitas e trabalhos manuais fáceis de fazer; questões sobre as quais refletir; e, é claro, alguns feitiços, rituais e afirmações simples.

Algumas dessas propostas interessarão mais a algumas leitoras do que a outras, mas espero que você ache a maioria delas úteis, significativas e proveitosas. Como bruxas vivendo no mundo moderno, muitas de nós achamos difícil arrumar tempo para focar em nossas práticas de magia como gostaríamos. Este livro é uma forma de facilitar a inclusão da magia no seu cotidiano um dia de cada vez, ajudando você a manter um contato mais estreito com seu próprio caminho, independentemente da forma que ele possa assumir.

Muitas bênçãos em sua jornada e obrigada por me levar junto na viagem.

Deborah Blake

JANEIRO
energia e luminosidade

INTENÇÃO E COMPROMISSO

01 JAN

O primeiro dia do novo ano é o momento perfeito para descobrir em quais coisas você deseja concentrar seu tempo e energia durante os meses seguintes. Muitas pessoas fazem isso, e a maioria delas, francamente, não consegue ir em frente. Como bruxas, uma das primeiras coisas que aprendemos é a importância da intenção. Ela fortalece nossa magia e é a força motriz por trás de nossas jornadas pessoais. Este ano, em vez de fazer uma resolução de Ano-Novo, faça uma declaração de intenção.

Para chegar à declaração de intenção, pare para pensar no que funciona ou não em sua vida. O que você deseja mudar? Mais do que isso, qual é o seu objetivo? Que diferenças espera ver em si mesma no fim do ano? Deseja ser mais forte, mais saudável, mais sábia, mais espiritualizada? Uma mãe, filha, parceira, amiga, ser humano melhor? Escreva sua intenção para o ano. Assegure-se de que seja uma afirmação positiva, como "Pretendo me tornar uma pessoa mais forte, mais saudável e mais feliz", em vez de "Vou deixar de ser fraca e infeliz".

Sugestão Mágica: *Jogue sua intenção para o universo, assumindo um compromisso consigo mesma e com a sua divindade. Concentre-se em sua intenção, foque todo o poder de sua vontade naquele momento, e, em seguida, declare-a em voz alta.*

02 JAN

PAINEL DE FOCO

Os seres humanos tendem a ser criaturas visuais. As coisas que vemos ficam gravadas em nosso cérebro. Por isso, uma boa forma de reforçar seu comprometimento com a intenção pensada no dia 1º de janeiro é criar um painel de foco.

Um painel de foco é exatamente o que o nome diz: um painel que ajuda você a se concentrar em seus objetivos. Ele usa uma combinação de palavras e imagens para criar um lembrete visual de onde você quer chegar. Além disso, o ato de criar o painel direciona mais de sua energia para a intenção em si. É uma vitória dupla!

Não entre em pânico se não tiver habilidades artísticas. Use fotos, recorte figuras de revistas, imprima imagens da internet ou use desenhos do computador. Pegue as palavras ou frases para seu painel de foco nesses mesmos lugares, ou utilize marcadores ou giz de cera para acrescentá-las diretamente ao painel.

Escolha imagens e palavras que simbolizem os objetivos que você deseja alcançar. Por exemplo, se quer trazer mais amor à sua vida, use imagens de casais apaixonados, uma mãe e um filho, um coven de bruxas dançando sob a lua cheia — o que quer que represente "amor" para você. Então acrescente palavras como "união", "amor" e "abraços e beijos".

Sugestão Mágica: *Termine o painel decorando-o de uma forma que agregue energia extra e combine com seu estilo. Algumas pessoas usam purpurina, outras podem preferir flores secas. Não existe certo ou errado. Ao compor o painel, concentre-se em sua intenção e depois pendure-o em um lugar onde fique sempre visível.*

HOLDA, A PROTETORA DA NATUREZA

03 JAN

Holda — conhecida como Hulda, Holle, Mãe Holle e *Frau* Holda (entre outros nomes) — é uma deusa teutônica há muito tempo associada a bruxas, lagos e ao clima. Como outras deusas originalmente vistas como benevolentes, ela acabou sendo demonizada pelo cristianismo e transformada em uma mulher com cabelos desgrenhados que raptava crianças desobedientes. Mas, muito antes disso, ela era vista como protetora da natureza (acompanhada de um séquito de coelhos com tochas, veja só) e uma divindade do lar.

Sempre associada ao clima, dizia-se que quando Holda balançava seu colchão de penas, caía chuva ou neve sobre a terra. Seu festival é celebrado no inverno e ela também é associada ao período de celebrações do Natal.[*]

Sugestão Mágica: *Saia ao ar livre, na chuva ou na neve, se tiver acesso a elas, ou visualize-as se não chover ou nevar em sua região. Enxergue os pingos de água e os flocos de neve como as penas do colchão da deusa e agradeça a Holda por zelar por todas as criaturas da natureza, incluindo nós.*

---

[*] No hemisfério norte, é inverno durante as celebrações de Natal.

04 JAN

LIVRO DA LUZ

É comum que as bruxas tenham um Livro das Sombras onde anotam feitiços, receitas com ervas e quaisquer magias que utilizem e queiram recordar. Você pode até não desejar ter um Livro das Sombras para sua prática de magia, mas mesmo se não se sentir atraída por esse tipo de coisa, considere ter um Livro da Luz. (Sim, eu acabei de inventar isso. Não quer dizer que não seja uma boa ideia.)

Um Livro da Luz pode ser algo criado por você mesma — é divertido confeccionar seu próprio livro e decorar a capa —, ou você pode usar um diário ou caderno que chame sua atenção. Se puder, escreva alguma coisa nele todos os dias conforme for percorrendo essa jornada mágica (mas não se preocupe se pular um dia ou dois... ninguém está controlando). O que você vai escrever em seu Livro da Luz pode ou não estar relacionado à magia: pode ser espiritual ou mundano, a escolha é sua — mas deve sempre ser algo positivo (daí o nome).

Sugestão Mágica: *Deixe que o Livro da Luz ajude você a se concentrar no lado bom das coisas, mesmo que seja apenas durante cinco minutos por dia. Aqui estão algumas sugestões para iniciar: escreva um poema inspirador ou descreva uma criatura minúscula que viu pela janela ou durante uma caminhada. Escreva sobre algo que fez e funcionou para você, de forma a não esquecer de experimentar aquilo novamente. Acrescente a foto de um dia especial ou escreva uma afirmação positiva.*

UM CALENDÁRIO PARA O ANO

Uma das coisas que faço no início de cada ano é marcar em um calendário todas as datas importantes. (Costumo ter um calendário bem legal apenas para apreciar e outro mais fofo, com estampa de gatinhos, para usar no dia a dia; é nesse último que marco tudo.) Anoto coisas como aniversários e comemorações, mas também uso uma caneta marca-texto amarela para circular todas as luas cheias; além disso, registro os sabás em vermelho e circulo-os também.

Assim, quando viro a página para um novo mês, posso ver de imediato em quais noites eu quero reservar um tempo para o trabalho espiritual, e quando talvez deseje planejar um ritual especial — ou combinar algo mágico com aquelas amigas que tenham planos semelhantes.

Sugestão Mágica: *Transforme seu calendário em uma ferramenta mágica. Você pode fazer como eu e circular/destacar os dias mágicos ou marcá-los com adesivos, símbolos ou qualquer outra coisa que funcione para você. Se ainda não tiver "saído do armário de vassouras", use uma pequena agenda privada ou símbolos pequenos e sutis que não signifiquem nada para ninguém além de você.*

06 JAN

DIA DE REIS

O Dia de Reis marca o dia em que os três reis magos visitaram o menino Jesus, mas também é o fim do período de celebrações ligadas ao Natal. Algumas pessoas acreditam que dê azar manter a decoração natalina após esse dia. Além disso, é claro, a data também é o título de uma famosa peça de Shakespeare, *Noite de Reis*.

Suas origens remontam a uma festividade medieval inglesa mais antiga. Ela marcava o fim de uma temporada de festejos de inverno que começava na Véspera de Todos os Santos. Nesse dia, todas as regras eram invertidas e os camponeses mandavam na realeza — uma tradição dos tempos da Saturnália, festa romana pagã conduzida pelo Senhor da Desordem.

Sugestão Mágica: *Se você fosse o Senhor (ou Senhora) da Desordem, o que faria com seu poder? Faça uma lista de doze coisas que mudaria se estivesse no comando e comece a mudar algumas delas. Como diria Shakespeare: "Faça o que quiser".* *

---

* Referência ao título original da peça, *Twelfth Night, or Do What You Will* ou, em tradução livre, *A Décima Segunda Noite, ou Faça o que Quiser*.

AS DUAS FACES DE JANO
07 JAN

Jano é um dos raros deuses romanos que não tem contraparte grega. Acredita-se que o nome do mês de janeiro tenha vindo dele, então é apropriado que reservemos um tempo para conhecê-lo.

Jano é o deus dos inícios e fins, passagens e transições, entradas e portões. Normalmente é retratado com dois rostos, um olhando para o passado e outro para o futuro. Se você estiver passando por importantes mudanças ou transições na vida, ele é um bom deus a quem recorrer em busca de ajuda e orientação. Ele é associado aos nascimentos, uma vez que são o recomeço supremo, assim como aos casamentos, colheitas e mortes.

Sugestão Mágica: *Ao vislumbrar um novo ano, acenda uma vela para esse deus dos novos começos. Peça a ele orientação e ajuda para se livrar de qualquer coisa que atrapalhe seu caminho.*

08
JAN

(((●)))

SABEDORIA DE BRUXA Nº 1

Aqui está uma citação inspiradora para começar bem seu Livro da Luz. Ela foi extraída do livro *A Dança Cósmica das Feiticeiras: Guia de Rituais para Celebrar a Deusa*, de Starhawk, um dos livros clássicos sobre bruxaria que recomendo a todos.

> Para fazer magia, preciso acreditar em minha capacidade de fazer coisas e de provocar acontecimentos. Essa crença é gerada e mantida por minhas ações cotidianas. [...] para uma pessoa que pratica a honestidade e cumpre compromissos, "Se assim desejo, que assim seja" não é apenas uma frase bonita: é uma declaração de fato.

Sugestão Mágica: *Pense no que você acredita ser necessário para a prática da magia. Você concorda com Starhawk ou vê as coisas de outro modo? Se nunca pensou sobre isso, reserve alguns minutos para fazer isso hoje.*

DESEJOS PARA O NOVO ANO
09 JAN

Muitas de nós estamos tão ocupadas correndo de um lado para o outro, tentando acompanhar o ritmo de nossa vida agitada, que raramente temos tempo para pensar em qualquer coisa mais fundamental que "O que vou fazer para o jantar?" ou "Onde deixei meu telefone dessa vez?".

Mas quando se trilha um caminho espiritual, independentemente da forma que esse caminho assuma, é uma boa ideia reservar um tempo de vez em quando para refletir sobre o que é importante para você. Como estamos no início do ano, agora é um bom momento para olhar adiante e se perguntar o seguinte: o que você deseja para o ano que se inicia?

Sugestão Mágica: *Sente-se em um local silencioso e visualize como estará sua vida em um ano. Será exatamente igual? Se for o caso, isso é uma coisa boa? Em caso negativo, o que você gostaria de mudar? Quais são seus objetivos para os próximos doze meses? Se gostar de fazer listas, anote os objetivos que gostaria de alcançar durante o ano que está começando e deixe a relação em um lugar visível, de modo que funcione como um lembrete de onde você quer chegar. Do contrário, apenas feche os olhos e visualize as coisas que almeja da forma mais clara possível. Torne-as concretas em sua mente. Planeje ações mágicas e mundanas que possam torná-las realidade.*

10 JAN

GRATIDÃO
Nº 1

Para muitas de nós, focar naquilo que não temos. Coisas de que precisamos e não temos acaba virando um hábito meio inconsciente. Coisas que queremos e não podemos ter. O lado negativo — seja físico, mental ou emocional. Curiosamente, há provas científicas de que ser grato realmente faz bem. Mas mesmo que não houvesse provas, tenho certeza de que os deuses (assim como nossas mães) não querem nos ouvir choramingando o tempo todo.

Muitos anos atrás, incorporei à prática diária encerrar os dias falando com os deuses e agradecendo por tudo de bom em minha vida. Alguns dias tenho mais dificuldade em pensar nessas coisas, mas sempre há algo: amigos, família, gatos (agradeço aos deuses pela existência dos gatos!), uma palavra gentil ou um pouco de sorte, um belo pássaro que cruzou meu caminho por acaso justo quando eu precisava de um estímulo.

Sugestão Mágica: *Durante o restante do mês, pense diariamente em uma coisa pela qual ser grata. Qual é a de hoje?*

FEITIÇO PARA LIBERAÇÃO DO MEDO

11 JAN

O medo é sorrateiro e conta mentiras que nos impedem de seguir adiante. Apesar de haver momentos em que o medo pode nos proteger, na maior parte do tempo ele nos impede de avançar. Não dê atenção a isso.

Quando enfrentamos os medos, descobrimos que eles não são tão assustadores quanto pensávamos. Aqui está um encantamento para reconhecer e liberar o medo que a impede de avançar, de modo que possa percorrer seu caminho de forma mais positiva.

> Medo, dia após dia eu te vejo
> Me incomodar é o teu desejo
> Pareces sólido, real, escuro
> Mas não me atinges, eu te juro
> Não me enfraqueces, já nem tente
> Pois vais sumir bem de repente
> O medo é sombra, a fé é luz
> Que me dá força e me conduz
> Medo, aqui já não tens poder
> Puf! Assim te faço desaparecer!

Sugestão Mágica: *Recite esse encantamento hoje e direcione-o a todas as coisas que a assustam.*

12 JAN

OS PROPÓSITOS DA NEVE E DA CHUVA

Não costumamos pensar em neve como água, mas é o que ela é. Apenas está congelada (como você ficará se sair andando por ela!). Se neva onde você mora, talvez não goste de ter de usar muitas roupas, caminhar com dificuldade pela neve para chegar a qualquer lugar ou ter de removê-la da entrada de sua casa com uma pá. Além disso, em grandes quantidades, a neve a chuva podem ser bem perigosas.

Mas a neve também serve a um propósito. Ela cobre o solo e o isola do frio, ajudando a preservar o que está sob ele até a volta da primavera. Quando o clima esquenta, a neve derrete e se junta aos lençóis freáticos, enchendo os riachos, fornecendo a umidade necessária para a vegetação que virá. E, é claro, se por acaso você gostar de esquiar ou de uma boa guerra de bolas de neve, ela pode até ser divertida.

Sugestão Mágica: *Aproveite para se conectar com esse elemento de água se tiver acesso à neve ou chuva. Encante-se com a natureza singular dos flocos de neve ou das gotas de chuva: incríveis formações cristalinas, sempre diferentes umas das outras. Faça uma deusa de neve em seu quintal. Deite-se de costas e mova braços e pernas para desenhar anjos na neve, tome um banho de chuva refrescante. Quando a neve estiver fresca, saia de casa e junte um pouco em um pote. Quando derreter, guarde--a para utilizar em rituais, como um presente dos céus. O mesmo pode ser feito com a água da chuva, que pode ser guardada em garrafas.*

O PODER DO LOBO

13 JAN

A lua cheia de janeiro é chamada de Lua do Lobo. No auge do inverno no hemisfério norte, as presas ficam mais fracas e os lobos vão à caça para manter sua matilha viva durante os dias longos e frios. Os lobos são animais fortes, espertos e determinados, ancestrais dos cães modernos com quem compartilhamos nossos lares.

Os lobos são animais sociais que vivem em matilhas lideradas por um macho alfa, e contam uns com os outros para sua sobrevivência. São superpredadores — o que significa que estão no topo da cadeia alimentar —, mas sua força vem do trabalho em conjunto, em que cada integrante da matilha desempenha um papel. Infelizmente, seus números estão diminuindo de maneira rápida devido à invasão humana em seu território.[*]

Uma vez, visitei um santuário de lobos. Com base nessa experiência, posso dizer que eles são criaturas magníficas, ainda mais impressionantes de perto do que parecem ser na TV ou em filmes. Se você algum dia tiver a oportunidade de ir a um lugar como esse — não um zoológico, mas um habitat projetado para imitar a vida deles na natureza —, recomendo demais que aproveite.

Sugestão Mágica: *Se puder, contribua de alguma forma para a preservação dos lobos por meio da doação de dinheiro ou assinatura de uma petição. Liberte seu lobo interior para brincar e se divertir em sua matilha pessoal. Algumas pessoas veem os lobos como seu animal de poder; pode ser uma boa hora para descobrir se ele é o seu.*

---

[*] No Brasil, o lobo-guará, o grande lobo do cerrado, é um dos animais ameaçados de extinção.

14 JAN

SACHÊS DE SONHO

Janeiro é um bom mês para desacelerar e aproveitar os dias mais longos. Com o corpo descansado, as noites são o momento perfeito para explorar seus sonhos.

Os sonhos podem ser uma fonte significativa de informação, tanto de nossa psique quanto na do universo. Quando dormimos, entramos em um estado alterado que nos permite processar as informações de forma diferente. Os sonhos podem nos trazer mensagens se estivermos abertos o suficiente para recebê-las.

Algumas pessoas mantêm diários de sonhos. Se você tiver um Livro da Luz, anote nele seus sonhos. Depois de um tempo, releia as anotações e veja se há algo ali que tenha passado a fazer mais sentido com o tempo.

Os sonhos também podem ser uma forma de profecia. Se tiver uma pergunta ou estiver em busca de orientação sobre um assunto específico, durma pensando nisso na esperança de conseguir um encaminhamento. Um sachê dos sonhos pode ajudá-la a ter um sonho lúcido em que você consiga se empenhar em conduzir sua jornada.

Sugestão Mágica: *Em um pequeno saquinho, coloque um pouco de lavanda, rosa, artemísia e/ou calêndula desidratadas. Posicione-o sob o travesseiro antes de se deitar e mentalize que dormirá bem e terá sonhos intensos. Se houver algo específico que queira que seja respondido, visualize a questão enquanto pega no sono.*

A PROTEÇÃO DE VESTA
15 JAN

Vesta é a deusa romana do lar e da família. Sua equivalente grega é Héstia. Ela era simbolizada pelo fogo sagrado, que nunca podia se apagar, e considerada a protetora da cidade de Roma e de cada lar que havia ali. Seu principal festival é a Vestália, em junho, mas 15 de janeiro também é um dos dias em sua homenagem.

Este é um bom momento para renovar as proteções de seu lar e valorizar o calor e segurança de sua casa. Se tiver uma lareira, acenda um fogo sagrado em homenagem a Vesta, ou apenas acenda uma vela e agradeça a ela por sua proteção, pedindo que continue a olhar por você e por seu lar.

Sugestão Mágica: *Era tradição ter um altar ou nicho dedicado à deusa que protegia o lar. Hoje, você pode criar um em sua casa, seja para Vesta ou para alguma outra divindade com a qual você se identifique.*

16 JAN

ESTE É O LUAR, LUAR DE VERÃO

Considero este o poema de verão perfeito.

Este é o luar, luar de verão,
Suave, tranquilo e iluminado
À meia-noite, o solene clarão
Leva ideias doces a todo lado

Sobretudo se as árvores elevam
Seus galhos esvoaçantes
Ou abaixando se prestam
A abrigo dos céus distantes.

E ali, onde é sombreado
Algo belo vai ser formando
Flores e um verde gramado
Ao redor dela, acenando

(Emily Jane Brontë, 1840)

Sugestão Mágica: *Saia ao ar livre esta noite e observe as paisagens, sons e aromas do verão. Não se preocupe, não precisa ser à meia-noite.*

FEITIÇO PARA ENERGIA E FOCO

17 JAN

Com o pico do verão, o momento é perfeito para aproveitar a energia da estação e impulsionar nossos esforços. Se você busca alcançar um objetivo e as coisas não estão saindo como gostaria — em especial se sente que não tem tempo, energia ou concentração suficientes para criar as mudanças positivas que deseja — faça esse feitiço.

Saia ao ar livre em qualquer dia ensolarado (meio-dia é o melhor horário, se você puder) ou, se precisar permanecer em um local fechado, escolha um cômodo com luz solar. Acenda uma vela amarela, se desejar, ou uma fogueira, caso esteja ao ar livre.

De pé sob a luz, diga:

> Sol do verão, cheio de energia
> Mande seu brilho forte todo dia
> Me ajude na concentração, seja altruísta
> Para eu não perder meus objetivos de vista
> Sol do verão, com raios longos e lentos
> Me ajude a dar forma aos meus talentos
> Dê-me energia e foco
> E que assim seja!

Sugestão Mágica: *Certifique-se de que tenha algo fresco que possa servir após o feitiço: suco de frutas ou tomates frescos da horta.*

18 JAN

(((●)))

POSEIDON, O DEUS DOS MARES

Se por acaso você for visitar o mar durante o verão, não se esqueça de fazer uma oferenda na beira da praia para Poseidon, deus que governa os mares. Poseidon é uma das grandes divindades gregas e costuma ser representado com um tridente (lança de pesca de três dentes), sobre uma biga puxada por cavalos que conseguem andar sobre as ondas. Dizem que seu palácio no fundo do oceano é feito de corais e pedras preciosas.

Como se pode imaginar, dada a volubilidade do elemento água, Poseidon é visto como um deus benigno dos mares calmos, criador de novas ilhas, e como um "abalador de terras" devido aos terremotos que causava acertando o chão com seu tridente.

Tenho grande amor pelo mar, por mais instável que seja, e acredito que isso influencie minha visão a respeito de Poseidon. Em minha cabeça, enxergo-o dando cambalhotas no meio das ondas com os golfinhos e saudando-me calorosamente nas raras ocasiões em que consigo ir ao litoral.

Sugestão Mágica: *Se for à praia neste verão, deixe um pequeno presente para Poseidon na beira do mar, como um biscoito ou uma conta brilhante. Se encontrar uma concha bonita, talvez seja um presente dele em agradecimento.*

A CURA DOS BANHOS MÁGICOS

19 JAN

Se tiver banheira em casa, você pode praticar magia simples ao tomar um banho mágico. Acrescente ervas ou óleos essenciais à água de acordo com a questão que desejar abordar. Banhos são ótimos para trabalhos de cura, mas também são tradicionalmente usados para magia de amor, prosperidade e, é claro, purificação.

Se utilizar ervas, coloque-as em um saquinho de musseline para que não se dispersem. Adicione óleos essenciais com moderação, assim como sal marinho, que além de ter propriedades curativas, potencializa o poder mágico de purificação.

Você pode tomar uma ducha mágica, caso não tenha banheira. Eu deixo ao lado do chuveiro um frasco borrifador contendo óleos essenciais de alecrim, hortelã-pimenta, toranja e gerânio (além de água). Borrifá-los ajuda a me deixar mais alerta e levanta meu humor.

Se as coisas estiverem ruins e você precisar se livrar dos estresses do mundo, visualize a água levando embora tudo que for negativo.

Sugestão Mágica: *Tome um banho de chuveiro ou banheira. Conforme a água te envolver, diga: "Água, leve embora meus males, todos os meus problemas e minha dor. Purifique-me, limpe-me, elimine meus problemas pelo ralo". Visualize todas as coisas ruins descendo pelo ralo. Se ajudar, imagine-as como uma gosma turva e escura. Em seguida, enxergue-se purificada e iluminada, emanando uma luz brilhante depois que toda a sujeira foi expurgada.*

20 JAN

(((●)))

BRANCO, A MISTURA DE TODAS AS CORES

Na bruxaria moderna, as cores normalmente são associadas a qualidades específicas. Isso pode ser útil ao escolher qual vela ou pedra usar, ou o que vestir para um ritual específico.

O branco é associado a pureza, proteção, luz, verdade e clareza. Também é associado à Deusa e à lua. Considera-se que o branco contém todas as cores, por isso velas brancas sempre podem ser usadas no lugar de outras cores.

Se desejar algo branco para usar em um ritual, mas não puder acender uma vela, use uma pedra branca (como a ágata branca ou a selenita branca), uma concha (como madrepérola), ou um tecido ou fita brancos.

Quando penso em branco, penso na lua cheia brilhando redonda e bela no céu.

Sugestão Mágica: *Pratique uma forma simples de divinação, que pode ser feita usando duas pedras pequenas: uma branca e uma preta. Coloque as duas pedras em um saco ou passe-as de mão de um lado para o outro atrás das costas; depois, faça uma pergunta. Se puxar a pedra branca, a resposta é sim; a pedra preta significa não.*

O SIGNO DE AQUÁRIO
21 JAN

São do signo de Aquário todos aqueles nascidos entre 21 de janeiro e 19 de fevereiro. (Essas datas podem mudar um pouco de acordo com a fonte consultada.) Aquário é um signo do ar, ironicamente simbolizado por um recipiente que contém água.

As pessoas de Aquário costumam ser inteligentes, intensas, vigorosas e cheias de ideias. Normalmente são entusiastas de causas humanitárias, embora possam ser um tanto quanto desprendidas nos relacionamentos. Elas tendem a ser vigorosas, leais e decididas, mas essas características positivas também podem se manifestar como um comportamento excêntrico ou indelicado.

O período em que o sol estiver em Aquário é bom para aprender coisas novas, dedicar-se à comunicação ou envolver-se em projetos que beneficiem outras pessoas.

Sugestão Mágica: *Aprenda algo diferente hoje (sim, você pode procurar na internet) ou candidate-se para um trabalho voluntário. Abrigos para animais estão sempre precisando da ajuda, ou você pode ler para idosos em casas de repouso. Se preferir fazer algo realmente simples, apenas saia pelo bairro com um saco plástico vazio e recolha lixo na rua.*

22 JAN

EU SOU SÁBIA

Afirmações são declarações simples que criam e reforçam mudanças positivas e crescimento. Elas sempre são ditas no tempo presente, como se o resultado desejado já tivesse sido conquistado. Por exemplo, não se deve dizer "vou ficar mais forte", e sim "sou forte".

No momento de tomar decisões para o novo ano, tenha fé em sua própria capacidade de fazer boas escolhas. Se não estiver muito confiante em sua sabedoria interna, use a seguinte afirmação:

Eu sou sábia e faço boas escolhas.

Sugestão Mágica: *Tenha em mente que as afirmações normalmente são repetidas com regularidade, em determinados momentos ou conforme forem necessárias. Repita a afirmação acima conforme necessário hoje.*

ALIMENTAR OS PÁSSAROS
23 JAN

Dependendo da estação, pode haver escassez de alimentos para os pássaros e outros animais na natureza. As bruxas e os pagãos são intimamente ligados à natureza, então torne o ato de alimentar os pássaros uma parte simples de sua prática espiritual.

Se tiver um quintal, distribua comedouros para aves ou pendure-os em árvores. Compre barrinhas de sementes ou faça uma versão caseira para pendurar ao ar livre: adquira sebo no açougue, molde em formato de bola e cubra com sementes e castanhas. Outra ideia é espetar um palito em uma maçã bem madura e fincá-lo no chão, ou apenas espetar a maçã em um galho de árvore. Se desejar fazer um petisco bem saboroso, besunte uma maçã com pasta de amendoim e cubra-a com alpiste. Os passarinhos vão amar você!

Sugestão Mágica: *Se não tiver quintal, compre um comedouro de pássaros que possa ser pendurado em frente à sua janela e forneça uma visão próxima dos visitantes enquanto comem. (Apenas um aviso: se você tiver gatos, isso pode deixá-los completamente malucos.) Ou vá ao parque mais próximo e alimente os pássaros lá mesmo. Você não apenas ajudará as criaturas da Mãe Natureza a sobreviver, mas observá-las pode levantar seu ânimo durante um período de tristeza. Mesmo que não tenha um alimentador de pássaros, aproveite o dia de hoje para colocar algo ao ar livre para eles.*

24 JAN

O PENTÁCULO, UM SÍMBOLO SAGRADO

Para os wiccanos, o pentáculo é um símbolo sagrado. As cinco pontas da estrela representam os cinco elementos: terra, ar, fogo, água e espírito. O círculo ao redor da estrela pode representar unidade, o universo, um espaço sagrado ou o círculo mágico. O pentáculo costuma ser desenhado no ar durante os rituais, seja com o dedo ou com um instrumento como um atame ou uma varinha, normalmente para invocar ou dispensar os quatro elementos. Ele também pode ser desenhado no chão com giz ou sal para indicar um espaço mágico. Muitas bruxas usam joias com pentáculos como símbolo de sua crença.

Se usa um pentáculo, o que ele simboliza para você? É um símbolo sagrado, assim como a cruz ou a Estrela da Davi são para cristãos e judeus? Você o usa para que seus iguais possam identificá-la no meio de uma multidão? Para mim, os colares com pentáculo que uso (tenho muitos) servem a todos esses propósitos, além de serem parte de minha dedicação à Deusa.

Sugestão Mágica: *Desenhe uma estrela de cinco pontas em um pedaço de papel (em seu Livro das Sombras ou Livro da Luz, se tiver, ou apenas em uma folha de papel em branco). Escreva as palavras terra, ar, fogo, água e espírito em cada ponta (sendo espírito na ponta superior). Reserve um momento para meditar sobre cada elemento e o que ele significa para você. Depois desenhe um círculo ao redor da estrela e sinta-se unida a todas as bruxas que se conectam através desse mesmo símbolo.*

SABEDORIA DE BRUXA Nº 2

25 JAN

Esta citação é de um dos meus livros preferidos, *The Witch's Bag of Tricks: Personalize Your Magick & Kickstart Your Craft*, de Melanie Marquis. Se precisar dar uma incrementada em sua prática da bruxaria, esse é um ótimo livro. Embora pareça uma citação simples, ela aborda uma ideia bem complexa de forma poética.

> A magia é verdadeiramente o princípio propulsor e unificador sob o qual operam as forças reconhecidas que governam a matéria e a energia. É a ação original, a corrente fluida que deriva da fonte universal. É a fonte que separa e entrelaça o tecido da existência. Por meio da consciência, da determinação e da intenção, o poder da magia é ativado.

Sugestão Mágica: *Como você definiria a magia? Você se identifica com essa definição?*

26 JAN

ATERRAR E CENTRAR

Há duas razões primordiais para aterrar-se e centrar-se durante o trabalho ritual. A primeira é reunir energia e concentrar-se para o ritual que se aproxima. A segunda é canalizar para longe de você, com segurança, qualquer excesso de energia que possa ter acumulado durante trabalhos de magia poderosos, de modo que não fique agitada a noite toda após deixar o círculo. O aterramento e o centramento também são práticas úteis se você estiver tendo um dia ruim, ou precisar se preparar antes de lidar com uma multidão.

Há muitas formas de aterramento e centramento, mas esta é uma de minhas preferidas. Feche os olhos e respire profunda e lentamente três vezes. Visualize seu corpo se conectando com a terra. Em seguida, visualize uma luz descendo do céu, trazendo consigo a energia e a clareza do universo. Sinta a energia da terra e do céu se unirem no centro de seu corpo e sua mente se acalmando.

Sugestão Mágica: *Visualize a si mesma como uma árvore enraizando-se no chão e estendendo-se na direção do sol. Veja o fogo do centro da terra e o fogo do sol se encontrando no centro de seu corpo como uma bola reluzente de luz, capaz de alimentar sua prática de magia ou acalmar seu espírito. Repouse por um minuto e desfrute da sensação. Lembre-se de integrar aterramento e centramento em sua prática no futuro.*

AS PROPRIEDADES DO EUCALIPTO
27 JAN

Seja qual for a estação, no ar-condicionado gelado durante o verão ou no frio do inverno, você corre o risco de pegar um resfriado. Caso isso aconteça, pingue um pouco de óleo essencial de eucalipto na água da banheira ou em um difusor; ele ajuda a esvaziar a cabeça e expulsar os germes.

Como por encanto, o eucalipto também tem propriedades curativas, além de oferecer proteção. Use as folhas em sachês de cura e proteção ou utilize a erva em qualquer ritual de cura. Coloque um sachê debaixo do travesseiro se estiver se sentindo indisposta.

Sugestão Mágica: *Se estiver combatendo um resfriado, pingue algumas gotas de óleo essencial de eucalipto em uma banheira com água quente e visualize o perfume forte e estimulante como um poderoso soldado herbal lutando contra os germes e expulsando-os.*

28 JAN

SINTONIZANDO COM AS CARTAS DE TARÔ

Se precisar de ajuda para descobrir para onde está indo, experimente usar alguma forma de adivinhação. As cartas de tarô estão entre os instrumentos de divinação mais amplamente usados e são encontradas em uma variedade incrível.

Como acontece com todos os instrumentos de divinação, algumas pessoas usam o tarô melhor que outras, embora a prática certamente ajude. Experimente uma pergunta simples de uma carta, com resposta "sim ou não", ou a relativamente fácil leitura de três cartas, que apresenta passado, presente e futuro.

Quando for escolher um baralho, encontre um com o qual você se identifique e passe algum tempo familiarizando-se com ele. Algumas pessoas envolvem seus baralhos em seda para protegê-los de energia negativa e os armazenam em bolsinhas ou caixas especiais. No mínimo, há muitos baralhos extremamente bonitos e divertidos de explorar.

Sugestão Mágica: *Para ter uma ideia do que encontrará pela frente este ano, experimente o jogo de três cartas, onde a primeira carta representa o passado, a segunda, o presente e a terceira, o futuro. Se não gostar do que vir, lembre-se de que nada é definitivo. As cartas podem estar fazendo um alerta sobre coisas que podem ser mudadas ou avisando que você está seguindo pelo caminho errado. Se a leitura não fizer sentido, apenas deixe as cartas de lado e tente novamente outro dia.*

SABER, FAZER, QUERER, SILENCIAR

29 JAN

Estes são considerados os elementos essenciais para lançar um feitiço, também conhecidos como "Regras do feiticeiro". Pode parecer simples, mas eles são a base da prática de magia poderosa.

Saber: Refere-se não só a saber o que se quer alcançar com o feitiço, quais instrumentos usar e como usá-los, mas também a conhecer a si mesma. Por que está fazendo o feitiço? O que realmente espera alcançar?

Fazer: Você deve dar tudo de si ao lançar o feitiço. É preciso estar completamente presente e enviar sua energia ao universo.

Querer: Sua vontade é o que fortalece o feitiço, sua determinação de conseguir, sua fé em si mesma e na magia como uma força para a mudança positiva. É preciso querer com todas as suas forças.

Silenciar: É tentador falar sobre uma magia interessante que você fez, gabar-se de suas habilidades como bruxa e compartilhar sua experiência. O problema é que isso pode diluir a magia e tirar parte da energia de onde você gostaria que ela estivesse (fortalecendo seu feitiço). Enquanto o feitiço ainda estiver ativamente em progresso e você estiver esperando os resultados se manifestarem, é melhor guardá-lo para si. Lance o feitiço e relaxe.

Sugestão Mágica: *Pratique um pouco de magia — não importa o quê. Ponha em prática esses quatro conceitos e veja se a magia parece mais forte quando você os leva em consideração.*

30 JAN

A POTÊNCIA DA GRANADA

A granada é a pedra do mês de janeiro, mas não é preciso ter nascido em janeiro para fazer bom uso dela. A granada é um cristal incrível para a prática de magia, trazendo amor, alegria, proteção, cura e compaixão. Se você não tiver nenhum acessório com granada, coloque uma pedra polida em seu altar ou compre um colar com lascas de granada (procure on-line se não tiver a sorte de ter uma loja de produtos esotéricos por perto, ou encontre uma loja que venda materiais para confecção de bijuterias).

Ela é uma ótima pedra substituta para o rubi — que é muito mais caro —, com o qual se parece. Há muito tempo ela é reconhecida como uma pedra para os amantes, então talvez você e seu amor desejem usar pares de anéis ou pentáculos incrustados dessas pedras. Ela também é útil para todos os tipos de magia de proteção, incluindo a defesa contra ladrões, energia negativa e pesadelos.

Sugestão Mágica: *Acrescente algumas lascas de granadas em saquinhos de amuleto ou sachês para atrair amor, cura ou proteção.*

OS VÁRIOS TALENTOS DE LUGH

31 JAN

Lugh é o deus sol celta que deu nome ao festival Lughnasadh. Um dos renomados Tuatha Dé Danann, ele também é o deus da luz, do fogo e da batalha, que carrega uma espada e uma lança lendárias. Na verdade, ele às vezes é chamado de Lugh das Muitas Habilidades, pois tem talentos variados. Uma história diz que quando ele se apresentou na entrada de Tara e contou sobre todas as coisas que podia fazer, foi, a princípio, recusado: eles já tinham alguém apto na forja, na poesia e em todo o resto. Ele respondeu: "Sim, mas vocês têm alguém capaz de fazer *todas* essas coisas?". Eles tiveram de admitir que não, e permitiram sua entrada.

Em algumas tradições, Lugh morre no Lughnasadh, sacrificando a si mesmo pelo bem da colheita. O deus, ou rei, que se sacrifica é uma história clássica contada em muitas culturas. O soberano dá a vida para garantir que a terra prospere e, embora todos chorem sua morte, sabem que ele renascerá, assim como o grão é colhido e depois as sementes são plantadas no ano seguinte.

O sol (Lugh) começa a desaparecer conforme o verão vai acabando, mas sabemos que ele sempre retornará quando a roda completar sua volta.

Sugestão Mágica: *Faça algum tipo de artesanato, escreva um poema ou faça qualquer outra coisa criativa para se conectar a Lugh hoje.*

FEVEREIRO

lucidez e determinação

O SABÁ DE LAMMAS

01 FEV

O Sabá de Lammas, também conhecido como Lughnasadh, é o primeiro dos três festivais da colheita na Roda do Ano wiccana. Como os outros, a festividade é um momento de celebração e banquetes, preferivelmente servindo alimentos que, se não forem colhidos de nossas hortas, sejam ao menos sazonais e locais.

O Lammas coincide com a colheita de grãos, e por isso celebra grãos de todos os tipos. Gosto de assar pães frescos para servir durante o ritual. A tradição de compartilhar o pão data dos confins da história humana, e passá-lo de pessoa e pessoa no círculo nos conecta não apenas uns aos outros, mas a todos que vieram antes de nós e sentaram-se ao redor de uma fogueira ou lareira para fazer a mesma coisa. Ao pegar um pedaço e colocá-lo na boca, a riqueza dos grãos nos lembra de ter gratidão pelos alimentos em nossas mesas e pela terra de onde eles vêm.

Caso você não saiba preparar em casa, compre pães artesanais. Se for passar a data sozinha, coma um pedaço de pão, sabendo que no mundo todo existem pessoas com as mesmas crenças comemorando mais ou menos da mesma forma. Esse é um dos motivos de eu gostar de usar pão redondo em vez do retangular — para simbolizar a união do gesto.

Sugestão Mágica: *Quando celebrar o Lammas este ano, incorpore pão fresco ou qualquer tipo de pão a seu ritual.*

02 FEV

((◖●◗))

CALDEIRÃO E RITUAIS

O caldeirão há muito tempo é associado às bruxas, frequentemente representadas reunidas ao redor dele, mexendo uma poção — ou fazendo alguma travessura. Suponho que os caldeirões ainda sejam usados de vez em quando para ambas as coisas, mas, em geral, ele é mais usado para comportar fogo ou velas durante um ritual em que uma fogueira não possa ser utilizada.

Originalmente, o caldeirão não passava de uma panela de cozinha (embora fosse uma panela grande e pesada). Na época em que se cozinhava sobre fogo aberto em uma lareira, o caldeirão era usado mais para cozinhar mingau e ensopados do que no preparo de poções.

O caldeirão, como seu primo menor, o cálice, representa a Deusa, o feminino e o útero. Ele costuma ser pesado, feito de ferro fundido, e pode ter três pernas para ficar de pé sobre o fogo, ou uma alça para ser pendurado sobre ele. Se você executa seus rituais em lugares fechados, um caldeirão pequeno é um contêiner útil para velas, mas é melhor acrescentar uma camada de areia (o que também ajuda a mantê-las em pé, se não forem velas mais largas ou velas para *réchaud).*

Sugestão Mágica: *A deusa Cerridwen era famosa por seu caldeirão, capaz de conferir sabedoria e até mesmo vida. Quando estiver em busca de conhecimento, encha um pequeno caldeirão (ou tigela) com água e peça a Cerridwen que envie uma visão em seu fundo escuro.*

O PÃO DE LAMMAS

03 FEV

Este pão é tão simples que qualquer um consegue fazer. Não precisa sovar e é assado em qualquer recipiente com tampa que possa ir ao forno. Você vai precisar de:

3 ¼ xícaras de farinha de trigo comum
1 xícara de farinha de trigo integral
2 colheres de chá de sal
½ colher de chá de fermento biológico seco instantâneo
1 ¾ xícaras de água
1 xícara do que você desejar misturar à massa, como cranberries secas ou passas, nozes ou sementes de girassol. (Adicione, por exemplo, ½ xícara de frutas e ½ xícara de nozes picadas.)

Misture tudo com as mãos em uma tigela — exceto os ingredientes opcionais. Acrescente os extras até a massa formar uma bola. Cubra a tigela com um pano ou filme plástico e deixe a massa descansar durante oito horas ou da noite para o dia. (Esta receita para os preguiçosos — você não amou?)

Pela manhã, vire a massa sobre uma superfície enfarinhada e molde-a no formato do recipiente com tampa em que o pão será assado. Deixe a massa descansar por cerca de duas horas no recipiente tampado; ela deve crescer um pouco mais. Em seguida, leve o recipiente ao forno frio e ligue na temperatura de 230°C. Asse por 45 minutos, retire a tampa e deixe por mais cinco ou dez minutos até dourar. Deixe esfriar e aproveite!

Sugestão Mágica: *Dê uma chance a essa receita e é possível que você nunca mais compre pão!*

04 FEV

A MAGIA DA AMETISTA

Eu amo a ametista. Ela parece ser mais mágica do que qualquer outra pedra (à exceção, possivelmente, do quartzo transparente, com o qual ela tem relação). É um cristal divino, bom para quase todo tipo de magia.

Como muitas outras gemas, ela pode ser encontrada sob várias formas, incluindo cristais, pedras polidas, blocos e drusas. O custo pode variar de relativamente barato a extremamente caro, mas não sinta que precisa investir muito dinheiro para ter uma em sua coleção. Na verdade, é melhor ter uma peça pequena com a qual se identifique do que um pilar gigantesco que não causa nenhum tipo de comoção.

A ametista é associada à magia do amor e à cura, assim como à promoção da paz, ao sono, à proteção, à coragem e ao aumento de habilidades psíquicas. Muitas bruxas gostam de manter um pedaço pequeno de ametista junto do instrumento que usam para adivinhação. Eu mesma tenho um pequeno cristal de ametista no saquinho onde guardo minhas cartas de tarô. Ela geralmente é vista como uma pedra espiritual e pode ser usada como acessório se você precisar de um estímulo extra.

Sugestão Mágica: *Segure um pedaço de ametista na direção da luz da lua para recarregá-lo. (Se não houver luar, visualize-o ou utilize o sol em seu lugar.) Sinta a pedra vibrar com a energia de amor e cura, depois aproxime-a do coração e absorva a vibração.*

PESTO SIMPLES DE VERÃO
05 FEV

Enquanto escrevo este livro, olho para o jardim e percebo que me empolguei um pouco ao plantar manjericão — a ponto de ter plantado uns doze pés a mais do que seria necessário. Já mencionei que faço isso quase todo ano?

Felizmente, existe uma solução fácil para esse problema trágico. Se não souber o que fazer, faça pesto.

O molho pesto é fácil de fazer e leva poucos ingredientes: manjericão, *pinoli* (você pode substituir por nozes), azeite de oliva, alho, queijo parmesão e sal. Procure uma receita, se desejar medidas exatas; eu nunca as uso, pois já preparo pesto há muitos anos. Essencialmente, a base é manjericão, um punhado de algum tipo de castanha, queijo ralado e um dente de alho (ou mais). Bata tudo no processador (ou liquidificador) com a quantidade de azeite de oliva que bastar para chegar à consistência desejada. Sal a gosto, e está pronto!

Sugestão Mágica: *Procure as qualidades mágicas do pesto — é uma potência. O manjericão tem tantas utilizações em magia que um de seus nomes populares é "erva de bruxa". Magia de prosperidade e de cura são apenas duas coisas para as quais ele pode ser usado. Nozes e castanhas também são ótimas para magia de prosperidade, e o alho é conhecido por seu poder de cura, então se precisar de qualquer um desses benefícios, fazer pesto com a intenção de enfatizar suas qualidades mágicas é uma alternativa fácil.*

06 FEV

FEITIÇO PARA CLAREZA E CRIATIVIDADE

Às vezes, pode parecer que estamos perdidos em algum tipo de escuridão interior. Nossa energia fica mais baixa, e é difícil ter qualquer fagulha de criatividade. Se isso estiver acontecendo com você, experimente usar este encantamento simples para clareza e criatividade:

Peço aos deuses luz na escuridão
Clareza mental e de visão
Que lancem luz em meu caminho
E acendam uma fagulha de criatividade

Sugestão Mágica: *Antes de recitar o encantamento, acenda uma vela amarela ou branca e feche os olhos por um instante, visualizando-se envolvida em um brilho suave.*

UMA BRUXA QUE AMA COR-DE-ROSA

07 FEV

Tudo bem, eu admito: não sou o tipo de garota que ama cor-de-rosa. Na verdade, tenho quase certeza de que não tenho nenhuma peça de roupa ou decoração dessa cor, mas isso não quer dizer que eu seja contra o rosa. Pelo contrário. Quando se trata de magia, adoro essa cor.

Por quê? Em parte, por ser a cor que representa amizade, amor e serenidade, algumas de minhas coisas preferidas. O quartzo rosa é minha primeira escolha quando preciso de vibrações calmantes.

Além disso, o rosa é uma cor linda. Ela me lembra primavera e novos inícios. Amo flores dessa cor, principalmente se estiver criando um altar para Ostara ou para qualquer deusa que se manifeste em forma de donzela, como Perséfone. Quando pratico magia para o amor de qualquer tipo (não apenas romântico), costumo usar pétalas cor-de-rosa de rosas, cravos ou peônias. Sou afortunada o bastante para ter um arbusto à moda antiga de rosas cor-de-rosa delicadas e perfumadas no jardim; então, quando estão florescendo, colho algumas e disponho-as em meu altar como oferenda à Deusa.

Aparentemente, não sou o tipo de garota que ama cor-de-rosa, mas sou o tipo de bruxa que ama cor-de-rosa.

Sugestão Mágica: *Encontre algo rosa e inclua em sua prática de bruxaria — reflita sobre como a cor faz você se sentir.*

08 FEV

((((●))))

O QUE O AMOR SIGNIFICA PARA VOCÊ?

Ao nos aproximarmos do dia de São Valentim,* muitas pessoas começam a pensar no amor. Tenha em mente que o amor romântico não é o único tipo de amor, e que embora muitos de nós queiramos ter uma cara-metade (ou caras-metades) com quem compartilhar nossa vida, existem várias formas diferentes de amar e ser amada.

Não vou ganhar flores ou chocolates no dia de São Valentim, mas minha vida está transbordando amor. Tenho o amor de minha família e de meus amigos, e também de meus maravilhosos companheiros felinos (que certamente vão me presentear com algo especial, como uma bola de pelos ou um rato morto). Além do mais, é claro, tenho o amor do Deus e da Deusa, que carrego comigo todos os dias. Como posso ter tanta sorte?

Sugestão Mágica: *Pense bem no que o amor significa para você. Você se limita estabelecendo parâmetros estreitos sobre o que considera amor? Todos merecemos amor e somos capazes de amar e sermos amados. E sei que os deuses nos amam de maneira incondicional.*

---

* Data equivalente ao Dia dos Namorados no Brasil, celebrado em 12 de junho. Em alguns países, é um dia para celebrar também o carinho e a afeição entre amigos, sendo comum a troca de cartões e pequenos presentes.

SABEDORIA DE BRUXA Nº3

09 FEV

Um dos livros Wicca de que mais gosto é um volume pequeno chamado *The Circle Within: Creating a Wiccan Spiritual Tradition*, de Dianne Sylvan. Amo tanto esse livro que recomendo a todos — anos atrás eu e meu círculo compramos algumas cópias e o estudamos juntos. O foco de Sylvan em desenvolver uma prática diária me ajudou a criar a minha. Aqui estão algumas palavras de sabedoria para você começar:

> Por meio da prática diária e atenção plena às profundas conexões entre nós e tudo que vive, você pode encontrar uma forma de estender o braço e pegar na mão que lhe é oferecida. Ao tornar todo ato um ato de reverência, você pode tocar algo há muito tempo oculto dentro de você. Quando esse "algo" estender os braços recém-despertos e piscar os olhos, você vai descobrir a união pela qual ansiava tão desesperadamente.
>
> É possível. O primeiro passo é passar a entender — se é que já não entendeu — que não há distinção entre o espiritual e o mundano, à exceção daquela que nós mesmos criamos.

Sugestão Mágica: *Se ainda não o fez, crie sua própria rotina diária. Isso pode ajudá-la a encontrar o equilíbrio entre a vida espiritual e a mundana.*

10 FEV

SAUDAÇÃO AO DIA

Uma das lições mais úteis que aprendi no livro *The Circle Within*, de Dianne Sylvan, foi sua sugestão de acrescentar práticas espirituais diárias simples em minha rotina. Parece um peso: ah, não, *mais uma coisa*! Mas pode ser algo tão simples quanto saudar o dia ao acordar.

A saudação não precisa envolver nenhum tipo de ritual sofisticado e você pode fazê-la ainda de pijama. Na verdade, eu saúdo o dia todas as manhãs assim que acordo, antes mesmo de abrir os olhos, e muitas vezes com um gato sentado em minha cabeça. Como eu disse, nada sofisticado.

Começo saudando o Deus e a Deusa, pedindo que me proporcionem o melhor dia possível. (Isso não garante que o dia seja ótimo, é claro, apenas o melhor que for possível, considerando-se todas as variáveis.) Posso também pedir ajuda ou orientação com os desafios que sei que me esperam, e peço cura, prosperidade ou o que sentir mais necessidade. Então peço que eles ajudem o mundo a seguir um caminho melhor, e proteção para mim e meus entes queridos.

Não leva mais que alguns minutos, mas faço isso todas as manhãs como uma forma de me conectar com os deuses e iniciar o dia com o pé direito.

Sugestão Mágica: *Faça hoje uma variação dessa saudação e veja o que acha.*

EU MEREÇO AMOR

11 FEV

A maioria de nós luta com o sentimento de não merecer ser amada, e isso atrapalha de muitas maneiras o estabelecimento de relações saudáveis e bem-sucedidas. Se isso parece se aplicar a você, faça essa simples afirmação:

Sou filha da Deusa e mereço amor.

Sugestão Mágica: *Se você luta contra o sentimento de não merecimento, diga essas palavras todos os dias, sempre que precisar ouvi-las.*

12 FEV

A PROTEÇÃO DAS ROSAS

Todo mundo sabe que as rosas são associadas ao amor. Mas você sabia que, na magia, elas também são associadas a cura, poderes psíquicos e proteção?

A cura faz sentido: os cinorródios (pseudofrutos das roseiras) são ricos em vitamina C e foram usados durante séculos em tônicos restauradores. Para a cura mágica, desidrate os cinorródios (ou compre já desidratados) e passe-os por um fio para fazer um colar. Também é possível confeccionar contas a partir de pétalas de rosa desidratadas. Se desejar usar rosas em um feitiço, ou até mesmo para espalhar durante um ritual de união das mãos (*handfasting*), consagre-as antes sob a lua cheia.

As rosas, em quaisquer formas, podem ser usadas em feitiços para o amor, é claro, ou podem ser colocadas no altar em homenagem a uma deusa associada ao amor ou à cura. As pétalas de rosa também podem ser adicionadas à água da banheira e são comestíveis (contanto que tenha certeza de que não foram pulverizadas com nenhum produto químico ou contaminadas de alguma forma). Scott Cunningham tem uma receita muito boa de sorvete de rosas em seu livro *Enciclopédia de Wicca na Cozinha*. Gostaria que alguém o preparasse e depois me contasse como ficou!

Sugestão Mágica: *Faça um feitiço simples usando rosas — ou apenas coloque uma delas onde você possa admirar e sentir seu perfume!*

UM INGREDIENTE MÁGICO CHAMADO CHOCOLATE

13 FEV

Tenho certeza de que a maioria das pessoas considera o chocolate uma substância mágica, mesmo quem não é bruxa. Ele pode nos alegrar quando estamos tristes (existe uma explicação científica relacionada à química do cérebro, mas vou dizer que é magia) e é frequentemente oferecido às pessoas como símbolo de amor e afeição. Um bom chocolate — amargo, sem muita adição de açúcar — é um alimento saudável, capaz de proteger o coração, o que combina com algo tão intimamente associado à magia do amor.

Na bruxaria, o chocolate pode ser usado tanto para o amor quanto para a prosperidade, então é fácil integrá-lo em sua bruxaria culinária. Experimente preparar um chocolate quente mágico para iniciar seu dia da melhor maneira possível, com uma pitada extra de canela para saúde e prosperidade.

Sugestão Mágica: *Para um simples ritual de amor entre amigos ou amantes, abençoe e consagre alguns pedaços de um chocolate especial. Posicione uma vela entre vocês — cor-de-rosa para amizade, vermelha para amor romântico ou, até mesmo, uma vela branca, se for a que estiver disponível — e entregue um pedaço de chocolate para cada um, que deverá mantê-lo em um pequeno prato ou tigela. Concentre sua energia e intenção em colocar todo o seu amor pela outra pessoa naquele pedaço de chocolate. Quando estiverem prontos, troquem os chocolates e deixe aquele pedaço de doçura derreter em sua boca enquanto o amor flui por você.*

14 FEV

((●))

FEITIÇO PARA O DIA DE SÃO VALENTIM

O dia de São Valentim pode ser romântico ou triste, dependendo de como estiver sua vida amorosa. Mas você pode aproveitar a energia do dia de formas positivas, seja lá qual for a sua situação. Se tiver uma cara-metade, faça o ritual com chocolate mencionado no dia 13 de fevereiro. Se não tiver, crie um feitiço para se abrir ao amor.

Eu não sou uma grande defensora dos feitiços para o amor. Eles envolvem um tipo de magia muito complicado e, se não forem conduzidos com cuidado, podem dar errado. O que recomendo é um feitiço para se abrir ao amor. Depois, deixe a cargo dos deuses e do universo como ele vai se manifestar (e, lembre-se, amar a si mesma certamente conta).

Sugestão Mágica: *Acenda uma vela — branca, rosa ou vermelha — e sente-se em um cômodo silencioso. Deixe uma música tocando baixinho. Feche os olhos por alguns minutos e concentre-se em envolver seu coração com uma luz brilhante. Veja seu coração se abrindo como uma flor que desabrocha, pronto para receber a dádiva do amor. Então diga:*

> *Luz é amor e amor, iluminação*
> *Dádiva divina e do coração*
> *Hoje eu me abro para o amor*
> *Da forma mais positiva que for*
> *Que assim seja!*

VÊNUS E OUTRAS DEUSAS DO AMOR
15 FEV

Gosto de pensar que todas as mulheres são deusas do amor, cada uma a seu modo. Mas se você precisa de uma ajudinha para entrar em contato com a deusa sensual que há dentro de você, invoque uma dessas mulheres.

Vênus é uma das deusas romanas mais conhecidas, ao lado de sua equivalente grega Afrodite — que, na verdade, veio primeiro. Essas mulheres encantadoras, nascidas do mar e frequentemente representadas emergindo da água sobre uma concha, são deusas do amor, da sexualidade, do casamento e da vitória em batalha (vá em frente — reserve um minuto para assimilar essa última informação).

Todos os panteões parecem ter pelo menos uma deusa maior que assume esse papel de se especializar em amor, paixão e beleza. Os nórdicos têm Freya, deusa do amor e da sexualidade, que viaja pelo céu em uma biga puxada por gatos, usando um colar de âmbar e um manto de plumas. Há também Inanna, Ishtar e Astarte.

Sugestão Mágica: *Se ainda não o fez, faça uma pequena pesquisa sobre deusas do amor e descubra com qual você mais se identifica. Depois, acenda uma vela e convide-a para uma conversa sobre amor, sexo ou, você sabe, vitória em batalha — o que quer que faça "sua concha flutuar".*

16 FEV

TODA BRUXA DEVERIA TER UM QUARTZO ROSA

Em minha humilde opinião, além das pedras clássicas, como ametista e quartzo transparente, toda bruxa deve ter um quartzo rosa, em qualquer uma de suas formas. Relacionado a todos os outros que tem esse nome, o quartzo rosa é uma pedra rosa-clara que praticamente irradia calma e alegria. Quem não precisa de um pouco mais dessas duas coisas na vida?

Na verdade, durante uma época difícil de minha vida, fui a uma loja de produtos esotéricos que tinha uma variedade grande de pedras e passei mais de uma hora pegando nas mãos cada bloco e cristal de quartzo rosa, tentando encontrar aquele com o qual eu me identificava mais fortemente. Quando achei um que não tive vontade de largar, soube que havia encontrado a "minha" pedra. Vale a pena ser detalhista em relação a essas coisas. Os poderes calmantes da minha pedra me ajudaram a passar pelos meses seguintes, e, muitas vezes, eu apenas me sentava e a segurava.

O quartzo rosa também é associado ao amor e à amizade, e pode ser usado para abrir o chacra cardíaco. Se desejar um colar que atraia o amor, misture contas de quartzo rosa e ametista.

Sugestão Mágica: *Ande por uma loja ou exposição de cristais e pegue diferentes pedras de quartzo rosa para ver qual delas parece estar mais fortemente sintonizada com sua energia. Se já tiver uma pedra, fique em silêncio com ela por alguns minutos e absorva suas vibrações suaves e calmantes.*

ACOLHENDO SUA CRIANÇA INTERIOR

Admita: você amava colorir quando era criança. Talvez não conseguisse respeitar os contornos ou insistisse em pintar de verde o cabelo das mulheres, mas provavelmente passava horas felizes debruçada sobre um livro de colorir, com uma pilha de gizes de cera. Eu sei disso porque era o meu caso.

Durante muitos anos tive uma caixa com 96 gizes e alguns livros de colorir um tanto quanto entediantes — para quando recebia crianças em casa, já que é uma forma garantida de entretenimento, mesmo na era digital.

Para quem sente saudade dos velhos tempos, atualmente há um renascimento dos livros de colorir — dessa vez para adultos. Já era hora! Eu, hoje, tenho livros de colorir que não são nem um pouco entediantes, repletos de desenhos fantasiosos de dragões, fadas e até mesmo bruxas (algumas delas são imagens do meu próprio baralho de tarô — imagine minha empolgação!).

Imagino que algumas pessoas pensam que é uma perda de tempo adultos ficarem colorindo. Até parece! É relaxante, estimula a criatividade e — ouso dizer — é divertido.

Sugestão Mágica: *Largue o controle remoto e escolha um livro de colorir. Sua criança interior vai agradecer.*

18 FEV

ABENÇOAR E CONSAGRAR

Uma forma fácil de acrescentar uma energia a mais em sua magia é por meio da benção e consagração de seus instrumentos e materiais. Gosto de fazer isso com instrumentos novos, como um atame ou até mesmo uma vassoura, antes de usá-los pela primeira vez. Como opção, quando lanço um feitiço, é possível que eu abençoe e consagre os ingredientes como parte do ritual — ou de antemão, se eu conseguir me planejar com antecedência.

Abençoar e consagrar é uma forma essencial de dizer: "Este é um item mágico. Ele tem poder. Eu o utilizo com atenção". Você pode pedir a benção de um deus ou deusa em particular, dos elementos, ou de todos eles. Se preferir ser um pouco menos formal, deixe os itens ao ar livre por uma noite, sob a lua cheia.

Sugestão Mágica: *Crie uma vela mágica para um trabalho relacionado à prosperidade. Posicione a vela em seu altar ou sobre a mesa e salpique sal (terra), borrife água (água), defume-a com um bastão de sálvia ou incenso (ar) e segure-a sobre uma outra vela (fogo). Então diga:*

Em nome do Deus e da Deusa
Com o poder da terra, do ar, do fogo e da água
Abençoo e consagro esta vela para uso na magia
Para que traga prosperidade de maneiras positivas
Que assim seja!

DESENVOLVIMENTO PSÍQUICO Nº 1

19 FEV

Psicometria é a capacidade psíquica de captar sensações ou acontecimentos a partir de objetos inanimados. Quem é bom nisso pode, por exemplo, ser capaz de segurar uma joia e afirmar que a mulher que usou aquela peça estava muito apaixonada pelo homem que a presenteou com ela e muito doente nos últimos anos em que a usou.

Esse é um dos dons que vem naturalmente para algumas pessoas e não para outras, mas é uma forma divertida de exercitar seus poderes psíquicos. Se tiver alguns amigos dispostos a experimentar, peça para que coloquem itens aleatórios (como chaves, batom, relógio — devem ser coisas que eles tenham consigo ou usem sempre, de modo que a energia do dono esteja fortemente entranhada nelas) em uma tigela e veja se consegue identificar que item pertence a qual amigo.

Sugestão Mágica: *Vá a um antiquário e caminhe pela loja. Toque vários objetos e veja se capta alguma emoção ligada a eles ou se algum item o atrai mais que outros.*

20 FEV

O SIGNO DE PEIXES

Peixes é o signo solar que rege aqueles nascidos entre 20 de fevereiro e 20 de março. Seu símbolo, como o próprio nome diz, é o peixe, então é obviamente um signo de água. E, como a água, piscianos tendem a ser fluidos, difíceis de definir, sensíveis e até mesmo um pouco misteriosos. Peixes é um signo regido pela emoção, o que pode ser tanto bom quanto ruim. Os piscianos podem ser imaginativos e repletos de grandes planos, mas não necessariamente práticos o bastante para levá-los adiante. Por outro lado, também podem ser compassivos e intuitivos.

Durante esta época do ano, mesmo quem não é de peixes pode estar um pouco mais emotivo do que de costume, sonhando acordado.

Sugestão Mágica: *Use essa tendência a estar mais emotiva a seu favor, voltando o olhar mais para dentro de si mesma e abordando aquelas questões que talvez você evite em outras épocas do ano, quando há mais distrações. Ou volte-se para fora e use sua compaixão para ajudar outras pessoas.*

SINTO TEU AMOR COMO UM ELIXIR

21 FEV

Este é um dos meus poemas de amor preferidos de todos os tempos. Ele me faz lembrar dos atributos mágicos do amor.

> Como te amo? Já vais descobrir.
> Amo-te largo, alto e profundo.
> Sinto-te em qualquer ponto do mundo
> Na graça ideal, em todo o porvir.
> Amo-te a ponto de só existir
> se minh'alma de ti eu inundo.
> Amo-te sempre, a todo segundo.
> Sinto teu amor como um elixir.
> Amo-te com a paixão e o pesar
> de uma infância de ingenuidade.
> Amo-te sem precisar disfarçar,
> por ser este um amor de verdade.
> Por toda a vida, serei o seu par.
> E até além, se de Deus for vontade.
>
> (Elizabeth Barrett Browning, 1845)

Sugestão Mágica: *Encontre um poema que capture o modo como você se sente em relação ao amor, ou, se estiver inspirada, escreva um de sua própria autoria.*

22 FEV

RAZÕES PARA TER UM NOME MÁGICO

Existe uma espécie de tradição que recomenda às bruxas o uso de nomes mágicos. Existem inúmeras razões para isso, algumas das quais podem ser baseadas nos não tão bons tempos em que não revelar a identidade podia salvar vidas. Além disso, pode haver um benefício em separar sua identidade de bruxa de sua identidade mundana. Assim como a vestimenta cria um estado mental para a prática de magia, o mesmo acontece com o uso do nome mágico. E, vamos admitir — é bem legal.

Isso não quer dizer que você *precise* ter um. Pratiquei por vários anos sem adotar um nome mágico e, até onde eu sei, isso não afetou o poder de meus feitiços.

Seu nome mágico pode surgir de repente. Você pode pedir que os deuses te digam qual é ele, meditar pensando nisso ou ver se ele aparece em um sonho ou como um sinal. Certos nomes parecem ser muito populares e talvez seja bom evitá-los. Existe uma piada nos círculos pagãos que diz que se alguém for a um grande encontro de magia e gritar o nome Raven, um terço das pessoas vai se virar. Então vale a pena explorar um pouco mais para encontrar algo único. Ou mantenha seu nome mundano; também é uma boa opção. Não existe nada de errado com um bruxo chamado Bob.

Sugestão Mágica: *Se estiver em busca de seu nome de bruxa, fique em silêncio e pergunte ao universo qual deveria ser.*

MAGIA DOS NÓS
23 FEV

Grande parte da magia que nossas ancestrais bruxas utilizavam estava arraigada nos elementos básicos da vida cotidiana — comer, cultivar alimentos e ervas, e os vários trabalhos manuais que faziam, como tecer, fiar e costurar. Elas podiam se reunir sob a lua cheia para dançar, rezar e lançar feitiços, mas a maioria da prática mágica provavelmente se dava através de tarefas do dia a dia — como feitiços de proteção costurados na camisa nova do marido ou energia de cura canalizada para uma panela de sopa pendurada sobre o fogo.

A magia dos nós é um exemplo perfeito. Basta um pedaço de barbante ou fita. É possível esconder facilmente um nó na trama de um tapete ou em uma peça de roupa, ou dar um nó em um fio e guardá-lo no bolso. Dá até para usar um fio de seu próprio cabelo, se for longo o bastante.

Use nós para reter coisas, como feitiços ou desejos. Visualize aquilo que deseja unir dentro de seus nós e repita essas palavras dando nove nós no que quer que esteja usando:

> *Aperto um nó com muito empenho.*
> *Amarro um nó que não se move.*
> *Eu dou um nó, conto até nove.*
> *E agora o que eu quero, eu tenho.*

Sugestão Mágica: *Dê um nó em um barbante e faça um pedido.*

24 FEV

A MAGIA DOS EVENTOS PAGÃOS

Existem dois tipos básicos de eventos pagãos: aqueles que ocorrem em ambientes internos e os que acontecem ao ar livre. Há muito em comum entre eles, obviamente, mas eles também apresentam atmosferas bem diferentes.

Uma de minhas convenções pagãs preferida acontece mais ou menos nessa época do ano em San Jose, Califórnia. A Panthea-Con é uma reunião gigantesca de bruxas e pagãos de todos os tipos. Existem vários outros eventos internos ao redor do mundo. É possível encontrar autores populares, oficinas sobre vários assuntos, rituais, demonstrações, música ao vivo e vendedores nos tentando com suas mercadorias mágicas.

Embora muita gente reunida possa ser algo opressivo para aqueles de nós que são mais sensíveis, há alguns benefícios reais em participar de uma convenção pagã. Por exemplo, é incrível estar em um lugar e se dar conta de que — ao menos dessa vez — você está cercada de pessoas que têm mais ou menos as mesmas crenças. Para alguns, isso nunca vai acontecer em outros lugares. Somos também expostos a muitos "sabores" diferentes de práticas pagãs e de bruxaria, o que pode ser esclarecedor e inspirador.

Sugestão Mágica: *Descubra mais sobre eventos pagãos, pesquise quando e onde acontecem. Mesmo que tenha de viajar para chegar até o local, considere participar de um evento assim pelo menos uma vez na vida.*

LIVROS, LIVROS E MAIS LIVROS

Admito — sou viciada em livros. Culpa da minha mãe. (É sério. Ela era bibliotecária.) Há livros em todos os cômodos da minha casa, mas os armários no andar de baixo contêm o verdadeiro tesouro: prateleiras e mais prateleiras de não ficção, incluindo muitos livros sobre bruxaria, paganismo, mitologia, contos de fadas e, é claro, gatos — mágicos ou não.

Se tenho uma pergunta, às vezes recorro à internet para uma resposta rápida, mas não acho tão gratificante quanto o acesso a volumes de meus autores preferidos e folheá-los em busca do que preciso, normalmente encontrando várias outras coisas pelo caminho.

Acredito que continuar a aprender e aprimorar meu conhecimento sobre magia e sobre questões espirituais em geral faz parte do processo de tornar-me a melhor bruxa que posso ser, e acho que toda bruxa deveria ter pelo menos alguns livros. Livros sobre magia e feitiços. Livros sobre deuses e deusas. Livros sobre cristais, ervas e tarô. Descubra suas predileções e inicie sua própria biblioteca de bruxaria. Tenha livros, mesmo que sejam apenas alguns mais queridos que você leia e releia. Não é por acaso que um dos bens mais prezados por uma bruxa é seu Livro das Sombras. Livros e bruxas andam juntos.

Sugestão Mágica: *Saia um pouco da internet e abra um bom livro. Inicie sua própria coleção, mesmo que comece com poucos livros.*

26 FEV

A FORÇA DE THOR

Quem vai ao cinema provavelmente tem uma imagem mental de Thor como um homem loiro e lindo, com muitos músculos e um grande martelo — e não estou dizendo que isso seja ruim. Mas o Thor da mitologia não tem muita semelhança com aquele do universo dos quadrinhos.

Na mitologia nórdica, de onde ele surgiu, Thor é representado com cabelos e barba ruivos, embora ele realmente tenha muitos músculos e um martelo mágico chamado Mjolnir (Destruidor), capaz de esmagar montanhas e provocar som de trovão, e que ainda era responsável por quebrar o gelo do inverno todos os anos.

A palavra em inglês para quinta-feira (*Thursday*) vem do nome dele: *Thor's day*. E seu martelo, em forma de T, ainda é usado por aqueles que seguem as tradições nórdicas. Se sentir necessidade de um aliado poderoso ou de força adicional, invoque Thor. Faça isso em uma quinta-feira, se puder, e não se esqueça de pedir com gentileza. Afinal, ele é o deus do trovão.

Sugestão Mágica: *Na próxima quinta-feira, faça uma oferenda para Thor, como um copo de cerveja ou hidromel, e diga "olá".*

CONCENTRE-SE EM SUA RESPIRAÇÃO

27 FEV

Em geral, respiramos de forma totalmente errada. Eu sei, você nem imaginava que havia um jeito certo e um jeito errado, mas existe. E estamos fazendo errado. Não acredita em mim? Pare de ler por um minuto e concentre-se em sua respiração. É lenta e profunda, descendo até o diafragma, ou rápida e curta? Pois é. A minha também.

Parte disso tem relação com o fato de estarmos sempre ocupados, apressados e tensos. Outra parte é falta de atenção plena à nossa respiração. Infelizmente, pagamos por isso com o aumento da ansiedade e outros problemas físicos e mentais. E, é claro, isso torna a prática espiritual mais difícil. Não é por acaso que grande parte da prática de ioga se concentra na respiração.

Sugestão Mágica: *Preste atenção em sua respiração quando praticar magia. Assim que lançar um círculo, assuma seu lugar diante do altar ou saia para ficar sob a lua e reserve um instante para apenas respirar. Desacelere conscientemente e respire de forma mais profunda. Sinta o movimento do ar em seus pulmões. Deixe que tudo que for negativo saia ao expirar, e que a energia positiva entre ao inspirar. Veja se faz diferença no poder de sua magia. E quando se sentir ansiosa ou estressada, lembre-se dessa sensação de calma e poder e respire profundamente.*

28 FEV

SAIS DE BANHO QUE CURAM

Banhos de imersão quentes, por si só, já são uma delícia, mas também são a oportunidade perfeita para praticar um pouco de magia simples.

Sais de banho com propriedades curativas são algo fácil de fazer e não precisam ser muito elaborados ou caros. Está explicado por que são um de meus mimos mágicos preferidos para o dia a dia.

Comece com algum tipo de sal de banho. O sal marinho provavelmente é o mais utilizado, mas se estiver com alguma dor, use sais de Epsom (sulfato de magnésio). Também é possível misturar os dois, como eu gosto de fazer. Em seguida acrescente óleos essenciais, ervas desidratadas ou óleo de cura mágico consagrado e pronto para usar.

Entre os óleos e ervas bons para cura (mágicos ou não) estão calêndula, lavanda, melissa e alecrim. Se não estiver se sentindo bem, hortelã e eucalipto são boas opções. Algumas pétalas de rosa também podem ser espiritualmente terapêuticas, embora o óleo essencial de rosas possa ser um tanto quanto caro.

Sugestão Mágica: *Misture alguns sais e óleos/ervas e salpique-os na água quente da banheira, visualizando a formação de uma fonte de cura mágica em que você poderá imergir e se livrar de seus problemas. Misture-os à água com movimentos no sentido horário e diga:*

> *Sais e ervas que trazem cura e calma*
> *Ajudem a aliviar a dor em minha alma.*

TRADIÇÕES ASSOCIADAS AO DIA BISSEXTO

29 FEV

A cada quatro anos, temos um dia a mais em fevereiro. Existem razões técnicas para isso, relacionadas à compensação das horas que sobram por não se encaixarem perfeitamente no calendário regular. Eu acho intrigante, e ao mesmo tempo, um pouco desconcertante ter um dia a mais assim, de repente.

Existem algumas tradições e superstições interessantes associadas a esse dia. Era para ser o único dia em que uma mulher podia pedir um homem em casamento em vez de esperar que ele fizesse o pedido. (Acho que já superamos isso, mas, meninas, sintam-se à vontade para usar essa desculpa.) Na Escócia, em certa época, havia uma lei que punia o homem que recusasse um pedido feito nesse dia. Deve ter rendido alguns momentos divertidos.

Mesmo que não esteja disposta a pedir ninguém em casamento, faça algo divertido hoje. Faça que nunca fez. Delicie-se com um *banana split* com três bolas de sorvete ou coma um monte de bacon. Ou melhor, coloque bacon no *banana split*; não sou eu que vou condenar.

Faça algo que faria apenas uma vez a cada quatro anos. Passe o dia em algum lugar especial. Esconda-se e não faça absolutamente nada. Reúna-se com amigos e organize uma festa para comemorar o dia bissexto.

Sugestão Mágica: *Faça alguma coisa, qualquer coisa — porque nesse mundo maluco e agitado, um dia a mais é um presente.*

MARÇO
abundância e festividade

O ALTAR, UM LUGAR DE PRÁTICA E MAGIA

01 MAR

Antigamente, muitas casas tinham altares ou nichos dedicados às divindades do lar. As pessoas acendiam velas ou incenso e deixavam oferendas ali, ou pediam uma dádiva a alguma determinada divindade. Acho que altares servem a um propósito importante para as bruxas, indo muito além de ser apenas um lugar para deixarmos nossos atames. São locais dedicados à prática espiritual e mágica, para começar. Estar diante do seu altar já é meio caminho andado para entrar no estado de espírito ideal para a prática que vai executar. Altares também são um bom lembrete visual para realmente praticar. Se você for como eu, sua vida de bruxa às vezes fica um pouco perdida na correria do dia a dia. Ter um altar te encarando passa a mensagem: "Ei, faz um tempo que você não faz nada espiritual".

Nem todo mundo tem liberdade para ter um altar em um local visível, mas para servir a seu propósito, ele não precisa ser óbvio. Não pode ter uma estátua da Deusa e do Deus? Use uma concha de abalone e um graveto. Não pode ter velas para os elementos? Use uma pena para representar o ar, um pedaço de pedra para a terra, alguma concha ou tigela com água para a água e algo vermelho para o fogo. As pessoas vão apenas pensar que você gosta da natureza, e nem vão estar erradas.

Sugestão Mágica: *Crie um altar ou, se já tiver um, fique diante dele e faça uma oferenda para suas divindades do lar — ou apenas diga "olá".*

02
MAR

O CONSELHO WICCANO

"Se não causar mal a ninguém, faça o que desejar".

É com base nessas simples palavras que tento viver minha vida, embora não seja tão fácil quanto parece. Mesmo antes de praticar bruxaria, sempre fiz o possível para não fazer mal a ninguém. Sempre acreditei muito na máxima "não faça aos outros o que não gostaria que fizessem a você", porque faz todo o sentido para mim.

Mas nem sempre dá para prever como suas palavras ou ações vão afetar os outros, não é? E às vezes é preciso tomar decisões difíceis e colocar suas próprias necessidades em primeiro lugar. Como bruxas, como fazemos para estar no mundo e ainda viver segundo o Conselho Wiccano? (Não que todos o façam, e está tudo bem.) Não tenho a resposta para essa pergunta, pois é algo que nós mesmas devemos descobrir, mas acredito que valha a pena refletir a respeito.

Sugestão Mágica: *Pense por alguns minutos nas palavras que compõem o Conselho Wiccano. Você tenta viver com base nelas, mesmo se não se considera wiccana? O que "não causar mal nenhum" significa para você? (Para mim, também inclui não causar mal a mim mesma, então acho que aquele prato de batatas fritas devia ser evitado.) Afaste-se um pouco e analise seu comportamento recente. Está vivendo de acordo com seus ideais no que diz respeito à forma como deseja tratar aos outros ou a si mesma? Se não estiver, o que vai fazer para mudar isso?*

MEDITAÇÃO DO ELEMENTO FOGO

03 MAR

O fogo era um elemento muito apreciado por nossos ancestrais. Ele fornece o calor oportuno, sim, mas também leva luz à escuridão e cria um espaço para reunião. Em nosso mundo moderno, tendemos a não dar o devido valor ao fogo. Use essa meditação para aprofundar sua conexão com esse elemento.

Se puder, sente-se diante de alguma forma de fogo: uma lareira, uma fogueira ou uma vela dentro de um caldeirão de ferro fundido (ou outro recipiente resistente ao fogo). Se não tiver acesso a nenhuma chama aberta, visualize-a. Seus entorno deve estar escuro e silencioso para que o fogo seja o centro de tudo.

Encare as chamas e pense em como dever ter sido para os humanos do passado aprender a usá-las — para cozinhar, aquecer suas cavernas e, depois de algum tempo, produzir ferramentas. Depois pense em como todas as formas do fogo são ricas e variadas: a fogueira, o vulcão, a vela, o sol. Feche os olhos e sinta o calor do sol no rosto. Sinta o cheiro do alimento sendo preparado sobre uma grelha e o cheiro da fumaça de uma fogueira. Ouça as chamas da fogueira crepitando e estalando.

Sugestão Mágica: *Enquanto medita, pense em todas as formas através das quais o elemento fogo traz energia à sua vida e acolha-as com gratidão.*

04 MAR

SABEDORIA DE BRUXA N°4

Tess Whitehurst é uma de minhas autoras preferidas no campo da bruxaria moderna. Ela tem um estilo prático, bem pé no chão, que combina com minha abordagem em relação à magia. Ela escreveu vários livros, mas meu preferido é *A Arte da Magia para Arrumar e Proteger sua Casa*. Talvez porque eu seja de Touro e, portanto, gosto muito da minha casa e das minhas raízes, ou pode simplesmente ser porque o livro é danado de bom. Já no primeiro capítulo, ela fala sobre eliminar as tralhas e sobre como nossa casa reflete nosso próprio ser.

> Tudo está conectado. Quando analisamos nossa casa com isso em mente, vemos que ela é como uma extensão ou reflexo de nosso corpo, de nossa vida e de nosso estado emocional. Isso ilustra o famoso preceito mágico de Hermes Trismegisto: "O que está em cima é como o que está embaixo, e o que está embaixo é como o que está em cima". Embaixo, o mundo externamente manifestado, aquele que pode ser visto (nossa casa); e acima, o mundo internamente manifestado, que não pode ser visto (nossos pensamentos, sentimentos e experiências); não se trata apenas de reflexos um do outro — são uma só coisa.

Sugestão Mágica: *Pense nessa citação e olhe para a sua casa. Pergunte a si mesmo se sua casa é um reflexo seu. Se for o caso, pense se você gosta daquilo que está vendo.*

O JASPE-SANGUÍNEO E A PROSPERIDADE

05 MAR

A pedra oficial dos nascidos em março é a água-marinha, mas ela pode ser muito cara, então uma alternativa mais barata é o jaspe-sanguíneo. Considero o jaspe-sanguíneo — uma calcedônia verde-escura com alguns pontos vermelhos — uma pedra muito mais interessante e, de vez em quando, faço algumas peças de bijuteria com ela.

Um dos nomes dessa pedra é jaspe-sanguíneo porque acreditava-se que ela podia estancar sangramentos e, com o tempo, ela passou a ser associada a todo tipo de cura. Como outros cristais verdes, ela é boa para feitiços de prosperidade.

Aqui vai minha curiosidade favorita sobre o jaspe-sanguíneo, extraída do livro *Enciclopédia Cunningham de Magia com Cristais, Gemas e Metais*, de Scott Cunningham (meu livro referência para magia com pedras):

> No século XIII, gravava-se a figura de um morcego nos jaspes-sanguíneos. Esses talismãs eram usados pelos magos para aumentar a eficácia de feitiços e ritos mágicos.

Agora quero ter um jaspe-sanguíneo com um morcego gravado. Você não quer?

Sugestão Mágica: *Se tiver um pedaço de jaspe-sanguíneo, passe alguns minutos com ele para sentir sua energia especial. Decida se prefere o jaspe-sanguíneo ou a água-marinha, e tente entender a razão da escolha.*

06 MAR

((◖●◗))

GRATIDÃO
Nº 2

Aqui vai um desafio: encontre três coisas pelas quais se sente grata hoje e repita todos os dias, pelo restante do mês. Anote-as em um diário, Livro das Sombras, Livro da Luz ou em um papel afixado na geladeira, para que se lembre das coisas boas quando estiver tendo um dia difícil.

Eu posso ajudar. Estas são minhas três coisas para hoje:

Deus e Deusa, agradeço a vocês por meus amigos, minha família e meus gatos.

Sugestão Mágica: *Agora é sua vez. Quais são as três coisas pelas quais se sente grata?*

O CHACRA BÁSICO

07 MAR

Às vezes, quando alguém me pergunta "Como você está hoje?", tenho vontade de responder "Para falar a verdade, meu chacra básico está um pouco desalinhado" só para ver a cara que as pessoas fariam.

Você já deve ter ouvido falar dos chacras, mesmo que não saiba exatamente o que sejam. Com origem na palavra em sânscrito que significa "rodas", os sete chacras são centros de energia encontrados em várias partes do corpo. Cada um é associado a uma cor e a um efeito sobre o corpo.

O chacra básico (ou chacra raiz) tem a ver com estar centrado e estável. É o que nos mantém com os pés no chão e, quando está desalinhado, podemos nos sentir inseguras ou desestabilizadas sem perceber o motivo. Teoricamente, uma pessoa realmente saudável tem todos os chacras girando livremente e a energia fluindo com facilidade entre o chacra básico e o coronário, mas às vezes eles ficam bloqueados ou inativos.

Sugestão Mágica: *Entre em contato com seu chacra básico. Visualize uma luz vermelha brilhante na parte de baixo de seu torso. Veja se consegue senti-lo girando livremente ou se está estagnado e lento. Gire-o mentalmente em uma direção e depois na outra. Se ele ainda parecer um pouco bloqueado, visualize a energia do universo chegando para dar um impulso. Acenda uma vela vermelha ou mesmo use roupas íntimas vermelhas nos dias em que precisar de um pouco mais de aterramento e estabilidade.*

08 MAR

A MAGIA E O RENASCIMENTO DE OSÍRIS

As festividades da Páscoa estão se aproximando. Esse período tem tudo a ver com renascimento, e não há deus melhor para representar isso que o deus egípcio do submundo, Osíris. Ele é filho de Geb (deus da terra) e de Nut (deusa do céu) e casado com Isis, que também era sua irmã. (Não julgue: As coisas eram um pouco diferentes no Egito antigo.) Osíris é associado às cheias sazonais do rio Nilo, necessárias para a vida e prosperidade dos que vivem à sua volta.

A história de morte e ressurreição de Osíris é, ao mesmo tempo, brutal e repleta de esperança. Ele foi desmembrado por seu irmão, Seth, que espalhou as partes de seu corpo. Isis encontrou os pedaços e juntou-os, trazendo Osíris de volta à vida por meio de um feitiço que havia aprendido com seu pai. Ela o manteve vivo por tempo o bastante para conceber um filho, Hórus.

Magia e renascimento — tem como ser mais bruxesco que isso?

Sugestão Mágica: *Leia sobre mitologia egípcia, diferente da romana, da grega e da celta, com que muitas de nós estamos mais familiarizadas. Veja se tem interesse por alguns de seus deuses. Ou acenda uma vela em seu altar para Osíris e agradeça a ele pelo renascimento constante da natureza.*

A ENERGIA DAS FONTES

09 MAR

Eu amo fontes. Tem algo no som de água correndo e respingando que parece acalmar a alma humana. O que é ótimo nas fontes é que são um jeito fácil (e geralmente bonito) de se conectar ao elemento água, e não requer esforços para além de montá-la.

Tenho uma fonte na pequena lagoa do meu jardim. Ela ajuda a arejar a água para manter a lagoa e seus habitantes (peixinhos dourados, rãs e salamandras) saudáveis, mas também é um som delicioso de escutar enquanto arranco ervas-daninhas ou colho tomates. Também tenho uma fonte solar flutuante na frente de casa, não muito longe da janela mais próxima do sofá. E, se abro a janela, consigo ouvir o borbulhar da água.

Essas fontes são desativadas no fim dos meses de calor; por isso, tenho uma pequena fonte de mesa dentro de casa para ter um pouco desse encanto da água durante o inverno.

Fontes requerem manutenção e podem variar de preço dependendo do tamanho e de seu nível de sofisticação. Mas mesmo uma fonte pequena e barata para ambiente interno é capaz de proporcionar horas de prazer, acalmar seu espírito e ajudá-la a se conectar com a água.

Sugestão Mágica: *Adquira uma fonte de qualquer tipo, mesmo que seja um modelo pequeno, de bancada.*

10 MAR

((((●))))

AMULETO PARA PROTEÇÃO

Os amuletos são uma das formas de magia mais básicas e fáceis de criar. É possível confeccioná-los para praticamente tudo: amor, cura, paz — o que você precisar. Tenho um amuleto pendurado na porta de entrada da minha casa, por exemplo. Considero-o uma pequena garantia mágica extra contra Coisas Ruins.

Os ingredientes são simples (e você pode alterá-los como preferir). Eu uso ervas desidratadas (alecrim, manjericão e sálvia), um dente de alho e uma ágata polida. Você pode substituí-la por qualquer pedra que tenha propriedades de proteção, como ônix, jaspe vermelho, turquesa ou malaquita. Também é tradição acrescentar alguns alfinetes de cabecinha. Use um saquinho pronto de algum tipo de material natural, como algodão, seda ou couro, ou faça o seu com um pedaço pequeno de tecido, costurando três lados e deixando uma abertura na parte superior.

Sugestão Mágica: *Reúna todos os ingredientes que mencionei aqui e coloque--os dentre de um saquinho ou pedaço de tecido; depois amarre a parte superior com um fio vermelho ou preto (pode ser barbante). Consagre o saquinho em seu altar ou sob a lua cheia, e/ou use o encantamento para proteção descrito no dia 11 de março.*

FEITIÇO PARA PROTEÇÃO

11 MAR

Não sei quanto a você, mas eu acho o mundo um lugar um tanto quanto assustador. Entre desastres naturais, pessoas terríveis, doenças e todas as outras coisas que podem dar errado, fico feliz por ter a magia para criar algumas ferramentas adicionais para ajudar a mim mesma e aos meus a nos mantermos em segurança.

Aqui está um encantamento de proteção simples. Ao repetir as palavras, visualize a si mesma, ou aquilo que estiver tentando proteger, cercada por uma poderosa luz branca.

Protege-me como um amuleto
Livra-me de todo mal e lamento
Protege a mim e tudo que me cerca
E de qualquer perigo me liberta

Sugestão Mágica: *Use esse encantamento junto de um amuleto ou talismã de proteção (recite o encantamento ao consagrar o item) ou escreva os versos em uma folha de papel e mantenha no carro, na carteira ou em alguma parte de sua casa.*

12 MAR

EU SOU FORTE E CAPAZ

Pode ser fácil nos sentirmos oprimidos e derrotados pelos desafios da vida. Diga essa afirmação quando sentir que não está à altura das tarefas que tem pela frente.

Eu sou forte e capaz. Posso fazer tudo que me propuser a fazer.

Sugestão Mágica: *Feche os olhos. Concentre-se em sua respiração. Agora recite essa afirmação e acredite de verdade em si mesma.*

TREZE DA SORTE
13 MAR

Você sofre de triscaidecafobia? Não, não é uma doença de pele estranha. Na verdade, é uma palavra para o medo do número treze. (Vou dar um minuto para você assimilar essa informação.) Acho que isso significa que se trata de algo bem comum.

Há várias teorias sobre como o número treze passou a ser relacionado a má sorte, incluindo uma lenda nórdica sobre doze deuses reunidos em um banquete que estava indo bem, até que o trapaceiro Loki juntou-se a eles; e a história cristã da Última Ceia, em que Jesus compartilhou uma refeição com seus doze apóstolos. Até hoje, algumas pessoas se recusam a ter treze pessoas à mesa para jantar.

Além disso, é claro, há a ideia de que deve haver treze bruxas em um coven. Por alguma razão, as pessoas também acham isso preocupante. Vai entender... Acho que esse é um dos motivos de eu pensar em treze como um número de sorte e não de azar. A sexta-feira treze é um dos meus dias preferidos. Sou mesmo do contra.

Sugestão Mágica: *Você tem medo do número treze ou ficaria feliz em se sentar à mesa de jantar com outras doze bruxas?*

14 MAR

((◖●◗))
COELHOS E LEBRES

Os coelhos e suas primas de orelhas mais compridas, as lebres, sempre foram tradicionalmente associados a bruxaria. Uma das coisas que mais gosto de ver ao olhar pela janela é alguns coelhos sob o comedouro dos pássaros ou correndo uns atrás dos outros pelo quintal. É impossível não sorrir de suas travessuras engraçadas.

A lebre, em particular, é considerada uma das criaturas da Deusa e um animal lunar. Os cristãos adotaram coelhos e lebres como símbolos da Páscoa. (O quê? Você achou que fazia sentido uma celebração cristã usar um símbolo de fertilidade?) No horóscopo chinês, os nascidos sob o signo do coelho são considerados amigáveis, sensíveis e compassivos.

Sugestão Mágica: *Algumas pessoas usam pés de coelho como amuletos da sorte, mas isso não parece dar sorte para o pobre coelho! Como alternativa, coloque uma estatueta ou imagem de um coelho ou lebre em seu altar de Páscoa para ter abundância, fertilidade e sorte.*

AQUÁRIOS E A CONEXÃO COM A ÁGUA

15 MAR

Tenho um pequeno lago no jardim onde residem alguns peixinhos dourados. Antes de comprar um dispositivo que aquece o lago e impede que congele no inverno, eu levava os peixes para dentro de casa no outono e os colocava em um aquário de 75 litros até a primavera, quando o clima esquentava o suficiente para eles voltarem para o lado de fora. (Os gatos deviam achar que era uma televisão para felinos, pois ficavam olhando para o aquário durante horas.)

Um aquário é uma forma fácil e divertida de se conectar com o elemento água. É um ecossistema em miniatura que tem de ser mantido em equilíbrio, quase exatamente como outros corpos d'água. Se a água fica quente ou suja demais, tudo dentro dela morre. Mas com um pouco de esforço, pode ser uma fonte de beleza. Observar os peixes é muito relaxante, e o som das borbulhas do filtro pode criar um ruído de fundo reconfortante.

Os peixes podem variar, indo desde os simples peixinhos dourados até peixes exóticos de água salgada com cores vivas e formas extravagantes. Aquários também são ótimos para crianças, e podem apresentá-las à responsabilidade de cuidar de um outro ser vivo, assim como permitir que vejam o mundo natural em miniatura.

Sugestão Mágica: *Para começar devagar, obtenha tipos de peixes que possam viver em um aquário simples.*

16 MAR

(((●))) LIMPEZA DOS SEUS INSTRUMENTOS MÁGICOS

Que tal limpar seus instrumentos mágicos? Com o tempo e o uso, os objetos podem acumular sujeira ou negatividade, principalmente se você praticar magia com outras pessoas.

Existem algumas formas simples de limpar e purificar os instrumentos mágicos e quais você vai empregar depende, de certa forma, do instrumento e das circunstâncias. Colocar um tambor de molho em água e sal, por exemplo, não é uma boa ideia. Alguns instrumentos podem necessitar de uma limpeza de verdade para que fiquem lustrosos ou para remover poeira. Mas, em geral, a limpeza dos instrumentos tem mais a ver com purificação de energia.

Deixar uma ferramenta passar a noite ao ar livre, sob a lua cheia, é uma forma de fazer isso. Você também pode deixá-la dentro de casa, no parapeito de uma janela ou sobre uma mesa iluminada pelo luar. Outra boa alternativa é usar sal e água, separados ou em conjunto. No caso de instrumentos que não estragam se forem molhados, use água corrente ou deixe-os de molho em uma tigela com um pouco de sal marinho. Nos itens que não podem ser molhados, borrife sal e um pouquinho de água com a ponta dos dedos. Os instrumentos também podem ser defumados com um bastão de sálvia.

Sugestão Mágica: *Hoje, ou nos próximos dias, aproveite para fazer uma limpeza em seus instrumentos mágicos e observe a sensação da próxima vez que for usá-los. Consegue identificar alguma diferença? Aposto que sim.*

BASTÕES DE SÁLVIA
17 MAR

Seja para purificar seus instrumentos ou sua aura, a sálvia é uma das melhores ervas para limpeza e purificação. Considero meu bastão defumador de sálvia um de meus apetrechos mágicos mais úteis.

O uso dos bastões de sálvia para purificação foi adotado a partir das práticas dos povos indígenas norte-americanos. Na magia, era mais tradicional usar a erva para sabedoria (seu nome em inglês, *sage*, significa "sábio"), longevidade, proteção e manifestação.

Eu acrescento a erva desidratada em minhas misturas para proteção, mas a uso principalmente para me purificar e purificar minha casa (ou, de vez em quando, um de meus clientes de cura energética que chegam com energia ruim). Meu coven, Blue Moon Circle, sempre inicia os rituais passando um bastão de sálvia entre todas as pessoas. Ele ajuda a nos livrar de todas as preocupações mundanas do dia que talvez tenhamos trazido para o círculo, e seu perfume pungente nos lembra de que estamos em um espaço sagrado, prontas para praticar magia.

Sugestão Mágica: *Obtenha um bastão defumador de sálvia, caso ainda não tenha um. Defume a si mesma e as áreas problemáticas de sua casa, e veja se consegue notar a diferença na energia.*

18 MAR

A VASSOURA DA BRUXA

As vassouras são associadas às bruxas há séculos. Suponho que eu seja associada a vassouras também, já que escrevi *The Witch's Broom*, um livro inteiro sobre elas. No processo, descobri algumas informações fascinantes sobre esse objeto.

Você deve saber que a vassoura de bruxa original era feita de gravetos amarrados a um galho e não com o sorgo da versão moderna. Consegue imaginar varrer sujeira com um feixe de galhos? Meu deus!

Ou melhor, *minha deusa*! Algo que descobri é que as vassouras podem ter sido associadas às bruxas por serem instrumentos domésticos comuns utilizados principalmente por mulheres. Outra coisa que eu não tinha reparado é que a vassoura é o único instrumento masculino e feminino ao mesmo tempo. O cabo longo é a parte masculina e as cerdas são a parte feminina. Não é legal?

O que mais gosto na vassoura é o fato de poder ser usada para tarefas práticas e, ao mesmo tempo, ainda servir para fazer um pouco de magia. Se abençoar ou consagrar a vassoura de sua casa para purificação mágica, borrifar nela um pouco de óleo de purificação, ou mesmo apenas mergulhá-la em uma solução de água e sal, você poderá fazer uma limpeza energética em sua casa enquanto varre a sujeira. É isso que eu chamo de ser multitarefas.

Sugestão Mágica: *Enquanto varre a casa, visualize a vassoura levando embora a energia negativa.*

AMIGOS BRUXESCOS

19 MAR

Se a prática da bruxaria e suas crenças pagãs são uma parte importante de sua vida, as coisas ficam muito mais fáceis se seus amigos aceitam que você é uma bruxa. Ainda melhor é ter amigos adeptos da bruxaria com quem você pode compartilhar suas crenças, independentemente de praticarem juntos ou não.

Alguns tem a sorte de ter esses amigos por perto, mas outros só têm conexões desse tipo com pessoas que conheceram on-line ou em congressos. Infelizmente, recebo com frequência cartas de bruxas que não têm com quem compartilhar sua vida espiritual e acabam se sentindo isoladas e sozinhas. Muitas não podem "sair do armário de vassouras" devido ao local onde vivem ou porque as crenças religiosas da família e dos amigos não são flexíveis o bastante para enxergar a bruxaria como um caminho espiritual positivo.

Tenho muita sorte de ter alguns amigos que também são bruxos, ou, pelo menos, favoráveis ao paganismo. Não se esqueça de que a amizade é uma via de mão dupla. Se quiser que as pessoas aceitem suas crenças, você precisa estar disposta a aceitar as crenças delas, mesmo que não tenham a ver com as suas.

Sugestão Mágica: *Se não tiver amigos que compartilhem de suas crenças ou as aceitem, procure pessoas on-line ou reuniões em sua região que possam atrair pessoas de perfil bruxesco.*

20 MAR

A SIMBOLOGIA DOS OVOS

O que veio primeiro, o ovo ou a galinha? Em se tratando de questões espirituais, provavelmente foi o ovo. Simbolizando com frequência o universo (já que existe um pequeno universo contido dentro deles) ou a terra (que também é esférica), os ovos podem ser minúsculos, como os de beija-flor, ou enormes, como os de avestruz.

Na magia, os ovos costumam ser usados como um símbolo de fertilidade. Faz todo o sentido, já que seres vivos saem mesmo deles. Até os seres humanos vêm de pequenos ovos, os óvulos. Nas comemorações da Páscoa, os ovos também são o símbolo da fertilidade e renascimento.

Em muitas culturas os ovos também são associados a cura e proteção. Pense em como uma casca de ovo pode ser forte, apesar de sua aparente fragilidade. Nos velhos tempos, muitas pessoas criavam galinhas e coletavam seus ovos todos os dias. O que compramos no supermercado hoje em dia são ovos produzidos em massa, em muitos casos, vindos de galinhas maltratadas e mal alimentadas.

Se desejar experimentar ovos de verdade, compre-os na feira ou de um produtor local. Se não puder fazer isso, compre ovos orgânicos, caipiras. Você vai ficar maravilhada com o sabor e com a cor da gema, laranja como o sol. (Elas também são mais nutritivas.)

Sugestão Mágica: *Compre ovos frescos e veja se consegue sentir a diferença de sabor entre eles e os comprados no supermercado.*

EQUINÓCIO DE OUTONO

21 MAR

O equinócio de outono, também conhecido como Mabon, é um dos dois festivais da colheita no calendário das bruxas. Sua data exata varia, mas há algo que nunca muda: é o único outro dia do ano, além do equinócio de primavera, em que a duração do dia e da noite são exatamente iguais. Mas, diferentemente da primavera, depois do Mabon, a luz diminui enquanto entramos na metade escura do ano.

Celebramos o que colhemos — tanto de forma literal quanto metafórica — e lamentamos aquilo que não conseguimos conquistar. Damos adeus ao verão e voltamos o nosso olhar para os dias mais frios e escuros que estão por vir.

Mas os festivais da colheita são, na maioria das vezes, momentos para nos reunirmos e aproveitar o que temos — amigos, família e comida no prato. Acho que esse é um dos sabás em que a mesa do banquete deve estar repleta de alimentos sazonais, e mesmo que não tenha um grupo de bruxas para passar o dia com você, faça uma festa de equinócio com seus amigos não Pagãos.

Sugestão Mágica: *Use este dia para se concentrar em sua conexão com todas as bruxas do passado, muitas das quais celebravam a mesma data de forma bastante parecida. Na mesa do banquete, reflita sobre como a colheita era importante para aqueles que vieram antes de você — para quem uma boa colheita podia significar a diferença entre a vida e a morte — e seja grata.*

22 MAR

O SIGNO DE ÁRIES

Áries é o signo solar que rege aqueles nascidos entre 21 de março e 20 de abril. Os nascidos sob esse signo do fogo tendem a ser vigorosos, aventureiros e cheios de paixão e criatividade. Suas paixões, no entanto, podem dominá-los, então nem sempre são muito práticos — são ótimas pessoas para iniciar novas aventuras, por exemplo, mas nem sempre são pacientes o bastante para dar seguimento a elas.

Sugestão Mágica: *Durante o período regido por Áries, deixe suas paixões virem à tona. Existe algo que sempre quis tentar, mas nunca encontrou tempo para fazer? Deixe a energia de Áries fortalecer você. Tenha uma aventura, apaixone-se, inicie algo novo. Apenas certifique-se de que esteja disposta a terminar o que começou.*

ENCONTRANDO UM COVEN

23 MAR

Na maioria dos aspectos de minha existência, tendo a ser solitária; ainda assim, quando se trata de bruxaria, sou o tipo de bruxa que pratica em grupo. Isso não quer dizer que não pratico sozinha; mesmo as bruxas que fazem parte de um grupo também praticam magia sem companhia. Mas o cerne de minha experiência com a bruxaria começou em um grupo administrado pela sumo sacerdotisa que me apresentou à magia, e passei anos praticando com elas, até começar meu próprio coven, o Blue Moon Circle, em 2004.

Os covens não são para todas. Tenho muitas amigas bruxas que são mais felizes sozinhas. Algumas pessoas gostariam de fazer parte de um grupo, mas não conseguem achar algum que seja adequado a seu estilo ou crenças pessoais. E os covens são como qualquer outro relacionamento: é melhor estar sozinho do que com pessoas erradas. Não é uma boa ideia praticar magia com gente que a deixe estressada ou infeliz. Por outro lado, um coven bom de verdade é uma benção. Praticar junto de outras pessoas é como se fosse um relacionamento. Requer boa comunicação, concessões e comprometimento mútuo para funcionar — e quando funciona é, de fato, mágico.

Sugestão Mágica: *Se tiver um ou dois amigos com inclinação para a bruxaria, tentem praticar magia juntos. Não é preciso montar nada tão formal quanto um coven para praticar com outras pessoas.*

24 MAR

FENG SHUI, UM LUGAR CERTO PARA TUDO

Nos dias de hoje, a maioria das pessoas já ouviu falar de Feng Shui, mesmo não tendo muita certeza do que se trata, de como utilizá-lo ou se ele não passa de alguma bobagem esotérica da Nova Era.

Na verdade, é o oposto. Está mais para "Velha Era", pois trata-se de um sistema antigo de harmonização com o ambiente criado pelos chineses há milhares de anos. Basicamente, ele diz que existe um lugar certo para tudo, e que quando as coisas são colocadas onde deveriam, a vida fica mais tranquila e as pessoas se sentem melhor.

Uma fonte excelente para organizar melhor sua casa e sua prática de magia de acordo com o Feng Shui é o livro *A Arte da Magia para Arrumar e Proteger sua Casa*, de Tess Whitehurst. Você pode começar com algo básico, como se livrar da tralha (tudo que não tem um lugar definido) e garantir que a porta de entrada para o seu espaço seja o mais atraente e convidativa possível.

Sugestão Mágica: *Comece a "destralhar" hoje mesmo, jogando fora ou doando dez coisas que não usa ou de que não precisa. Já não está se sentindo mais leve?*

O BASTÃO DE FALA

25 MAR

Um bastão de fala não é um instrumento necessário para uma bruxa solitária, mas se você pratica com outras pessoas, ele pode ser extremamente valioso.

De origem relacionada aos povos indígenas norte-americanos e a tribos de outros países, o bastão de fala (também chamado de bastão falante) pode ser um bastão formal ornamentado, entalhado e com decoração intricada, ou algo simples como um galho encontrado no chão. O Blue Moon Circle já usou madeira, penas e outros itens, além dos próprios bastões, para esse propósito.

O papel do bastão de fala é simples: dar a todos no círculo uma chance de falar e ser ouvido. Perto do fim do ritual, o bastão é passado de pessoa para pessoa, e quem quer que o segure, pode dizer o que estiver em sua mente. Somente a pessoa que está segurando o bastão fala. Quando ela termina de falar, passa o bastão para a seguinte.

Isso não parece muito, mas pense em como é raro podermos falar sem interrupções, com a total atenção dos demais voltada para as palavras que dizemos do fundo coração. No mundo agitado de hoje, em que muitas pessoas se sentem isoladas e marginalizadas, o bastão de fala nos oferece um raro momento para falar livremente, sabendo que os outros estão escutando.

Sugestão Mágica: *Caso pratique com mais pessoas e ainda não use um bastão de fala, experimente usá-lo em seu próximo ritual.*

26 MAR

PETISCOS DE PÁSCOA

Como deixar um petisco de Páscoa ainda mais perfeito? Acrescentando ervas frescas! Comece com ovos caipiras e adicione as ervas de sua preferência.

Você vai precisar de:

12 ovos cozidos e descascados

½ xícara de maionese

1 colher de sopa de mostarda Dijon

Sal e pimenta-do-reino a gosto

Algumas gotas de molho de pimenta (opcional)

Ervas: endro fresco picado, salsinha, cebolinha e/ou manjericão

Corte os ovos ao meio no sentido do comprimento e remova as gemas. Misture-as com todos os outros ingredientes (se preferir, deixe as ervas para salpicar por cima). Coloque uma colher cheia da mistura com as gemas sobre a clara e finalize com as ervas picadas.

Sugestão Mágica: *Se tiver filhos ou amigos que gostem de cozinhar, faça essa receita na companhia deles.*

A SIMPLICIDADE DAS RUNAS

27 MAR

A maioria das bruxas possui sua forma preferida de divinação. Para quem acha o tarô confuso ou quer ter uma outra opção, as runas são uma boa escolha. As runas — um conjunto de 24 peças, feitas de pedra ou madeira — chegaram até nós a partir das tradições nórdicas.

As runas são peças arredondadas ou retangulares com uma letra do alfabeto rúnico gravada em uma das faces. Tenho três: um que eu mesma fiz em argila com meu primeiro coven; outro de vidro fundido colorido, feito por uma integrante habilidosa do Blue Moon Circle; e um terceiro, também de argila, comprado em uma loja. A maioria das pessoas guarda suas runas em algum tipo de bolsinha fechada por um cordão de franzir.

A forma mais simples de usá-las é sortear uma delas para responder a uma pergunta básica, como "O que devo esperar do meu dia?", ou fazer uma leitura com três pedras para passado, presente e futuro.

Minha primeira sumo sacerdotisa nos deu uma tarefa interessante: tirar uma runa por dia (pela manhã) durante um mês. Nós anotávamos qual era a pedra e nossa interpretação, e depois, se o dia transcorrido refletiu, de alguma maneira, a pedra que tiramos. Os resultados eram surpreendentemente precisos.

Sugestão Mágica: *Tire uma runa para si mesma todos os dias. Registre os resultados por uma semana ou um mês e veja se funcionaram para você.*

28 MAR

(((◖●◗)))

SABEDORIA DE BRUXA N°5

Scott Cunningham é um dos líderes mais reconhecidos do movimento wiccano moderno. Ele escreveu mais de trinta livros antes de sua morte, em 1993. Gerações inteiras cresceram usando seus livros sobre ervas, gemas, e magia do lar.

Tenho vários de seus livros em minha biblioteca pessoal, mas um de meus preferidos é o *Enciclopédia de Wicca na Cozinha*. Veja o que ele tem a dizer sobre os alimentos:

> Alimento é magia. Seu poder sobre nós é inegável. Do encanto doce e saboroso de um brownie recém-assado a uma deliciosa alcachofra no vapor, a comida continua a nos seduzir.
>
> Alimento é vida. Não podemos continuar vivendo sem sua magia. Os alimentos, no entanto, também armazenam energias. Quando comemos, nosso corpo absorve essas energias, da mesma forma que absorve vitaminas, minerais, aminoácidos, carboidratos e outros nutrientes. Embora possamos não perceber nenhum efeito além do apetite saciado, o alimento sutilmente nos modificou... Comer é nos fundir com a terra. É um ato de afirmação da vida. Preparar e comer alimentos específicos ritualmente é um método efetivo de aprimorar nossa vida.

Sugestão Mágica: *Da próxima vez que comer, pense nessa citação e sinta o alimento fazendo um trabalho mágico dentro de você.*

FEITIÇO PARA AFASTAR A NEGATIVIDADE

29 MAR

Os primeiros meses do ano são o momento ideal para se despedir de toda a melancolia que podemos ter arrastado durante o ano anterior. Se percebe que as sombras a acompanham, experimente esse feitiço simples para expulsar a negatividade.

Acenda uma vela branca e acomode-se em um espaço silencioso e calmo. Visualize-se cercada por uma luz intensa e brilhante, tão poderosa que expulsa a escuridão. Quando a luz tiver preenchido todo o espaço à sua volta, diga em um tom de voz forte e decidido:

> *Negatividade, saia daqui*
> *A luz me libertou e eu venci*
> *Trevas, trevas, vão embora*
> *Vou botar vocês para fora!*

Sugestão Mágica: *Depois de recitar o feitiço, bata uma porta em sua mente, deixando a negatividade do lado de fora. Sinta-se à vontade para usar sua risada maníaca.*

30 MAR

GUARDE UM QUARTZO FUMÊ NO BOLSO

Se precisar de alguma ajuda para expulsar a negatividade, utilize o quartzo fumê. Como todos os outros membros da família do quartzo, ele é magicamente poderoso. Talvez eu goste mais dele do que do superfaturado quartzo transparente (embora também o ame).

O quartzo fumê é uma pedra ótima para a saúde mental. Ele não apenas a ajuda a se livrar da negatividade, mas também eleva seu ânimo e é um auxílio para lidar com a depressão. Também é uma excelente pedra de aterramento. Você pode praticar magia com um grande bloco de quartzo fumê, mas se estiver com problemas sérios, use a pedra em um colar ou mantenha um pedaço no bolso para encarar o dia.

Sugestão Mágica: *Carregue um pedaço de quartzo fumê (ou use uma bijuteria feita com ele) quando estiver se sentindo desanimada.*

LUNA E A FESTIVIDADE DA LUA
31 MAR

Nesta data, muito antigamente, os romanos comemoravam a festividade da lua em homenagem à deusa Luna. Como você deve ter imaginado pelo nome, Luna é a deusa da lua, simbolizada pela lua crescente e pela biga. Sua equivalente grega é chamada de Selene.

Para nós, bruxas, a lua representa uma grande parte de nossa prática espiritual, então faça seu próprio festival em homenagem a Luna hoje. Faça um banquete e brinde à dama da lua. E, se for possível, saia e olhe para ela, apreciando sua beleza, independentemente de onde ela estiver no dinâmico ciclo que vai do minguante ao cheio e depois se repete. Salve, Luna, deusa da lua!

Sugestão Mágica: *Na próxima lua cheia, chame Luna pelo nome quando a invocar. Veja se faz sentido para você e se sente que recebe uma resposta.*

ABRIL
fertilidade e renascimento

DIA DA MENTIRA
01 ABR

Apesar de ser considerado um dia de brincadeiras, essa data tem origens fascinantes. Alguns acreditam que remonta à França do século XV, quando alguém teve a ideia de mudar a data da festividade de Ano-Novo (celebrada de 25 de março até 1º de abril) para 1º de janeiro. Aqueles que comemoravam na data antiga eram chamados de Tolos de Abril. De qualquer forma, hoje em dia, o Dia da Mentira é celebrado em diversos países.

Talvez isso tenha a ver com a forma com que muitas culturas enxergam a figura do tolo, com frequência visto como alguém abençoado pelos deuses. A figura do tolo é relacionada à do bobo da corte, ambos os quais entretinham as pessoas nas cortes dos reis, trazendo um humor oportuno em uma época em que não existiam *sitcoms*.

A carta do Louco (ou Tolo, em inglês), no tarô, é a primeira por um motivo: todas as jornadas começam com um primeiro passo e um salto de fé. Se tiver um baralho, pegue a carta do Louco (ou imprima uma da internet). Olhe para aquele tolo, pronto para cair de um penhasco como se não tivesse preocupação alguma no mundo, com todos os seus pertences em uma trouxa sobre o ombro, seguido por seu fiel cachorro. Você não gostaria de ser despreocupado como ele?

Sugestão Mágica: *Reserve um tempo para refletir sobre o tolo. Existe alguma coisa que você sempre quis fazer, mas se conteve por medo? Talvez esteja na hora de agir como os tolos de Abril e dar um salto de fé.*

02
ABR

(((◖●◗)))

HERMES,
O MENSAGEIRO
DOS DEUSES

Se você passa muito tempo enviando mensagens de texto e e-mails, deveria agradecer a Hermes. Hermes é um dos deuses gregos, filho de Zeus, e atua como mensageiro dos deuses — além de ser um elo entre deuses e mortais. Um deus trapaceiro (não muito diferente do nórdico Loki), também é o protetor dos ladrões, dos atletas e dos viajantes. Parece que ele se adaptaria perfeitamente ao mundo moderno, não é?

É claro que ele também tem um lado mais sério. Por conseguir transitar com facilidade entre os vários mundos, ele conduz a alma dos mortos para o submundo, portanto, é considerado um deus de transições. Com frequência é representado usando sandálias, elmo e caduceu alados.

Sugestão Mágica: *Se estiver no meio de uma grande transição, invoque Hermes. Peça sua orientação quando estiver com aquela sensação inquietante de que o universo está tentando enviar uma mensagem, mas você não consegue descobrir o que é. Escreva um bilhete para ele ou coloque uma pena no altar e chame seu nome. Aposto que ele vai escutar.*

FEITIÇO PARA COMUNICAÇÃO

03 ABR

A boa comunicação está na base de todos os relacionamentos, seja com um companheiro, família, amigos, ou no trabalho. Mas comunicação é algo difícil. Mesmo com muito esforço, nem sempre nos comunicamos com clareza (mesmo quando pensamos que sim) e às vezes permitimos que as emoções atrapalhem. Eu seria uma mulher rica e não teria de escrever todos esses livros se tivesse recebido um centavo cada vez que pensei ter sido absolutamente clara a respeito de uma coisa — e ainda assim a pessoa com quem eu estava falando não entendeu ou levou para o lado errado.

Aqui vai um encantamento simples para tornar a comunicação mais harmoniosa.

Hermes, ajude minha língua a falar com clareza
Deixe as palavras fluírem da forma como pretendo
Que meu coração esteja aberto e minha mente seja sábia
Para uma boa comunicação agora e sempre
Que assim seja!

Sugestão Mágica: *Use esse feitiço sempre que tiver uma conversa importante pela frente ou sinta que está tendo dificuldades de comunicação com alguém.*

04 ABR

A DEUSA BUDISTA KUAN YIN

Kuan Yin é uma deusa budista da compaixão e da misericórdia, amplamente reverenciada na China e em muitos outros lugares. Seu nome significa algo como "aquela que escuta", o que quer dizer que ela ouve as lamúrias e preces de todos os seres humanos. Ela é normalmente representada como alguém benevolente e bela, com uma expressão serena e gentil.

Muitos pagãos gostam de ter uma estátua de Kuan Yin mesmo não tendo inclinações budistas. Afinal, quem não precisa de um pouco mais de compaixão?

Ela é um bom lembrete para sermos compassivos uns com os outros.

Sugestão Mágica: *Nos próximos dias, faça um esforço para canalizar a deusa e ser um pouco mais gentil com as pessoas à sua volta. Você pode acabar achando isso tão viciante que vai desejar agir assim o tempo todo. Quem sabe?*

MINHA MENINA DE ABRIL
05 ABR

Onde eu moro, abril pode ser um mês com um clima muito instável. Amo o modo com que este poema captura seus altos e baixos.

De manhã, ao pé da escada
Atrás dela o sol levanta;
Doces riachos de riso
Nascem de sua garganta;
Sua formosa presença
De dourado tinge o dia;
E sob o sol dessa manhã
O seu nome é Alegria.

À penumbra da tardinha
Em um silencioso salão
Lemos antigas baladas;
Cobrindo seus olhos com a mão,
Ela então desaba em pranto,
Dando ao coração leveza;
E à penumbra da tarde
O seu nome é Tristeza.

A minha menina de abril,
De sol e tormenta tece
A magia primaveril
E meu desgosto floresce!
Quando os humores se acalmam,
No abraço ela busca calor;
Com dor e em êxtase então
Eu sei que seu nome é Amor.

(Henry Van Dyke, 1911)

Sugestão Mágica: *No decorrer do mês de abril, observe suas diferentes atmosferas e repare como elas afetam o seu humor.*

06
ABR

(((◖●◗)))

TENHA
O HÁBITO DE
AGRADECER

Vamos mudar um pouco as coisas aqui. Se você está acompanhando desde o início, já sabe que, periodicamente, dedico um dia à gratidão.

Sim, ainda quero que você se concentre na gratidão — é uma coisa boa e faz seu coração se expandir, ao mesmo tempo que muda seu foco do negativo para o positivo. Mas em abril vou propor um desafio diferente.

Hoje, e pelo restante do mês, encontre quatro pessoas a quem possa agradecer. Pode ser qualquer um, desde uma pessoa aleatória que abra uma porta para você até o caixa do supermercado. Ou faça um esforço para agradecer a alguém a quem você vem devendo gratidão há um tempo: sua mãe, um amigo que faz de tudo por você, um colega que torna o trabalho mais agradável.

E uma dessas pessoas pode ser você mesma. *Você* fez o seu melhor para chegar ao fim do dia? Então pode agradecer a si mesma.

Sugestão Mágica: *Agradeça a quatro pessoas. Como se sente? Não seria bom se as pessoas agradecessem a você com mais frequência pelos seus esforços? Se começar a agradecer, quem sabe os agradecimentos não acabarão voltando para você?*

A VARINHA, UM INSTRUMENTO BÁSICO
07 ABR

A varinha é um dos instrumentos básicos de uma bruxa. Infelizmente, na vida real elas não produzem magia como a varinha de Harry Potter (mas não seria o máximo se fosse assim?). Elas são usadas principalmente para apontar e direcionar energia — por exemplo, ao lançar um círculo mágico ou evocar os elementos.

O melhor de tudo sobre as varinhas é que não é preciso gastar muito dinheiro comprando uma peça sofisticada — embora, claro, você possa fazer isso se preferir. No fundo, uma varinha é um bastão. Um belo bastão, mas ainda assim um bastão. Saia para caminhar no bosque, ou talvez em um parque perto de sua casa, e encontre o pedaço de madeira ideal. Ele deve ser reto e mais ou menos do comprimento de sua mão até o cotovelo, mas acho que ninguém vai aparecer na sua casa e medir para garantir que sua varinha seja do tamanho certo.

Se desejar algo um pouco mais elaborado, personalize sua varinha entalhando ou usando um pirógrafo para gravar runas ou outros símbolos na madeira — ou acrescente penas e pedras. Pessoalmente, gosto de uma peça de madeira simples, que toque meu coração e diga: "Pratique magia comigo!".

Sugestão Mágica: *Faça sua própria varinha. Pode ser simples ou sofisticada, mas deve refletir sua próprio caminho na bruxaria.*

08
ABR

A BELEZA DA CHUVA

Às vezes, quando chove por dias a fio, o tédio se instala e a gente enjoa do céu cinzento e da umidade constante. Mas a chuva não apenas umedece o solo e nutre tudo que está nascendo: também é uma ótima forma de nos conectarmos ao elemento água.

Da próxima vez que chover, saia e se molhe na chuva. Sério! Você não é a Bruxa Má do Oeste; não vai derreter. Saia, sinta as gotas de chuva na pele, e demonstre seu apreço por tudo que a chuva faz pela terra. Absorva essa energia revigorante da água e deixe que ela leve embora o estresse e a negatividade. Se puder, fique descalça. E se encontrar uma poça de lama, por favor, P U L E!

Sugestão Mágica: *Está chovendo hoje? Se estiver, saia e aproveite a chuva. Se estiver em uma região onde quase não chove, passe no meio dos irrigadores no jardim ou fique debaixo do chuveiro e finja que está no meio de uma bela tempestade.*

O PODER DE LIMPEZA DA CHUVA

09 ABR

Se você for tomar chuva (e é claro que vai) reflita sobre o que gostaria que a água levasse embora. Ao que você está apegada que a arrasta para baixo? Está carregando energia negativa — sua ou de outra pessoa — e já é hora de se livrar dela? Talvez seja o momento de limpar tudo e começar do zero.

Sugestão Mágica: *Faça uma lista do que você gostaria que a água levasse embora. Escolha um primeiro ponto e comece.*

10 ABR

O SEGUNDO CHACRA

O segundo chacra, também conhecido como chacra umbilical, localiza-se na pélvis e normalmente é ilustrado na cor laranja. Seu centro de energia é essencial para a sexualidade e o equilíbrio hormonal, que afetam o corpo como um todo. Independentemente do estágio da vida de uma pessoa, esse chacra pode ser afetado por traumas ou doenças.

Algumas pessoas sentem-se desconfortáveis com a própria sexualidade, e isso pode desalinhar esse chacra também. Se você tiver problemas nessa área, vá para um local silencioso e visualize uma forte luz alaranjada. Faça-a girar em sentido horário. Se parecer bloqueada ou estagnada, envie amor e aceitação àquela região de seu corpo e veja se ajuda.

Sugestão Mágica: *Posicione uma pedra laranja sobre seu chacra umbilical — uma cornalina clara funciona bem para isso; ou âmbar, que tem muito poder de cura. Feche os olhos e visualize a energia da pedra brilhando fortemente e veja esse brilho se espalhar pelo chacra, curando-o e revigorando-o.*

FORTUNA, A DEUSA DA SORTE
11 ABR

Neste dia, os romanos organizavam um festival em homenagem a Fortuna, a deusa da sorte. Quem não gostaria de ter um pouco mais disso?

A verdade é que, embora a maior parte dos sucessos de nossa vida sejam baseados em nosso próprio esforço, quase sempre há uma pitada de sorte envolvida: estar no lugar certo, na hora certa; encontrar a pessoa que pode indicá-la à vaga de emprego, talvez apresentá-la à sua cara metade ou à oportunidade certa para você.

Mas veja bem: Fortuna é a deusa da sorte, tanto boa quanto má. Então, se oferecer uma prece a ela ou acender uma vela em sua homenagem, não se esqueça de especificar qual tipo você busca!

Sugestão Mágica: *Durante esse festival, era comum pedir que Fortuna dissesse o que o destino reservava às pessoas; portanto, faça uma leitura de tarô, tire algumas runas ou peça orientação. Se desejar, recite este encantamento simples e em seguida utilize seus instrumentos de divinação — ou fique em silêncio e veja se algo chega até você:*

Fortuna sábia, Fortuna forte
Mostre-me a minha sorte

12 ABR

IDENTIFICAÇÃO DE ÁRVORES

Tenho uma confissão a fazer. Não sou muito boa na identificação de árvores. Bem, até conheço as mais óbvias, como pinheiros e salgueiros; mas fora isso, fico meio perdida. Acho isso um pouco constrangedor, considerando que não apenas moro em uma área repleta de belas árvores, mas também sou uma bruxa amante da natureza. Convenhamos!

Meu plano é comprar um livro de identificação de árvores e arbustos e sair por aí com ele. Se esse tipo de conhecimento não é o seu forte, tente fazer o mesmo. Afinal, se vamos ser Pagãs abraçadoras de árvores, é melhor conhecermos as árvores que vamos abraçar.

Em meu quintal, tenho muitos pinheiros (de vários tipos... não me pergunte qual é qual), alguns carvalhos bem altos, salgueiros esguios, macieiras, uma cerejeira, uma macieira-brava, que dá belas flores na primavera, e um montão de arbustos, incluindo sabugueiros, forsítias, liláses e hortênsias.

Sugestão Mágica: *Quais árvores crescem em seu jardim ou em sua rua, em seu bairro ou no parque mais próximo? Se não sabe, tente descobrir.*

ANIMAIS DE PODER

13 ABR

Animais de poder não são animais de estimação, mas símbolos pelos quais nos conectamos ao mundo da natureza e do misticismo. Você não pode escolher um animal só porque acha legal; na verdade, o animal de poder é que escolhe você. (Por um bom tempo, meu animal de poder foi um rebanho de ovelhas. Sério. Algumas pessoas têm falcões ou lobos; eu fiquei com um rebanho de ovelhas.)

Às vezes fica claro qual é o seu animal de poder porque ele aparece constantemente ou em momentos que significam mudanças e movimentos importantes. É preciso prestar atenção, no entanto, ou pode acabar não notando esses sinais.

Se ainda não sabe qual é o seu animal de poder, descubra por meio de uma viagem xamânica ou meditando sobre essa questão. Vá para um lugar em que possa se conectar à natureza — um bosque, por exemplo, ou um outro local calmo e reservado. Sente-se sob uma árvore ou deite-se no chão. Peça que os deuses enviem seu animal de poder. Talvez você tenha uma visão de um animal específico ou abra os olhos e veja algo que contenha uma pista. Se tiver sorte, pode até ver o próprio animal, dependendo de onde estiver.

Sugestão Mágica: *Se não receber uma resposta de imediato, olhe ao seu redor e encontre algo na natureza que possa levar para casa — uma pedra, uma pena ou uma folha. Coloque esse objeto sob o travesseiro e talvez seu animal de poder apareça em seus sonhos.*

14 ABR

A REFRESCÂNCIA DA HORTELÃ

Eu amo cheiro de hortelã. Gosto de tomar uma xícara de chá de hortelã quente em um dia frio de inverno ou quando não estou muito bem do estômago. O Farmers' Museum, em Cooperstown, Nova York, tem as melhores balas de hortelã do mundo. Também amo a utilidade prática da hortelã. Acrescento algumas gotas do óleo essencial em um spray, que repele formigas e outros insetos, e também em um difusor, para me acalmar quando estou de cabeça cheia.

Em termos de magia, a hortelã também é muito útil. Suas aplicações clássicas são cura e purificação, mas ela também é uma de minhas ervas preferidas para prosperidade. Scott Cunningham sugere colocar algumas folhas na carteira ou na bolsa. Sempre acrescento um pouco de óleo essencial de hortelã em meus óleos mágicos para prosperidade e coloco uma gota ou duas em uma vela quando faço algum feitiço para abundância.

A hortelã, como todos os tipos de menta, é uma erva fácil de cultivar — a ponto de ser uma planta invasora nos jardins, se não houver cuidado.

Sugestão Mágica: *Plante algumas sementes e inicie seu próprio cultivo de hortelã (dentro de casa, no parapeito da janela, se necessário). Afinal, quem não gostaria de um pouco mais de cura, purificação e prosperidade? (Além disso, você ainda vai poder fazer chá.)*

FEITIÇO PARA PROSPERIDADE

15 ABR

A prosperidade vai além de apenas ter dinheiro (embora isso também seja ótimo). A prosperidade pode chegar a nós na forma de dádivas inesperadas ou oportunidades; por isso, ao realizar magia de prosperidade, certifique-se de deixá-la em aberto para que o universo possa ajudá-la de maneiras que você não imaginou. Se precisar de algo específico, peça o que busca — apenas esteja preparada para que a ajuda chegue de forma inesperada.

Aqui está um feitiço simples para prosperidade. Acenda uma vela verde gravada com runas e símbolos relacionados a prosperidade e abundância. Lembre-se de concentrar sua intenção em fontes positivas de prosperidade, que não prejudiquem ninguém.

Verde e dourado, fluxo abundante
De toda forma positiva você vai
Trazer prosperidade à minha vida
Encher meus bolsos e minha carteira
Um presente de Fortuna, dádivas mil
Suficiente para as necessidades da vida
Peço de coração aberto
Que assim seja!

Sugestão Mágica: *Prosperidade também é um estado de espírito. De quanto você precisa para ser feliz?*

16 ABR

(((●)))

EU MEREÇO PROSPERIDADE E ABUNDÂNCIA

Às vezes, você pode sentir-se empacada na sensação de que nunca vai ter dinheiro suficiente. Você tenta repetidas vezes, trabalha muito e parece que não vai acontecer. Não sei quanto a você, mas eu odeio essa sensação. Descobri que focar na sensação de falta tende a perpetuar o ciclo. Afinal, se você vive pensando — ou pior, dizendo em voz alta — "eu nunca tenho dinheiro suficiente", reflita sobre o que está jogando para o universo. Como alternativa, declare esta afirmação positiva:

Eu mereço prosperidade e abundância e o universo me proporciona essas coisas.

Sugestão Mágica: *Reconheça a prosperidade e a abundância que você tem atualmente em sua vida.*

FOLHAS DE OUTONO
17 ABR

Onde eu moro, o outono é uma estação linda. As folhas podem ter uma enorme variação de cores vibrantes, em tons de amarelo, laranja e vermelho. O show é breve; mas, enquanto dura, é possível recolher punhados de folhas e fazer todo tipo de artesanato com elas.

Uma forma simples de preservar folhas e manter sua beleza é mergulhá-las em cera. Para uma energia mais bruxesca, junte restos de velas de rituais e derreta-os em banho-maria. Em seguida, segure as folhas pela haste, mergulhe-as na cera e deixe escorrer um pouco antes de colocá-las para secar. Quando as folhas estiverem preservadas, pendure-as com linha de náilon ou fitas finas para criar móbiles decorativos ou uma guirlanda; transforme-as em arranjos usando outros elementos sazonais, como pinhas; ou emoldure-as e pendure na parede.

Um método menos natural é utilizar termolina leitosa. Decore as folhas com glitter ou desenhe sobre elas (espirais, silhuetas de deusas, estrelas), e depois sele com a termolina. Ou arranje as folhas sobre ladrilhos ou pedras e espalhe a termolina sobre elas. Para fazer um lindo castiçal de outono, espalhe a termolina sobre folhas dispostas na parte externa de um pote de vidro.

Sugestão Mágica: *Como em qualquer outra forma de arte, o único limite é sua imaginação. Crie algo usando folhas, talvez na companhia de amigos ou de seus filhos.*

18 ABR

((◐)) SABEDORIA DE BRUXA Nº6

Ellen Dugan é conhecida como "a Bruxa do Jardim" por um bom motivo. Tanto bruxa como exímia jardineira, ela mistura as duas coisas para nos ajudar a reencontrar nossas raízes verdes na bruxaria. Em seu livro *Garden Witchery: Magick from the Ground Up*, ela resume o motivo pelo qual gosto de cultivar alguns de meus próprios ingredientes mágicos quando posso:

> Nada se compara a fazer — ou cultivar — um ingrediente mágico com suas próprias mãos. Como sabemos, um instrumento de magia ou objeto criado por nós mesmos torna-se duas vezes mais poderoso ao absorver a energia dispendida na criação do item. Então, o mesmo pode ser dito do cultivo de nossas próprias flores ou ervas para magia. Ao semear, cultivar e depois colher nossas próprias ervas e plantas, nossa energia é absorvida por elas toda vez que as tocamos. Agora toda esse energia está esperando para ser programada ou lançada.

Sugestão Mágica: *Se puder, cultive algumas ervas mágicas, mesmo que seu espaço se resuma ao parapeito de uma janela. Ao plantá-las e observar seu crescimento, direcione sua intenção para seu uso na prática de magia. Quando finalmente as utilizar, veja se consegue sentir alguma diferença.*

MOEDA PARA ATRAIR DINHEIRO

19 ABR

Na magia para a prosperidade, uma das ideias mais fáceis é criar uma moeda para atrair dinheiro. Gosto de usar uma moeda especial para isso — talvez uma edição comemorativa, ou algo do tipo —, mas é possível usar uma moeda comum. Unte a moeda com óleo, ou óleos, indicados para a prosperidade (como manjericão, canela, cravo-da-índia, gengibre, patchuli, hortelã ou sândalo) ou salpique algumas ervas desidratadas sobre a moeda. Consagre-a em seu altar e peça que os deuses e os elementos abençoem a moeda para atrair prosperidade de maneiras positivas.

Depois, mantenha-a em sua carteira, na bolsa ou em seu altar. (Confissão: quando preciso mesmo que funcione, eu coloco dentro do sutiã!) Quando vou praticar magia de prosperidade em outra ocasião, costumo colocar a moeda sob o castiçal para um estímulo mais potente.

Sugestão Mágica: *Prepare uma moeda para atrair dinheiro, e depois lance um feitiço de prosperidade a fim de aumentar ainda mais seu poder.*

20 ABR

ENTENDA A MAGIA DO PÊNDULO

Um pêndulo é uma das ferramentas de divinação mais simples, embora seu uso seja limitado a questões que possam ser respondidas com *sim* ou *não*. Tenho alguns muito bonitos, incluindo um com um cristal de quartzo esculpido em forma de estrela e outro com uma ametista translúcida na ponta. Mas já vi pêndulos perfeitamente úteis feitos sem nada complicado ou caro — apenas uma linha forte e um clipe de papel. Também é possível usar uma pedra com um furo ou qualquer coisa que possa fica pendurada em um fio ou corrente fina.

É fácil usar um pêndulo, mas, antes de começar, tente entender exatamente como esse pêndulo específico vai reagir. Normalmente, eles oscilam em sentido horário ou anti-horário, ou balançam da esquerda para a direita ou para a frente e para trás. Para entender como o seu pêndulo responde, faça perguntas para as quais sabe a resposta, como: "o meu nome é _____?" e veja em que direção ele se move. Depois teste com outra pergunta para a qual saiba que a resposta é *não*. Assim que estabelecer isso, já pode fazer suas perguntas.

Sugestão Mágica: *Lembre-se de esvaziar a mente o máximo que puder antes de começar e faça perguntas para as quais as respostas sejam sim ou não. Às vezes o pêndulo não vai se mover, e isso costuma significar que a resposta não pode ser dada naquele momento ou que você está fazendo a pergunta errada.*

O SIGNO DE TOURO

Aqueles nascidos entre 21 de abril e 21 de maio são considerados do signo solar de Touro. Regidos por um signo de terra, os taurinos costumam ser confiáveis, pacientes, práticos, afetuosos e determinados — e também (ahã) um pouquinho teimosos e inflexíveis. Sim, sou de touro. E, para ser sincera, a maior parte dessas descrições tem bastante a ver comigo. Com certeza sou prática e leal, mas posso ser arraigada demais, já que é difícil me convencer a sair de casa.

Por outro lado, em tese, os nascidos sob o signo solar de Touro são geralmente focados em posses e podem ser obcecados por ter e colecionar coisas, o que não tem nada a ver comigo. Acho que isso apenas prova que, embora nascer sob um signo possa dar a uma pessoa certas tendências inatas, todos são indivíduos e não existe isso de "um signo enquadrar todo mundo". Você acha que seu signo a descreve com precisão ou não?

Sugestão Mágica: *É uma boa época para você agradar seu lado mais terreno. Plante algo ou cuide de sua casa, mas fique de olho na tendência à teimosia!*

22 ABR

(((●)))

DIA DA TERRA

Se formos levar ao pé da letra, todo dia é Dia da Terra para as bruxas e pagãos. Mas como o mundo todo comemora o Dia da Terra hoje em dia, temos uma boa desculpa para nos esforçarmos um pouco mais e fazer algo pela Mãe Natureza.

Você decide o que vai fazer, mas deve ser algo prático e útil. Tente sair para uma caminhada e recolher o lixo de sua rua ou de um parque das redondezas. (Algumas comunidades organizam o dia da limpeza nesse dia, principalmente perto de rios e em parques; verifique se há alguma atividade em grupo da qual você possa participar.) Plante uma árvore ou arbusto. Se não tiver um jardim, é possível plantar em outro lugar ou contribuir para uma fundação que possa plantar por você. Participe de abaixo-assinados que estimulem políticos a votarem a favor de medidas ecologicamente corretas. Há milhares de formas diferentes de celebrar o planeta que chamamos de lar; você só precisa escolher a que combina melhor com você.

Sugestão Mágica: *Não se esqueça de sair de casa. Pise na terra com os pés descalços e diga: "Obrigada por ser minha mãe".*

A BELEZA DO SALGUEIRO

23 ABR

Quando eu era criança, tínhamos um enorme salgueiro-chorão no jardim, com galhos tão compridos que chegavam até o chão e viravam o esconderijo perfeito para uma garota tímida, seu gato e seu livro. Mesmo naquela época, eu já sabia que os salgueiros eram mágicos.

Os galhos maleáveis e flexíveis do salgueiro podem facilmente ser trançados para criar cestos, móveis ou cercas, e com frequência são usados para amarrar vassouras de bruxas ou confeccionar varinhas. Outros usos mágicos do salgueiro incluem proteção, magia do amor e cura (não é de se surpreender, considerando que da casca do salgueiro-branco se originou a salicina, da qual a aspirina foi sintetizada, e ela há muito tempo tem usos medicinais).

O salgueiro gosta de umidade e quase sempre é encontrado perto de rios ou em terrenos alagadiços. Devido à sua casca branca como um fantasma, o salgueiro é associado à Deusa, à lua e também à morte e ao luto. (Será que é por isso que o chamam de salgueiro-chorão?) Pessoalmente, sempre achei que eles exibem uma beleza etérea e um tanto quanto misteriosa. Além disso, é ótimo sentar sob um deles acompanhada de um bom livro, seja ele sobre bruxaria ou não.

Sugestão Mágica: *Encontre um salgueiro e faça amizade com ele. Ofereça-lhe pequenos presentes, como pedras bonitas que podem ser deixadas próximas de suas raízes.*

24 ABR

(((●))) FOGOS DE OUTONO

Amo este poema, que captura com perfeição a essência do outono.

Por todos os jardins,
Do vale até o céu,
Das fogueiras de outono
Vê da fumaça o véu!

Belo verão termina,
Suas flores se vão,
O fogo carmim queima,
Cinza fumaça, então.

Cante a canção dos ciclos!
A cada ato um dono;
Há o verão das flores,
O fogo faz o outono!

(Robert Louis Stevenson, 1913)

Sugestão Mágica: *Colete algumas coisas na natureza ou procure na internet por fotos que representem o outono, como folhas coloridas, flores e plantas outonais. Exponha-as ou coloque-as em seu altar para celebrar essa época de mudanças do ano.*

ENCANTAMENTO PARA CORAGEM

25 ABR

Pode ser difícil ter coragem diante dos desafios da vida, mas sem ela é difícil continuar seguindo em frente de forma positiva. Conforme vamos nos aproximando da época mais escura do ano, às vezes fica ainda mais difícil encontrar coragem. Aqui vai um encantamento para ajudar, que pode ser utilizado agora ou sempre que necessário:

Força motriz, força vital
Chegue afastando todo o mal
Siga aumentando durante o dia
Pois a escuridão não lhe influencia
Dê me coragem, torne-me forte
Para lidar com problemas de toda sorte
Quero toda a força que couber em mim
E coragem para ir até o fim

Sugestão Mágica: *Se desejar um estímulo a mais, recite esse encantamento segurando uma pedra que tenha relação com a coragem (cornalina, ametista, ágata, lápis-lazúli, olho de tigre ou turquesa) e guarde-a no bolso, embaixo do travesseiro ou a coloque em seu altar.*

26 ABR

(((●)))

SONO, UM RITUAL NOTURNO

"Dormir, talvez sonhar", disse Shakespeare em *Hamlet*. Em *Macbeth*, ele disse: "O sono que tece o fio intricado das preocupações". Shakespeare era um cara esperto; ele sabia que sem dormir o suficiente, não teríamos como processar o dia por meio dos sonhos e nem a oportunidade de permitir ao nosso corpo e nossa mente a recuperação do estresse a que são submetidos.

Então, você pode estar se perguntando, o que dormir tem a ver com ser bruxa? A resposta é: mais do que você pode imaginar.

A questão é que fica difícil se concentrar na vida espiritual se você estiver tão exausta da vida mundana que mal tenha energia para escovar os dentes. Por isso, faça algum tipo de ritual noturno, seja conversar com os deuses, olhar para a lua ou, até mesmo, sonhar.

Ainda assim, a maioria de nós vive dessa forma. É, eu também. Fico acordada até tarde tentando fazer coisas e acordo cedo demais porque não durmo bem (e também por culpa de meus gatos famintos).

Sugestão Mágica: *Empenhe-se em dormir mais. Se tiver dificuldade para pegar no sono, experimente pingar algumas gotas de óleo essencial de lavanda em um sachê ao lado do travesseiro ou na água da banheira antes de dormir. Saia do computador e desligue a TV mais cedo à noite — e no lugar deles, experimente uma meditação calmante. Saia para dar uma volta e ver o que a lua está fazendo. Converse com a Deusa sobre o seu dia. Depois tente dormir, talvez sonhar.*

COMO LIDAR COM A INTERNET
27 ABR

A internet é uma faca de dois gumes para as bruxas. Por um lado, ela nos dá acesso a informações sobre tudo que diz respeito a bruxaria e é uma forma de entrarmos em contato com outras pessoas que compartilhem de nossas crenças. Por outro, muitas das informações são uma porcaria, e algumas pessoas são indelicadas, enganosas ou só querem tirar nosso dinheiro. Além disso, há uma questão que enfrentamos em todas as facetas da vida, que é o fato de a internet ser capaz de nos distrair tanto que acaba roubando tempo de coisas mais importantes, como nossa prática espiritual.

Aqui vão algumas sugestões para tornar seu uso da internet para fins mágicos mais positivo. Primeiro: não acredite em tudo que lê on-line. Verifique qualquer coisa que lhe pareça dúbia. Tenha cuidado com tudo que for absoluto, como "toda bruxa deve..." ou "você não é uma bruxa de verdade a menos que...". Não existe uma única forma correta, e qualquer um que disser isso não entendeu nada sobre o caminho espiritual.

A maior parte do pessoal é bastante agradável, então não há motivo para aturar aqueles que exalam negatividade. E, de vez em quando, *desligue tudo*.

Sugestão Mágica: *Escolha um dia por semana para ficar offline. Eu tento usar a internet o mínimo possível nos fins de semana e é incrível como consigo fazer muito mais coisas. Tente fazer isso hoje e veja se funciona para você.*

28 ABR

A MAGIA DOS ANIVERSÁRIOS

Como é mesmo aquela canção dos Beatles? *"They say it's your birthday! Well, it's my birthday too, yeah"** Na verdade, hoje é meu aniversário. Ah, não precisa me dar nenhum presente. Bem, já que insiste...

Hoje me pareceu um bom dia para falar de aniversários em geral, mas com um toque de magia, é claro. Muita gente tem sentimentos conflitantes em relação a aniversários. Por um lado, são motivo de comemoração — *viva!* Por outro, significam que você está um ano mais velha — *buu!* Por sorte, os Pagãos não enxergam o envelhecimento exatamente da mesma forma que as outras pessoas. Não que fiquemos por aí dizendo "Ah, que legal, estou ficando mais velha", mas não pensamos automaticamente no envelhecimento como algo ruim. Por tradição, bruxas e Pagãos tendem a ver o envelhecimento apenas como parte do ciclo da vida e uma oportunidade de reunir conhecimento e, até mesmo, compartilhá-lo com outros.

Além disso, sempre tem bolo, não é mesmo?

Sugestão Mágica: *É assim que você enxerga seu aniversário? Se não for, talvez seja hora de refletir sobre uma mudança de atitude. Ficar mais velha não é algo ruim. Significa que você sobreviveu a mais um ano. Parabéns. É provável que esteja mais forte e sábia por causa disso. Celebre seu nascimento. Afinal, só existe uma de você e isso é algo digno de comemoração.*

---

* Em tradução livre: Eles dizem que é seu aniversário/
É o meu aniversário também, sim.

ALTARES PARA OS ANTEPASSADOS

29 ABR

Uma forma de celebrar o Samhain é montar um altar para os antepassados. Trata-se de um altar dedicado aos que já se foram, e isso pode ser feito de algumas formas diferentes.

Monte um altar alguns dias antes do sabá. Decore-o com fotos e lembranças, itens que simbolizem aqueles que perdeu. No primeiro ano após a morte de minha avó, fiz um altar com a foto dela, alguns itens de tecelagem que ela fizera para mim e a chave de sua casa, junto com uma vela para acender em sua homenagem. Também é possível montar um altar temporário, apenas para a noite da própria data comemorativa, removendo-o no dia seguinte.

Durante nossos rituais de Samhain, às vezes separamos uma mesa dentro do círculo que funciona como um altar para os antepassados do grupo, e todos colocam sobre ela itens que representem seus antepassados e entes queridos que faleceram — incluindo animais de estimação. Nós nos revezamos indo até o altar durante o ritual, acendendo uma vela e falando com os mortos. Como o Samhain é uma das duas noites do ano em que o véu entre os mundos está mais fino, é o momento perfeito para homenagear aqueles que se foram antes de nós e tornar possível que saibam que ainda estão em nossos pensamentos.

Sugestão Mágica: *No Samhain deste ano, crie um altar para seus antepassados.*

30 ABR

SOPA DE ABÓBORA

O que poderia ser mais divertido de se servir no banquete de Samhain que uma sopa de abóbora, usando como tigela uma abóbora pequena sem a polpa? (Sirva com a parte de cima da abóbora como tampa, se desejar ser mais sofisticada. Se preferir não ter todo esse trabalho, uma tigela comum também serve.)

Aqui vai a receita de uma sopa de abóbora simples que fica pronta em pouquíssimo tempo. Você só precisa refogar algumas cebolas picadas em azeite de oliva, acrescentar cerca de 800 g de abóbora cozida e amassada, quatro xícaras de caldo de galinha e meia xícara de creme de leite. Tempere com sal e pimenta do reino e uma pitada de noz moscada, se desejar. Acrescente sementes de abóbora tostadas para um toque a mais de diversão.

Sugestão Mágica: *Se não quiser fazer a sopa de abóbora do zero, tente encontrar uma versão pronta no mercado mais próximo.*

MAIO
renovação e beleza

O FESTIVAL SAMHAIN

01 MAI

O Samhain é considerado por muitos a festividade mais bruxesca de todos os sabás da Roda do Ano; ele certamente tem essa reputação com o público em geral!

Algumas bruxas consideram essa noite como seu Ano-Novo, o limite entre o ano que termina e o que se inicia. O Blue Moon Circle costuma fazer um ritual de duas partes: a primeira metade dedicada a uma despedida solene do ano que ficou para trás, e a segunda dando alegres boas-vindas ao que chega, com todo seu potencial, mágico ou não. Também é uma noite boa para praticar divinação e falar com os entes queridos falecidos, embora eu sempre sugira ter um cuidado extra com a purificação e proteção de seu espaço para ambas as coisas.

Algumas pessoas celebram a noite com uma ceia muda, uma refeição servida e consumida em silêncio total. Ela pode ser feita no Samhain como forma de reverência aos mortos, colocando pratos vazios à mesa para eles. Um vez, meu primeiro grupo fez uma ceia dessas no Samhain e foi um ritual surpreendentemente poderoso e comovente: silêncio, luz de velas, tristeza, alegria e comunhão, tudo misturado.

Sugestão Mágica: *Faça uma ceia muda este ano para o Samhain, ou, pelo menos, coma parte da refeição em silêncio.*

02 MAI

(((●)))

PRAZER E SEXUALIDADE

Sejamos sinceros: muitas religiões têm problemas com o sexo e muitas regras que acompanham esses problemas — uma série de "não deveis" isso e aquilo. Para a nossa sorte, a maioria das bruxas e Pagãos tem uma abordagem muito mais relaxada em relação a sexo, orientação sexual, identidade de gênero e todo o resto.

Essa é uma das razões pelas quais a bruxaria moderna tende a atrair pessoas que não são bem acolhidas em outras religiões. O sexo casual não é considerado pecado, contanto que todas as partes envolvidas estejam de acordo e sejam capazes de dar consentimento. Na verdade, o conceito de "pecado" nem existe. Como em outros aspectos da vida, a única regra verdadeira é "Se não causar mal nenhum, faça o que desejar".

Existem muitos bruxos e bruxas que fazem parte da comunidade LGBTQIA+ e que estão em algum tipo de relacionamento não tradicional, ou que não se identificam com os gêneros "masculino ou feminino", quase sempre considerados a norma em nossa sociedade. Amor é amor é amor. (E sexo é sexo é sexo. Um viva para isso!)

Sugestão Mágica: *Não, não vou dar sugestões específicas para esse tipo de atividade, mas você pode ficar à vontade para propor o que quiser. No entanto, aproveite para refletir a respeito de suas atitudes em relação ao assunto, também a respeito de suas opiniões: você é tão aberta e tolerante quanto gostaria?*

RITUAL DE BATISMO WICCANO

03 MAI

Primeiro vem o amor, depois vem o casamento (ou não) e depois vem um bebê — é mais ou menos assim que diz uma antiga rima popular. Se você tiver a sorte de ter um novo bebê para receber nesse ciclo — seja seu ou de outra pessoa — adote uma abordagem bruxesca em relação a isso também.

Um ritual de batismo wiccano (*Wiccaning*) é uma forma de celebrar o nascimento de uma criança. Diferentemente do batismo cristão, que dedica a criança à igreja, o batismo wiccano é uma reunião da família e integrantes da comunidade para abençoar e saudar o bebê. Normalmente é conduzido por um sacerdote ou sacerdotisa que apresenta a criança e os pais. Os convidados podem, então, se revezar para presentear o bebê. Mais ou menos como as fadas nas histórias antigas, participei de um ritual em que as pessoas presentearam a criança com desejos de boa saúde, sabedoria, talento etc. Foi adorável, comovente e repleto de boas energias — uma forma maravilhosa de iniciar uma nova vida.

Sugestão Mágica: *Se você conhecer alguém em sua comunidade de bruxas que vai ter um bebê ou se essa pessoa é você, considere organizar um ritual de batismo wiccano como forma de acrescentar um pouco de magia à vida do novo bebê.*

04 MAI

((●)))

AS DIFERENTES FORMAS DE AMOR

O amor existe em várias formas — não apenas o amor sexual e romântico (embora eu seja fã desses dois tipos também, certamente). Existe o amor à família, o amor dos pais por um filho, o amor de amigos e bichinhos de estimação e o amor platônico, além do amor à comunidade e ao país. Fora isso, é claro, há ainda o amor à divindade, ao espírito, à natureza...

Sugestão Mágica: *Reflita sobre todas as formas de amor em sua vida. Como o amor se manifesta para você e o que você faz para cultivá-lo e incentivá-lo? Mesmo que nem sempre possa ter o amor de todos os modos específicos que deseja, sempre há formas de dar e receber amor. O que você pode fazer para aumentar a quantidade de amor em sua vida?*

AGRADECER AO FIM DO DIA

05 MAI

É fácil perder a noção do que há de bom em nossa vida quando somos tragadas por más notícias, listas de afazeres intermináveis e gatos vomitando bolas de pelo bem no nosso caminho.

Para garantir que eu esteja prestando atenção no que é positivo, e não apenas no negativo — e também para mostrar aos deuses meu apreço pelas dádivas que me concedem, pois ninguém gosta de pessoas ingratas — sempre agradeço ao fim do dia.

Não é um ritual complicado, mas você, com certeza, pode acender uma vela e ficar diante do seu altar se sentir vontade. Na verdade, faço isso na cama, logo depois de apagar a luz. Gosto de terminar meu dia com gratidão, mas se você preferir expressá-la na hora do jantar ou em algum outro momento do dia, vá em frente.

Eu digo: "Deus e Deusa, eu os saúdo no fim de mais um dia e agradeço-vos por todas as bênçãos em minha vida". Depois cito meus motivos de gratidão naquele dia, que sempre incluem amigos, família, gatos e boas refeições. Encerro com: "Zelem por mim e por aqueles que amo".

Sinta-se à vontade para mudar o que quiser ou apenas ficar em silêncio e sentir a gratidão, desde que esteja atenta às coisas boas.

Sugestão Mágica: *Expresse gratidão ao fim do dia através do ritual que mais lhe agradar. Experimente fazer isso durante uma semana inteira e veja se é algo que deseja acrescentar à sua rotina diária.*

06 MAI

A PROTEÇÃO DA ÁGATA

A ágata é uma pedra comum que pode ser encontrada em muitas variações, incluindo a ágata azul rendada, a ágata mexicana e as ágatas preta, branca, vermelha, verde e verde-musgo. Ao contrário de algumas de suas primas mais sofisticadas, a ágata não costuma ser cara, estando ao alcance da maioria das bruxas.

Na magia, seu uso é, em geral, para proteção, força, coragem, jardinagem/fertilidade e amor, embora tipos específicos de ágata tenham suas próprias associações. A ágata azul rendada, por exemplo, é associada a paz e calma. Gosto da ágata musgo, que é branca com marcas verdes que parecem galhos de árvores ou algum outro tipo de planta. Como é possível adivinhar, ela pode ser usada para prosperidade ou um pedaço pode ser enterrado no solo para aumentar a colheita. Ela também fica linda em colares.

Em muitos casos, lâminas de ágata são tingidas para torná-las mais expressivas (o que não é exatamente natural, mas adoro a aparência que adquirem, com faixas de diferentes cores). Tenho uma linda luminária feita com uma lâmina de ágata, comprada no PantheaCon. Então, bruxas com habilidades manuais, pensem em todas as coisas legais que podem fazer usando ágata.

Sugestão Mágica: *Encontre uma forma de usar a ágata em um projeto de artesanato ou feitiço.*

SABEDORIA DE BRUXA Nº7

07 MAI

O livro que você tem nas mãos neste exato momento foi parcialmente inspirado por *Be Blessed: Daily Devotions for Busy Wiccans and Pagans*, escrito por Denise Dumars.

Embora *Be Blessed* não seja um livro com entradas diárias, ele foi criado para ajudá-la a viver ao máximo seu potencial de bruxa no dia a dia, assim como este livro. Adoro a linguagem direta de Dumars e sua abordagem prática. Segue abaixo o que ela escreveu sobre conversar com as divindades:

> A forma mais simples de abordar uma divindade é dizer: "Senhora (ou Senhor), por favor, me ouça. Estou passando por um momento difícil". Então conte sua história. Nossos deuses compreendem que às vezes precisamos desabafar e, quando não há mais ninguém com quem conversar, os deuses estão sempre prontos para escutar. Isso, por si só, deve passar uma sensação de enorme alívio e de paz no olho do furacão.

Sugestão Mágica: *Você conversa com divindades? Aproveite o dia de hoje para acender uma vela (ou pelo menos se acomodar em um cômodo silencioso) e falar com o deus ou a deusa de sua preferência. Observe se eles respondem. Suspeito que vai se sentir melhor só por dizer aquilo que tinha para dizer.*

08 MAI

O ATAME E SEU PODER

Meu primeiro instrumento de bruxa foi um atame. Não era nada sofisticado ou caro, mas, devo confessar, usá-lo fazia eu realmente me sentir uma bruxa.

Um atame, ou punhal de bruxa, tradicionalmente tem dois gumes e o cabo preto, embora já tenha visto alguns feitos com osso, madeira clara e até mesmo pedra. Embora seja uma espécie de faca, um atame nunca é usado para cortar; na verdade, ele é como uma extensão da mão, direcionando energia ou apontando durante um ritual. O atame de uma bruxa é extremamente pessoal e nunca deve ser tocado sem permissão.

Algumas pessoas gostam de entalhar runas ou outros símbolos místicos no cabo ou na bainha — ou pendurar penas, amuletos ou outros itens mágicos. Também existem muitas superstições associadas a atames e outros apetrechos de bruxa. Quando comecei a praticar a Arte, disseram que eu não deveria comprar meus instrumentos, principalmente o atame. Todos deveriam ser presentes de outra bruxa. Mas comprei a maior parte dos meus e, até onde eu sei, não fez mal nenhum. Por outro lado, presenteei outras pessoas com atames quando senti que não eram mais a peça ideal para mim e quis substitui-los por outros.

Sugestão Mágica: *Encontre o atame perfeito para você ou reconsagre e dedique aquele que você já tem*

FEITIÇO PARA PAZ E CALMA

09 MAI

Quem não precisa de mais calma e paz levante a mão. É, foi o que pensei. Não se preocupe — também não levantei a minha. Na verdade, "encontrar mais paz e calma" é um afazer que está no topo da minha lista. É uma pena a própria lista ser uma fonte tão grande de estresse!

Este é um encantamento simples de paz e calma para você fazer hoje e sempre que precisar.

> *Eu me abro à energia do universo*
> *Em constante rotação, mas nunca frenética*
> *E tomo a paz e a calma para mim*
> *A cada respiração, com cada movimento*
> *Posso estar agitada, mas também estou calma*
> *E em paz comigo mesma e com o universo*

Sugestão Mágica: *Se tiver tempo e espaço, acenda uma vela branca, recite esse encantamento e fique em silêncio por um tempo. Mas mesmo que tenha apenas cinco minutos, você pode respirar fundo algumas vezes e dizer esse encantamento/oração escondida no banheiro enquanto seus filhos, sua cara-metade e seu cachorro esperam impacientemente pelo jantar.*

10 MAI

FILTROS DOS SONHOS

Os filtros dos sonhos têm origem no povo indígena norte-americano Ojíbua, mais tarde foram adotados por outras tribos — e agora são utilizados por muita gente, Pagãos ou não. Considerado um presente da Mulher Aranha, eles costumam ser um círculo tradicionalmente feito de galhos de salgueiro com uma teia de barbante ou couro no meio, decorada com contas, penas ou outros itens sagrados.

Os filtros dos sonhos têm a função de aprisionar pesadelos. Tenho um muito bonito, grande, feito à mão, pendurado perto da cama. Diferentemente daqueles chamativos, produzidos em massa, ele é feito de videira entrelaçada, decorado com penas marrons penduradas, fitas em cores outonais, algumas contas de madeira trabalhada e um pouco de musgo seco e folhas. É uma verdadeira obra de arte. A mulher que o confeccionou não é indígena, mas faz suas peças com grande apreço por suas origens, e eu acho que isso faz toda a diferença em sua energia.

Os filtros dos sonhos são bem fáceis de fazer, e em meu primeiro coven cada participante confeccionou o seu como parte de nossos projetos de artesanato. Eram simples — uma tira de couro enrolada em volta de uma forma circular, um pentáculo trançado em barbante no centro e alguns pedaços de couro pendurados.

Sugestão Mágica: *Faça um filtro dos sonhos usando materiais naturais e lembre--se de agradecer à Mulher Aranha pelo presente.*

A DEUSA EGÍPCIA BASTET

11 MAI

Uma das estátuas de deusa mais comuns, encontrada em lares de bruxas e Pagãos, é a de um gato ereto representando a deusa egípcia Bastet. Eu mesma tenho uma sobre a escrivaninha. Não sigo o panteão egípcio, mas como não gostar de uma deusa da proteção e — adivinha? — dos gatos?

Bastet é filha de Ra, o deus sol; talvez seja por isso que os gatos gostam de se deitar ao sol. Seus principais festivais são celebrados durante abril e maio. Esses festivais têm música, dança e vinho... acrescente aí alguns gatos e eles se transformam em meu tipo de festa preferido! As pessoas fazem oferendas no altar em nome dela.

Sugestão Mágica: *Por que não organizar sua própria celebração a Bastet, seja sozinha ou com amigos? Acrescente a parte do vinho e da dança, é claro, mas também reúna oferendas em forma de ração, areia para gato, toalhas velhas ou qualquer coisa que possa ser útil para cuidar de um gato. Depois da comemoração, doe os itens a um abrigo de animais. E se você tiver um ou mais felinos em casa, inclua-os na festa oferecendo petiscos e atenção extra. Tenho certeza de que Bastet aprovaria.*

12 MAI

(((◖●◗)))

O MISTICISMO DOS GATOS

Se você leu qualquer outro livro meu, com certeza já deve saber que sou amante dos gatos. Minha gata preta, Magic, a Rainha Gata do Universo, até foi coautora de alguns de meus livros anteriores. Sim, ela manda em mim.

Os gatos são criaturas incríveis — ágeis, independentes, espertos e lindos. Podem ser tão leais quanto os cães (embora talvez sejam mais sutis nesse aspecto) e criar conexões profundas com seus humanos — ou podem ignorar você até chegar a hora do jantar. Com um gato, nunca dá para saber.

As bruxas são associadas aos gatos há séculos. Não sei se alguém sabe o motivo, mas os gatos se prestam à prática de bruxaria de uma forma que poucos cachorros fazem, ainda que algumas bruxas tenham espíritos familiares caninos. Os gatos podem parecer misteriosos e místicos, e se você já foi encarada por um gato de olhos semicerrados, deve ter se convencido de que ele sabia algo que guardava só para si.

Os gatos têm uma magia que vai muito além da feitiçaria. Um gato ronronando pode acalmar um espírito perturbado e animar o coração mais triste. Ver filhotes de gato brincando é uma das atividades mais repletas de alegria e diversão que existem. Não é preciso ter um gato só porque você é bruxa, mas eu recomendo fortemente.

Sugestão Mágica: *Passe um tempo com um gato hoje. Consegue sentir a magia neles?*

EU ESTOU EM PAZ
13 MAI

Quase todos nós vivemos uma vida agitada e repleta de estresse, apesar de termos a intenção de desacelerar e relaxar. Se tivermos sorte, conseguimos sair de férias de vez em quando, mas mesmo nas férias, raramente temos a paz que gostaríamos de ter.

Para os momentos intermediários em que se sente estressada e não pode parar de verdade, respire profundamente e diga a seguinte afirmação:

> *Estou calma e em paz. Estou enraizada no chão,*
> *e os deuses sorriem para mim do céu.*
> *Estou serena como a luz. Estou em paz.*

Sugestão Mágica: *Fora a meditação, meus momentos mais tranquilos costumam ser aqueles passados na natureza ou encolhida na cama com um gato ronronando ao meu lado. Em qual lugar você pode ir hoje para ter um momento de paz?*

14 MAI

MEDITAÇÃO DO ELEMENTO ÁGUA

A água está ao nosso redor, mas raramente pensamos nisso, a menos que haja muito pouco ou demais. Esta meditação pretende nos conscientizar sobre nossa conexão com o elemento água.

Faça esta meditação perto de alguma forma de água — um lago, riacho ou fonte interna — ou diante de uma janela aberta, se estiver chovendo. Se não tiver nada disso, feche os olhos e use a imaginação.

Pense em todas as formas diferentes que a água pode assumir, do menor dos córregos ao profundo e vasto oceano. Lagos e reservatórios, lares de uma miríade de criaturas. Ouça os sons da água: as calmantes gotas de chuva, a fúria de uma tempestade repentina, o ritmo das ondas chegando na praia. Sinta a água no rosto ao correr na chuva, e a alegria de pular nas poças d'água. Lembre-se de como é boa a sensação de tomar um banho de chuveiro ou banheira. Reflita sobre como a água sustenta nosso corpo e como é bom bebê-la quando temos sede.

Concentre-se por um instante em como toda água está conectada. Uma gota de chuva pode ter se originado a um oceano de distância, penetrado em um lençol freático e terminado em seu jardim ou em seu copo. O corpo humano é composto em sua maioria por água e toda água está conectada, então todos nós estamos conectados.

Sugestão Mágica: *Aproveite para sentir a conexão com o elemento água e com todos aqueles que o carregam dentro de si. Somos o elemento água manifestado.*

A TRANSFORMAÇÃO DAS RÃS E DOS SAPOS

15 MAI

Algumas rãs vivem em um pequeno lago em meu jardim e, nos dias de verão, costumo sair para conversar com elas. Elas podem ser muito boas de papo, mas na maioria das vezes apenas ficam me encarando, como se estivessem se perguntando por que raios estou tagarelando enquanto elas tentam se concentrar em coisas mais importantes, como caçar insetos.

Rãs e sapos sempre foram associados a bruxas. Há várias superstições envolvendo seu uso como espíritos familiares de bruxas, e várias pobres mulheres foram acusadas de bruxaria apenas por terem uma rã no jardim. Acredita-se também que eles sejam úteis para vários feitiços e curas populares, nenhum dos quais termina bem para as rãs e os sapos, como você deve imaginar.

Se você já pegou girinos quando criança ou morou em algum lugar em que podia acompanhar o ciclo de vida de um sapo, conseguirá entender por que eles simbolizam transformação e mudança: de coisinhas minúsculas e serpeantes, viram criaturas com algo que fica em um meio-termo entre um rabo de peixe e pernas, e depois transformam-se em seres saltitantes, livres para transitar da água para a terra e vice-versa.

Sugestão Mágica: *Se houver sapos ou rãs onde você mora, saia e converse com eles. Outra opção é assistir a um vídeo na internet e ver quantas variações desses anfíbios mágicos existem no mundo.*

16 MAI

LEI TRÍPLICE OU LEI DO RETORNO

A Lei tríplice, também conhecida como lei do retorno, é um conceito bem simples. Basicamente, ela diz que tudo que você jogar para o universo voltará para você, possivelmente multiplicado por três. Essa ideia não se originou com os wiccanos; você já ouviu falar de carma, não é mesmo?

Acredito nessa regra na maior parte do tempo. Já vi funcionar. Plante algo bom e com frequência colherá algo bom em troca. Destile maldade e ela voltará para atingir você. Sim, se olhar em volta, pode encontrar pessoas que parecem escapar ilesas, mesmo fazendo coisas terríveis, e outros que fazem apenas o bem e só recebem sofrimento.

Não sei explicar isso; mas, apesar dessas exceções, ainda acho uma boa prática seguir pela vida agindo conforme gostaria de receber de volta. E quando se trata de magia, funciona em dobro. Qualquer bruxa que acredite nisso, jamais lançaria um feitiço que prejudicasse outras pessoas porque, ao desejar verrugas para alguém, ela provavelmente acabaria tendo um péssimo problema de pele.

Nem todo mundo acredita na lei do retorno. Algumas bruxas acham que podem fazer o que quiserem e o carma não entrará em ação. Não discuto, mas ainda assim não vou desejar que ninguém tenha verrugas. É melhor não arriscar.

Sugestão Mágica: *Pense se recentemente fez alguma coisa que não gostaria que voltasse para você, mesmo que não seja multiplicado por três.*

TRABALHO VOLUNTÁRIO

17 MAI

É relativamente fácil conectar-se aos elementos terra, ar, fogo e água. Eles estão à nossa volta sob muitas formas. O quinto elemento, o espírito, pode ser um desafio maior. Mas somos bruxas capazes.

Uma forma de se conectar ao elemento espírito é fazendo coisas pelos outros. Você pode ajudar da forma que tocar seu próprio espírito, mas recomendo muito realizar alguma forma de trabalho voluntário. É bom para os outros, bom para a alma, e uma ótima forma de conseguir aquela difícil conexão com o espírito.

Há muitas formas diferentes de ser voluntário. A maioria das cidades tem algum tipo de restaurante popular. Os abrigos para animais quase sempre precisam de voluntários para limpar as baias, passear com os cachorros e socializar os animais para facilitar o processo de adoção. Casas de repouso e hospitais às vezes utilizam voluntários para ler para os doentes e idosos. Pequenas coisas também podem ajudar, se você não puder se comprometer com algo permanente. Junte-se por um dia a um grupo para limpar um rio ou estrada de sua região. Doe sangue. Ajude um vizinho idoso a cortar a grama. A ideia é desviar o foco de si mesma e fazer algo bom para outra pessoa (ou pela natureza, ou seja lá o que for). O trabalho voluntário também pode ajudar a lidar com a depressão e o isolamento.

Sugestão Mágica: *Realize alguma forma de trabalho voluntário e veja se ele não faz seu coração se abrir conforme se conecta ao elemento espiritual.*

18 MAI

A NÉVOA CHEGA EM PATINHAS DE GATO

Este sempre foi um de meus poemas preferidos, talvez por parecer capturar a essência da névoa em tão poucas palavras. (É claro que não faz mal nenhum ele mencionar gatos.)

A névoa chega
em patinhas de gato.

Senta-se fitando
porto e cidade
sobre silenciosas ancas
e depois se vai.

(Carl Sandburg, 1916)

Sugestão Mágica: *Esse poema tem uma imagética tão realista. Fique em silêncio por um minuto e reflita sobre como enxerga a névoa.*

O PODER DOS CÂNTICOS
19 MAI

Eu amo cantar. O poder que vem de um grupo de bruxas levantando a voz juntas, entoando cânticos, pode ser realmente incrível.

Cânticos são usados em quase todas as religiões, de uma forma ou de outra. Já ouviu falar de cantos gregorianos? O som é lindo e muito comovente, mesmo para quem não é cristão. Os monges budistas tibetanos têm uma forma diferente de cantar que é de arrepiar. Gosto em especial quando as bruxas e Pagãos cantam.

Existem muitos exemplos ótimos de cânticos de bruxas na internet; recomendo muito ouvir alguns, se não puder fazer isso pessoalmente. Se você pertence a um grupo que não pratica cânticos por medo de ser muito complicado ou porque as pessoas não acham suas vozes boas o bastante, tenha em mente que não se trata de perfeição. Trata-se de elevar a energia em círculo, cantar louvores para o Deus e a Deusa e lançar suas vibrações para o universo.

Sugestão Mágica: *Você não precisa estar com outras pessoas para cantar. É perfeitamente possível cantar sozinha. Cante no chuveiro, no carro ou diante de seu altar. Tente algo simples, como "Água eu sou, fogo eu sou, terra e ar e espírito eu sou", para começar. Encontre exemplos no YouTube, se ainda não tiver nenhum cântico preferido.*

20 MAI

(((◐)))

OS BENEFÍCIOS DA HORTICULTURA

Cuidar do jardim foi o início de minha conexão com a natureza e, também, parte do que me levou ao caminho pagão que percorro hoje. Adoro colocar os dedos na terra, plantar sementes minúsculas e cultivá-las até que deem frutos que, após um tempo, vão me nutrir. A horticultura é um trabalho duro, mas também é um tipo de terapia que me ajuda a descontrair após um longo dia. Ela me lembra do que é real e de onde nossos alimentos realmente vêm, do quanto nossos ancestrais eram próximos da terra e como dependiam de uma colheita bem-sucedida para não morrerem de fome. Quando corto um ramo de ervas aromáticas, sinto-me conectada com todas as bruxas que vieram antes de mim e utilizaram aquela mesma erva para cozinhar e criar magia.

Sugestão Mágica: *Se não tiver um lugar para cultivar seus próprios vegetais saudáveis ou lindas flores, descubra se é possível conseguir um espaço em uma horta comunitária. Ou faça como minha amiga Ellen e ajude de vez em quando alguém que tenha uma horta — essa pessoa provavelmente recompensará seu trabalho com alguns legumes maduros. Você também pode plantar ervas no parapeito da janela ou sob lâmpadas de cultivo. O importante é sujar as mãos de vez em quando e conectar-se com a terra, mãe de todos nós.*

BRUXAS NA TV

21 MAI

Minha primeira exposição às bruxas na televisão foi assistindo ao seriado chamado *A Feiticeira* quando criança. Devo ter passado horas tentando torcer o nariz na frente do espelho, praticando para imitar os poderes mágicos de Samantha Stephen (sem sucesso, infelizmente). Porém, confesso, talvez ficasse um pouco mais impressionada com sua mãe, Endora, que tendia a ser um tanto mais dramática com sua bruxaria.

Mais tarde, assisti a *Jovens Bruxas*, em que três irmãs com poderes mágicos combatiam as forças do mal. Embora não fosse muito mais realista que *A Feiticeira*, pelo menos *Jovens Bruxas* tentava mostrar algumas informações mais precisas sobre a bruxaria moderna. A personagem Willow, da série *Buffy, a caça-vampiros*, também tinha seus momentos.

As bruxas da TV são divertidas e têm tanto um efeito positivo quanto negativo na percepção de não bruxas a respeito da realidade. De alguma forma, a televisão conscientiza o público geral sobre as bruxas. Certamente *A Feiticeira* e *Jovens Bruxas* passaram uma imagem de que as bruxas são muito legais, mas, ao mesmo tempo, não têm muito a ver com a realidade da bruxaria moderna.

Sugestão Mágica: *Quem são suas bruxas da TV preferidas? Elas influenciaram sua prática de bruxaria? Agora que você é uma bruxa, tente assistir outra vez algum episódio antigo e veja se sua percepção mudou.*

22 MAI

O SIGNO DE GÊMEOS

Gêmeos é o signo solar daqueles nascidos entre 22 de maio e 21 de junho. É um signo de ar representado pelos gêmeos, uma associação entre mente e pensamento. Pessoas de gêmeos tendem a ser boas comunicadoras e se adaptam bem a mudanças, embora também possam ser volúveis e superficiais, facilmente distraídos pela próxima coisa que capta seu interesse. Costumam ser criativos, inteligente e voltados a alguma forma de arte. Aqueles envolvidos com pessoas do signo Gêmeos às vezes sentem que estão lidando com duas pessoas diferentes, dependendo do dia. Talvez isso tenha a ver com a ideia de gêmeos.

Sugestão Mágica: *O período em que o sol está em Gêmeos é bom para trabalhar em qualquer coisa que exija comunicação ou concentração. Mergulhe fundo e busque suas melhores ideias, mas tome cuidado para não se distrair com algo que chame sua atenção pelo caminho.*

A ALEGRIA DO AMARELO

23 MAI

O amarelo é uma cor viva e alegre. Na magia, o amarelo é associado à primavera, ao elemento ar e, portanto, ao intelecto. É claro, também simboliza o sol, como qualquer um que já segurou um giz de cera sabe.

Acenda uma vela amarela quando estiver praticando magia para afastar a depressão, para elevar o ânimo ou para qualquer coisa intelectual — como ir bem em uma prova ou aguçar o tipo de criatividade ideal para, digamos, escrever. (Corre para acender uma vela.) Se estiver se sentindo desanimada, vista algo amarelo ou compre um buquê de flores amarelas e coloque-as em um vaso em um lugar visível. Garanto que essas flores vão animá-la.

A maior parte das paredes de minha casa são pintadas na cor creme (o que posso dizer — sou sem graça, gosto do creme porque considero uma cor calmante), mas o hall de entrada foi pintado de um amarelo bem alegre. Ele não apenas provoca uma primeira impressão edificante, mas também proporciona ao meu subconsciente um estímulo energético quando saio de casa todas as manhãs para encarar o mundo.

Sugestão Mágica: *Você tem algo amarelo em casa? Se tiver, fique diante dele (ou segure-o) e concentre-se na sensação que a cor transmite.*

24 MAI

((●)))

SALADA DE ESPINAFRE E MORANGO

Nesta época do ano, ainda há poucas frutas e legumes brotando. A maior parte do que foi plantado ainda está criando raízes e absorvendo a energia do sol. Mas, felizmente, dois de meus alimentos preferidos quase sempre estão disponíveis: espinafre e morango.

São duas coisas que sempre planto em minha horta, em parte porque adoro, e em parte porque estão entre as hortaliças em cujo plantio há grande uso de agrotóxicos. O sabor levemente amargo do espinafre combina muito bem com a doçura do morango, e o vermelho vivo e alegre das frutas contrasta com as folhas verde-escuras. Para acrescentar ainda mais energia, gosto de usar algumas ervas frescas.

Minha receita é assim: espinafre fresco rasgado em pedacinhos (se for comprar no supermercado, é fácil encontrar espinafre orgânico na seção de saladas), morangos fatiados, ervas frescas — minhas preferidas para este prato são salsinha, cebolinha e endro —, queijo gorgonzola ou roquefort esfarelado (se não gostar desse tipo de queijo, experimente substituir por lascas de parmesão) e sementes de girassol. Tempere com um vinagrete simples.

Sugestão Mágica: *Para uma salada bem bonita, distribua o espinafre embaixo, em seguida os morangos, e depois salpique o restante dos ingredientes. É como ter o jardim inteiro em um prato!*

FEITIÇO SIMPLES COM O ELEMENTO AR

25 MAI

Como bruxas, estamos sempre tentando encontrar formas de nos conectarmos aos elementos. Aqui está uma sobre a qual você nunca deve ter pensado, mas é algo que faz o dia todo: respirar.

Pense nisto. A cada respiração, inspiramos o elemento ar para dentro do corpo, onde ele literalmente se torna parte de nós, mantendo-nos vivos e nos dando energia. Ao expirar, um pouquinho de nossa essência é expelida, ganhando o mundo por meio do poder do ar. Não é legal demais? Quem diria que respirar poderia ser tão mágico?

Por que não usar essa ação tão básica para criar um feitiço simples e se conectar ao elemento ar ao mesmo tempo?

Sugestão Mágica: *Sente-se por um instante e respire. Ao inspirar, declame um encantamento simples. Pode ser só uma ou duas linhas, como "Com o divino ar, prosperidade (ou saúde, equilíbrio, paz) vou ganhar". Ao expirar, visualize seu desejo lançando o feitiço no universo. Repita por alguns minutos.*

26 MAI

((◖●◗))

NATUREZA, A MÃE MAIS GENTIL

Emily Dickinson é uma de minhas poetas preferidas. Amo a forma como ela descreve a Natureza como se fosse realmente uma mãe. Não é por acaso que a chamamos de "Mãe Natureza".

A natureza é a mãe mais gentil,
Com as crianças não perde a
    paciência
Para os mais fracos e os mais
    rebeldes —
É suave sua advertência

Na floresta e na colina
É ouvida pelo viajante,
Contendo um pássaro impetuoso
Ou um esquilo exuberante.

Sua conversa é justa,
Uma tarde de verão, —
Seu lar, sua reunião;
E quando o sol cai

Sua voz entre os corredores
Incita a tímida prece
Do grilo mais diminuto,
Da flor mais sem valor.

Quando todas as crianças dormem
Ela se vira pelo tempo necessário
Para acender suas luzes;
Então, curvando-se do céu,

Com afeição infinita
E infinito cuidado,
Leva o dedo dourado aos lábios,
E pede silêncio dobrado.

(Emily Dickinson, 1896)

Sugestão Mágica: *Fique em silêncio e pense na natureza como Mãe. Consegue sentir sua força, proteção e amor?*

CRIANDO FILHOS PAGÃOS

27 MAI

Tenho vários amigos Pagãos e bruxas que criaram os filhos dentro da bruxaria; e todas essas crianças tornaram-se pessoas incríveis.

Mas criar filhos não é uma coisa fácil. Eles são quase obrigados a manter sua religião em segredo e não falar sobre ela na escola. Todos os pais que eu conheço tentam respeitar a linha tênue entre ensinar a seus filhos sobre natureza, magia e seus valores pagãos e permitir que os jovens façam suas próprias escolhas quanto ao caminho que vão querer seguir.

Como comunidade, precisamos apoiar uns aos outros, sobretudo os que educam a próxima geração de bruxas. No entanto, nem todos os rituais são adequados para crianças, portanto verifique antes de comparecer a algum com o qual não esteja familiarizada.

Meu coven era muito favorável a crianças quando nossas integrantes tinham filhos pequenos e, no início, houve momentos em que bebês de colo eram passados de mão em mão no círculo para que sua mãe pudesse participar livremente. Nem todas no grupo criavam os filhos como pagãos; mas as que o faziam, normalmente os levavam aos sabás, que eram um ambiente bem familiar, enquanto reservávamos as luas cheias para práticas mais sérias, apenas para adultos.

Sugestão Mágica: *Se tiver filhos, compartilhe com eles hoje, de uma forma que consigam compreender, algo que tenha relação com a bruxaria.*

28 MAI

((◖●◗)) AS MARAVILHAS DA CALÊNDULA

A calêndula é uma de minhas ervas preferidas. É possível que você a tenha no jardim e nem saiba, já que é conhecida como maravilha-dos-jardins. As flores, em tons vivos de amarelo e laranja, brotam facilmente a partir de sementes e costumam reaparecer todo ano, sem nenhum esforço adicional de sua parte. Mesmo que não tivesse propriedades mágicas e medicinais, é uma planta que valeria a pena ter no jardim só por sua beleza.

As plantas normalmente têm nomes populares, e o meu preferido para essa é "flor-de-todos-os-males". A calêndula é uma flor associada ao sol e ao fogo, e o melhor momento para colhê-la é por volta do meio-dia. Na bruxaria, é utilizada para magia do amor, felicidade em geral e para aprimorar habilidades mediúnicas. Também gosto de acrescentá-la a qualquer mistura de ervas para aumentar a energia e vitalidade. Seu uso medicinal costuma ocorrer em pomadas para a pele, devido à sua natureza calmante — ironicamente oposta ao calor que fornece na prática da magia.

Sugestão Mágica: *A calêndula é uma flor comestível e pode ser uma guarnição alegre para qualquer prato. Se estiver preparando uma refeição para a pessoa amada, salpique algumas pétalas por cima para acrescentar um quê a mais de felicidade. Coloque algumas em seu altar como uma oferenda cordial aos deuses.*

A TRADIÇÃO DAS OFERENDAS

29 MAI

Fazer oferendas é uma tradição que remonta a milhares de anos e faz parte de muitas religiões diferentes. As crenças que favoreciam divindades do lar, como as romanas, e as que montavam altares para seus ancestrais, como o xintoísmo, frequentemente tinham como prática regular colocar oferendas em seus altares. Entre elas, podia haver incenso, alimentos, flores ou velas.

As celebrações maiores envolviam oferendas ostensivas, como um touro. Acho que você não quer tentar fazer isso em casa. Mas é uma boa ideia dispor oferendas no altar para o Deus e a Deusa, principalmente nos sabás. O Blue Moon Circle sempre usa flores frescas ou símbolos que representem a data comemorativa — pão no Lammas, por exemplo, ou ovos de chocolate embrulhados em papel colorido no Ostara. E, sim, nesse caso é permitido comer as oferendas depois.

Quando um de meus gatos morre, costumo montar um altar para homenageá-lo durante um ou dois meses. Se desejar fazer isso quando perder alguém próximo, é um gesto bonito dispor uma oferenda. As oferendas são um tipo de presente, então entregá-las aos deuses ou os espíritos de seus entes queridos falecidos é uma forma de agradecer e dizer que está pensando neles. Não existem regras sobre o que usar. Apenas siga seu coração.

Sugestão Mágica: *Disponha uma oferenda em seu altar ou do lado de fora de sua casa, sob uma árvore.*

30 MAI

((●)) O FERIADO DO MEMORIAL DAY

O *Memorial Day* é um feriado federal nos Estados Unidos, dedicado a homenagear os militares que morreram em exercício. As pessoas decoravam os túmulos dos soldados mortos com flores ou bandeiras. Em algumas regiões do país, familiares aproveitam esse dia para limpar o túmulo de um membro da família e depois se reúnem em um piquenique.

O que esse dia tem a ver com bruxas e Pagãos? Pergunte a Roberta Stewart, viúva do sargento Patrick Stewart, que morreu durante uma operação no Afeganistão. No início dos anos 2000, ela brigou durante anos (com a ajuda de pagãos notáveis como Selena Fox, do Circle Sanctuary) pelo direito de ter um pentáculo gravado na lápide de seu marido.

No Exército, Pagãos passam por maus bocados, pois muitos sentem a necessidade de manter suas crenças em segredo, apesar da aceitação da wicca e do paganismo como religiões oficiais. Não é raro que bruxas e Pagãos que servem ao Exército se sintam isolados, apesar do envolvimento ativo e apoio de organizações como o Circle Sanctuary, que enviam a eles livros e outros suprimentos.

Sugestão Mágica: *No Memorial Day, ao lembrar e homenagear nossos mortos, faça também o que puder para apoiar os que ainda estão vivos e longe de casa. Contribua com uma dessas organizações ou encontre uma forma mais pessoal de chegar até eles, como o envio de um cartão.*

A PROTEÇÃO DA BLINDAGEM

31 MAI

A blindagem é uma forma específica de feitiço de proteção que é exatamente o que parece: criar uma forma de escudo mágico ou de energia ao redor de si, de outra pessoa (um de seus filhos, por exemplo), de sua casa, ou até mesmo de seu carro.

Você pode criar rituais complexos para isso — e se estiver com um problema específico e persistente, talvez queira; mas na maioria das vezes a blindagem é uma simples questão de visualização e intenção.

Normalmente faço alguma forma de blindagem quando estarei em situações com muitas pessoas, como congressos ou convenções, onde sei que haverá muita energia flutuando livremente e nem toda ela será agradável ou benéfica. A blindagem, no mínimo, me protege da energia intensa que tais eventos tendem a gerar (e que costuma me derrubar). Ela também é útil se você for encontrar pessoas cuja energia já sabe que é desagradável ou agressiva, mas cuja companhia não consegue evitar (como seu chefe ou um familiar).

Sugestão Mágica: *Pense em situações em que possa precisar de algum tipo de proteção. Se precisar de blindagem, use o feitiço simples na página seguinte.*

JUNHO
recolhimento e reflexão

FEITIÇO PARA BLINDAGEM

01 JUN

A blindagem é um feitiço bastante simples e, como ocorre com todo tipo de magia, fica mais fácil com a prática. Para criar um escudo pela primeira vez, pegue uma vela preta, uma fita ou linha de crochê preta e um espelho. Trace seu círculo e acenda a vela. Faça com a fita ou o barbante um círculo menor em volta de seus pés, e visualize uma parede de luz subindo a partir dele até formar uma bolha protetora que cubra todo o seu corpo. Se for fazer algo ou estar com alguém desagradável, segure o espelho de frente para a luz da vela e posicione-o voltado para o lado de fora.

Vire-se lentamente, segurando o espelho, e visualize todas as coisas ruins ricocheteando no espelho e voltando para o lugar de onde vieram. Não faça isso com raiva ou ressentimento; mande-as de volta com amor. Mantenha a bolha de luz ao seu redor até que ela pareça estável e sinta-a se tornando parte de você, como uma segunda pele invisível. Apague a vela e abra o círculo. Amarre a fita ou barbante em volta da cintura, por baixo da roupa, ou no pulso, como um lembrete extra de que carrega o escudo consigo.

Sugestão Mágica: *Da próxima vez que precisar dessa forma de proteção, e quando estiver confortável com o feitiço de blindagem, apenas visualize o ritual em vez de realizá-lo fisicamente.*

02 JUN

JUNO, A DEUSA DO CASAMENTO

Estamos no início do mês de junho, época de muitos casamentos,* e não há divindade melhor para representá-lo do que Juno, deusa romana do casamento, que deu origem ao nome do mês. Juno é a rainha dos deuses, casada com Júpiter — seus correspondentes gregos eram Hera e Zeus. Ela também é conhecida por proteger mulheres e crianças, e um festival era celebrado em sua homenagem por volta desta data.

Juno é simbolizada por pavões e suas penas, por trajes extravagantes (dignos de uma rainha) e pela lua, prata e figos. Se você pretende se casar em breve, peça sua bênção e lhe ofereça alguns figos frescos em uma noite de lua cheia. Se for mulher e precisar de força ou proteção, peça a ajuda dela e tente canalizar um pouco de sua energia indômita. Pendure uma pena de pavão em seu altar em homenagem a ela se desejar que zele por sua vida conjugal.

Sugestão Mágica: *Monte um altar para Juno durante o mês de junho.*

---

* No Brasil, maio é o mês das noivas.

UMA CANÇÃO DE FADAS

03 JUN

Sou uma grande fã de Shakespeare. Comecei a ler sua obra antes do Ensino Médio e até hoje sou apaixonada por seus escritos. No mês em que celebramos as fadas, incluí um poema desse incrível autor.

> Sobre o vale, sobre o monte,
> Pelo arbusto, pela grama,
> Sobre o parque, sobre a ponte,
> Pelo fogo, pela lama,
> Estou a vaguear,
> Como a esfera lunar;
> E sirvo à fada rainha,
> O rocio cobre a plantinha,
> As prímulas empertigadas,
> Com manchas nas fardas douradas;
> Rubis são os preferidos,
> Um belo presente aos sentidos;
> Devo buscar no orvalho cores
> Ele é a pérola que enfeita as flores.
>
> (William Shakespeare, 1595)

Sugestão Mágica: *Recite esse poema para as fadas. Veja se consegue sentir uma resposta.*

04 JUN

(((●)))

PÉROLAS E MADREPÉROLA

Falando em pérolas, a pérola é a pedra do mês de junho. Sim, sei que pérolas não são exatamente pedras. Não me culpe, não sou eu que invento essas coisas.

Pérolas são associadas à lua, sem dúvida devido à sua aparência que pode lembrar uma lua cheia em miniatura. Elas também são usadas na magia para o amor, proteção e sorte. Não se preocupe se não puder pagar por um colar de pérolas naturais, já que as pérolas de água doce e madrepérolas são mais baratas e têm os mesmos atributos mágicos básicos (além de um brilho que eu amo).

Na *Enciclopédia Cunningham de Magia com Cristais, Gemas e Metais*, Scott Cunningham escreveu que não gostava de usar pérolas porque, para serem colhidas, a ostra que as continha tinha de ser morta. Não sei se considero isso um problema (eu até como ostras, se forem preparadas adequadamente), mas compreendo o fato de ele não querer praticar magia utilizando algo que seja produzido dessa forma. O que você acha?

Sugestão Mágica: *Se tiver um colar ou brincos de pérola, consagre-os para a prática de magia e use-os sob a lua cheia ou quando precisar praticar o tipo de magia que se beneficia de sua utilização.*

RITUAIS DE UNIÃO DAS MÃOS

05 JUN

Não existe nada mais edificante do que ver duas pessoas que se amam unindo-se em um laço sagrado — a não ser participar desse ritual. Tive a sorte de passar por isso várias vezes, oficiando casamentos ou rituais de união das mãos (*handfasting*) de alguns casais, incluindo de uma das integrantes do Blue Moon Circle.

Os rituais de união das mãos são cerimônias de casamento Pagãs que podem ir de algo extremamente simples (um casal e alguns amigos, com muito pouco ritual) até um evento tão elaborado quanto qualquer casamento mundano. Eles costumam incluir detalhes exclusivamente Pagãos como pular a vassoura, amarrar os pulsos do casal (a "união das mãos" que dá nome ao ritual) e acender uma vela de unidade. Às vezes, o casamento também acontece paralelamente no civil, outras não.

Alguns rituais de união das mãos são "até que a morte os separe", mais parecidos com um casamento tradicional, e outros valem por "um ano e um dia". De qualquer modo, são uma celebração de amor, e não há nada melhor que isso.

Sugestão Mágica: *Se estiver planejando se casar ou souber de alguém que está, veja se há aspectos Pagãos que possam ser integrados à cerimônia. Com o passar dos anos, a igreja adotou muitos rituais, então é provável que ninguém sequer repare.*

06 JUN

O CÁLICE, UMA REPRESENTAÇÃO DA DEUSA

Meu círculo é afortunado de ter um cálice especial feito por uma das integrantes, que é ceramista. Ela nos mostrou a peça antes de ser queimada e todas ajudamos a desenhar símbolos na argila. Ele tem um lugar de honra em meu altar e o usamos em todos os nossos rituais.

Você não precisa necessariamente ter todo esse trabalho com seu cálice, mas provavelmente vai querer escolher algo especial. Afinal, o cálice não é apenas uma taça para servir o vinho ou o que quer que seja consumido durante um ritual; ele representa a própria Deusa (da mesma forma que o atame representa o Deus).

Um dos momentos mais comoventes e poderosos que vi nos rituais wiccanos é a união simbólica do Deus e da Deusa usando um cálice e um atame. O sacerdote (ou equivalente) empunha o atame sobre o cálice, segurado pela sacerdotisa, e eles dizem o seguinte:

SACERDOTISA: O que o cálice é para o feminino, o atame é para o masculino.

SACERDOTE: Que seja dito que nenhum homem é melhor que uma mulher...

SACERDOTISA: Nem a mulher é melhor que o homem.

SACERDOTISA: Pois o que falta em um, é dado pelo outro.

SACERDOTE (COLOCANDO O ATAME NO CÁLICE) RECITA COM A SACERDOTISA: E quando estão unidos, é verdadeiramente mágico — pois não existe magia maior no mundo que o amor.

Sugestão Mágica: *Crie seu próprio cálice especial produzindo um com as próprias mãos, desenhando com canetas especiais em uma taça de vidro ou encomendando uma peça a um artista local.*

PRESENTES NÃO CONVENCIONAIS

07 JUN

Se você for participar de um ritual de união das mãos, é provável que seja um tipo de reunião não convencional. Então considere oferecer um presente não convencional.

O presente deve ser adequado à ocasião e aos presenteados, mas trata-se de uma grande oportunidade de pensar fora da caixinha. Se for um ritual de união das mãos, talvez o presente possa ser uma vassoura nova ou uma cesta de suprimentos mágicos que o casal possa usar em conjunto. Ou que tal um par de cálices e uma garrafa de hidromel produzido na região? A um casal que tenha um novo lar ou um bebê recém-nascido, ofereça uma planta que cresça junto do presenteado.

Presentes que simbolizem a natureza ou que estejam dentro da temática da bruxaria podem ser tão divertidos de receber quanto de oferecer.

Se a pessoa que vai receber o presente aprecia a boa mesa, o que acha de uma cesta repleta de ingredientes para uma refeição mágica? Para a bruxa artesã, reúna todos os componentes necessários para criar um projeto artesanal. O importante é que você não precisa se contentar com algo mundano.

Sugestão Mágica: *Na próxima ocasião especial, pense em um presente que seja tão especial e encantador quando a pessoa que vai recebê-lo. Encontre uma forma de torná-lo mágico!*

08
JUN

GRATIDÃO
Nº 3

Cá estamos, quase na metade do ano. Como isso foi acontecer? O ano foi bom até agora? Está conquistando tudo que pretendia ou está com dificuldades de riscar alguma coisa da lista de objetivos?

Seja como for, é sempre uma boa ideia parar para contar suas bênçãos, independentemente de quantos desafios esteja enfrentando. Como estamos no sexto mês, seu exercício de gratidão é pensar em seis coisas pelas quais é grata este ano.

Esta é minha lista até agora: família, amigos, gatos, um emprego que amo (na maior parte do tempo), capacidade de ser criativa e força para continuar seguindo em frente.

Está vendo? Não foi tão difícil. Agora é sua vez: Pelo que *você* é grata?

Sugestão Mágica: *Se quiser mesmo se desafiar, faça uma nova lista a cada dia deste mês e não repita — encontre seis novas bênçãos para acrescentar todos os dias. Você pode se surpreender ao descobrir quanta coisa em sua vida merece gratidão.*

FESTA DO MORANGO
09 JUN

Adoro comemorar ocasiões especiais com comida especial, mas nem sempre tenho tempo para preparar um prato elaborado. Se você for organizar uma festa ou um banquete após um ritual, ou precisar levar alguma coisa para contribuir em um ritual de união das mãos, uma sobremesa fácil que todos amam é esta variação do pavê de morango tradicional.

Você só vai precisar de morangos frescos (de preferência orgânicos), um pão de ló ou biscoitos champagne, e um pouco de chantili caseiro. Prepare o chantili (sério, é fácil demais: você só precisa de creme de leite fresco e uma batedeira para bater o creme até ficar firme). Acrescente um pouco de açúcar ou chocolate, se desejar, ou uma gota de essência de hortelã, se quiser dar um toque de magia de prosperidade.

Corte o bolo na horizontal para ficar com duas metades (ou use camadas de biscoito champagne umedecido). Recheie com morangos e chantili e cubra com os mesmos ingredientes.

Sugestão Mágica: *Para um toque especial, decore com folhas de hortelã, flores comestíveis ou raspas de chocolate.*

10 JUN
MEDITAÇÃO DO ELEMENTO AR

O elemento ar está à nossa volta, mas, por ser invisível, é fácil ignorá-lo. Ainda assim, ele é absolutamente vital (tente respirar sem ele) e pode ser poderoso como um furacão. A seguir, ensino uma meditação simples que facilita a conexão com o elemento.

Se possível, faça esta meditação ao ar livre ou perto de uma janela aberta, onde possa sentir a brisa. Se quiser, acenda uma vela amarela ou queime um incenso de aroma adocicado.

Feche os olhos. Sinta o ar sobre a pele. Sua presença é sutil, mas ele está sempre ali. Respire fundo. Sinta o ar entrando em seu corpo, trazendo consigo oxigênio, que a energiza e mantém viva. Expire lentamente, sentindo o sopro que cria com sua respiração.

Pense nas formas que o ar pode assumir: uma brisa leve, um vento forte que a refresca quando faz calor, o poder dos tornados e furacões. Pense na inconstância do ar e em como ele é capaz de ser imprevisível. Reflita sobre a forma como o ar carrega odores — cheiros bons, como o do preparo das refeições, ou grama recém-cortada; e menos agradáveis, como o de um gambá ou de lixo — e, ao mesmo tempo, é necessário para levar embora esses odores.

O ar é o elemento mais silencioso, sutil como uma pena; mas, sem ele, nenhum dos outros importa.

Sugestão Mágica: *Reserve um instante para inspirar e expirar, tornando o ar uma parte de seu corpo e agradecendo-lhe por sempre estar ao seu dispor.*

A MAGIA DAS ABELHAS
11 JUN

Estamos com problemas com abelhas. Enormes populações estão morrendo, e é quase certo que o motivo seja o uso de pesticidas pelos humanos.

Se uma abelhinha irritante já o incomodou em um piquenique, você não deve achar que esse problema é grande coisa — pode até ficar contente. Mas as abelhas são criaturas mágicas e prestam um serviço vital à cadeia da vida. Elas são polinizadoras. Quando coletam néctar (base do mel) das plantas, transferem incidentalmente o pólen (pó fino produzindo pelas flores masculinas) para as flores femininas, o que permite que essas plantas se reproduzam. Sem as abelhas, não apenas perderemos as belas flores, mas também podemos perder a maior parte dos nossos alimentos. Que horror!

As abelhas e o mel que produzem sempre foram utilizados na prática de magia. Eles simbolizam prosperidade, fertilidade, sexualidade, cura, amor, felicidade, energia, sabedoria e purificação. O mel não só é doce, mas também pode ser usado para curar ferimentos e, é claro, o hidromel é feito a partir dele. São muitos milagres para uma só abelhinha!

Sugestão Mágica: *Da próxima vez que vir uma abelha rondando seu piquenique, separe um pedacinho de alguma coisa para ela e agradeça. Plante flores e ervas para atrai-las para sua casa.*

12 JUN

((◖●◗))
O SOM DO TAMBOR

Você pode não pensar em tambores como instrumentos mágicos, mas os xamãs e outros praticantes de rituais espiritual os utilizam desde o início da humanidade. Eles emulam o som do batimento cardíaco humano e promovem um leve estado de transe durante o ritual. Também servem para unir as pessoas.

O Blue Moon Circle às vezes utiliza tambores nos rituais — tanto que tenho uma coleção deles, todos feitos à mão por artesãos locais. Tocamos tambores para transformar energia em um feitiço e lançá-lo para o universo. Também já participei de círculos de tambores maiores e eles podem ser incríveis.

Não se preocupe em ser "boa" nisso ou em ser ou não capaz de manter o ritmo. Para esse tipo de batuque, essas coisas não importam. E você não precisa fazer parte de um grupo para tocar tambor.

Sugestão Mágica: *Saia para o ar livre com um tambor em uma noite de lua cheia e deixe seu coração bater em sincronia com o coração da Deusa. Se não puder sair, dá para fazer o mesmo dentro de casa.*

GERALD GARDNER, PAI DA BRUXARIA

13 JUN

Hoje é o aniversário de Gerald Gardner, possivelmente o pai da bruxaria moderna. Embora exista muito debate sobre a validade de algumas de suas afirmações, não há dúvida de que Gardner foi fundamental na criação do que hoje chamamos de Wicca. Em 1951, a Inglaterra finalmente revogou suas leis sobre bruxaria. Gardner formou seu próprio coven, seguido pela publicação de *A Bruxaria Hoje*, em 1954.

Gardner conheceu figuras famosas como Margaret Murray (autora de *O Culto das Bruxas na Europa Ocidental*) e Aleister Crowley, e foi influenciado por elas. Fundou a bruxaria gardneriana, base de grande parte dos covens wiccanos organizados que vieram logo depois.

As coisas mudaram muito desde a época de Gardner. Muitos de nós escolhemos caminhos bastante diferentes do sistema místico hierárquico que ele usava (embora alguns ainda usem variações dele). Mas, independentemente do caminho que seguimos, os primeiros passos foram dados por ele, então, é com grande respeito e reconhecimento que comemoramos seu aniversário hoje.

Sugestão Mágica: *Acenda uma vela em seu altar e deseje um feliz aniversário a Gerald Gardner. Se não estiver familiarizada com ele ou seu trabalho, leia sobre o assunto.*

14 JUN
(((○)))
A RENOVAÇÃO DA FÊNIX

A fênix sempre foi um de meus animais místicos favoritos, perdendo só para os dragões... e gatos, se quiser considerá-los místicos. Um pássaro mágico amarelo, laranja e vermelho, com penas longas e belas, a fênix explode em chamas todas as noites (ou, em alguns contos, uma vez por ano) e renasce de suas próprias cinzas.

A fênix é associada ao fogo e ao sol (que também "morre" todas as noites, apenas para renascer no dia seguinte). Ela simboliza renascimento, esperança, transformação e renovação.

Se estiver em um período de desespero e sentir que não há respostas, pendure em algum local a imagem de uma fênix para se lembrar de que a esperança sempre retorna, de um jeito ou de outro. Se estiver em um momento de grande transição, a fênix pode ser um bom animal de poder para guiá-la.

Acho a fênix tanto fortalecedora quanto reconfortante. Para mim, ela é a manifestação espiritual do ciclo de nascimento, vida, morte e renascimento, e um lembrete de que todas as coisas estão em estado constante de transformação, mesmo quando parece não haver nada acontecendo.

Sugestão Mágica: *Encontre uma imagem, estátua ou algum tipo de talismã que traga uma fênix e pendure em algum lugar que veja com frequência. Deixe que ela sirva como um lembrete de que das chamas pode surgir um dia novo e melhor.*

FEITIÇO PARA RENASCIMENTO

15 JUN

O começo do segundo semestre é o momento perfeito para lançar um feitiço para o renascimento. Você vai precisar de uma vela preta e uma vermelha (embora possa usar velas brancas, se forem as únicas disponíveis). Se tiver uma pedra em formato de ovo, coloque-a na mesa ou no altar à sua frente, junto das velas. Uma pedra preciosa seria ótimo, mas mesmo uma pedra comum de jardim funcionará bem se for mais ou menos oval. (Não se preocupe se não tiver nenhuma. É possível prosseguir sem ela ou usar a imagem de uma fênix.) Você também vai precisar de um lençol ou manto de cor escura.

Trace um círculo mágico e acenda a vela preta. Pare por um momento e pense nas coisas que deseja eliminar ou transformar, e então diga: "Eu sou a fênix; lanço meus problemas nas chamas da mudança e transformação". Cubra-se com o lençol ou manto e aconchegue-se sob ele por quanto tempo parecer certo — mantenha a pedra com você se estiver usando uma. Quando estiver pronta, descubra-se e acenda a vela vermelha, colocando a pedra de volta no altar. Diga: "Eu sou a fênix; renasci como uma nova pessoa, cheia de potencial e livre das amarras do passado. Renasci para ser a melhor versão de mim". Em seguida, apague a vela preta e concentre-se na vermelha até que seja hora de retornar ao mundo.

Sugestão Mágica: *Use esse feitiço sempre que sentir a necessidade de se recriar ou começar do zero.*

16 JUN

ACAMPAR NA NATUREZA

Minha família sempre acampava quando eu era criança. Com frequência íamos a Cape Cod, o que significava não apenas acampar, mas também passar um tempo no litoral. Era o paraíso!

Acampar nem sempre é o paraíso. Chovia, e cozinhar na fogueira era desafiador; sem contar os insetos. Porém, as manhãs frescas e úmidas ainda me lembram os momentos que passei dormindo sob as estrelas, acordando com orvalho do lado de fora da barraca, sentindo o cheiro de lenha queimando e contando histórias em volta da fogueira.

Se tiver filhos, recomendo que os leve para acampar. Deixe os aparelhos eletrônicos em casa (ou pelo menos no carro) e passem um tempo juntos, redescobrindo a natureza. Caminhe no bosque e veja quem consegue avistar mais pássaros, ou vá até o mar e brinque nas ondas. Se não tiver filhos, vá acampar mesmo assim. Se não quiser abrir mão do conforto, alugue uma cabana ou fique em um acampamento que tenha banheiros.

Mas quando estiver ao redor da fogueira, olhando para as estrelas, você vai perceber que, às vezes, é uma boa ideia sair de casa e retornar à natureza.

Sugestão Mágica: *Você não precisa fazer uma grande viagem para ir acampar. Encontre um lugar próximo ou use seu próprio quintal. Não se esqueça de tostar marshmallows!*

SABEDORIA DE BRUXA Nº 8

17 JUN

Hoje é o aniversário de Miriam Simos, mais comumente conhecida como Starhawk. Ela é uma das verdadeiras mães da bruxaria moderna, e seu livro *A Dança Cósmica das Feiticeiras: Guia de Rituais para Celebrar a Deusa* moldou a vida e os caminhos de incontáveis bruxas. Veja o que ela tem a dizer sobre a essência da magia.

A magia — a arte de sentir e moldar as forças sutis e invisíveis que fluem pelo mundo, de despertar níveis mais profundos de consciência além do racional — é um elemento comum a todas as tradições da bruxaria. Os rituais de bruxaria são ritos mágicos: eles estimulam a consciência do lado oculto da realidade e despertam poderes da mente humana há muito esquecidos.

Sugestão Mágica: *Se ainda não leu o livro dela, procure uma cópia ainda hoje!*

18 JUN

((◖●◗))

O CALOR DAS FOGUEIRAS

O fim do outono é o momento perfeito para fazer fogueiras. O som das chamas, o cheiro pungente da fumaça de madeira, o calor que irradia, a luz tremeluzente... tudo isso entra em contato com nossos sentidos e facilita nossa conexão com o elemento fogo.

O Blue Moon Circle quase sempre faz uma fogueira em nosso ritual de Samhain. Tentamos fazer esse ritual sempre ao ar livre, independente de como esteja o clima. Já nos reunimos ao redor da fogueira no frio congelante, tendo que nos aconchegar bem juntinhas sob nossas capas e usando macacões semelhantes aos dos bebês por baixo das vestimentas cerimoniais. Já vimos as chamas saltarem sob a chuva, e continuarem queimando. Já desviamos de nuvens de fumaça em noites de vento e nos alegramos nas raras noites perfeitas de outono, quando a fogueira parecia murmurar melodias de contentamento, pulsando no ritmo da batida dos tambores.

As fogueiras são altamente evocativas e nos fazem pensar em todas as fogueiras ao redor das quais as bruxas que vieram antes de nós se reuniam, conectando-nos não só com o fogo, mas também com todos que nos precederam. Além de, é claro, ser possível tostar marshmallows sobre elas assim que o ritual terminar.

Sugestão Mágica: *Se uma fogueira não for algo viável, existe uma forma de substituí-la: encha um prato ou caldeirão com areia e acenda várias velas pequenas por cima.*

A LUZ DE APOLO
19 JUN

Para o padrão dos deuses gregos, Apolo é incrivelmente diversificado. Ele não é o deus de apenas uma coisa, como, digamos, o submundo. Ah, não. Esse cara faz de tudo. Ele usa uma biga, por exemplo, para puxar o sol pelo céu. Apolo é um deus do sol e um deus da luz, mas também é um deus da música (ele tocava um instrumento chamado lira, parecido com uma harpa), da poesia, do tiro com arco e da cura. Ele é associado à verdade e à profecia e era o patrono do Oráculo de Delfos, local onde pessoas iam fazer perguntas a Pítia, sua sacerdotisa.

Invoque Apolo se precisar de ajuda com alguma cura ou se for praticar alguma forma de divinação, como ler tarô ou runas. Se o invocar, faça-o durante o dia, preferencialmente sob o sol, pois é quando seus poderes estão no ápice.

Sugestão Mágica: *Monte um altar em homenagem a Apolo ou fique ao ar livre sob o sol do meio-dia e deleite-se em sua glória.*

20 JUN
((◖●◗))
O VERDE, UMA CELEBRAÇÃO DA VIDA

O verde pode parecer uma cor estranha para mencionarmos quando, do lado de fora, é mais provável que tudo esteja branco, cinza ou marrom; mas ela é associada ao inverno quase tanto quanto ao renascimento da primavera. Por exemplo, enfeitamos árvores de Yule em casa porque o verde celebra a vida em meio à morte. O verde também é a cor do Deus, que renasce no Yule.

Na magia, o verde é usado para representar o elemento terra e para feitiços de prosperidade, bem como para sorte em geral. Quando lanço um feitiço de prosperidade, uso uma vela verde. Todas as pedras verdes, incluindo a malaquita, a aventurina e o jaspe-sanguíneo (uma pedra verde escura, às vezes salpicada de pontos vermelhos, que também é associada à saúde), também são boas para prosperidade e riqueza.

Segundo uma antiga tradição, traz sorte acender uma vela de cera de morango chinês na véspera do Natal. Há até um dito que a acompanha: uma vela de morango queimada até o fim traz alimentos para a despensa e dinheiro para mim.

Sugestão Mágica: *Tente encontrar uma vela de morango chinês e acenda-a para trazer um pouco mais de sorte. Se não conseguir achar o morango chinês, use qualquer vela verde e grave-a com runas ou símbolos mágicos.*

O FESTIVAL YULE

21 JUN

Yule é outro nome para o solstício de inverno, o dia que marca o real início da estação. Como os outros festivais de solstícios e equinócios, a data em si pode variar do dia 20 ao dia 23.

O solstício de inverno celebra o retorno do sol, já que desse dia em diante haverá um pouco mais de luz a cada dia. Então, apesar de observarmos o início do inverno, também temos em mente seu eventual fim. O Yule é uma época de alegria que celebra o renascimento e a esperança.

Para decorar sua casa de uma forma que remeta às raízes do Yule, monte uma árvore enfeitada com ornamentos feitos de elementos naturais ou com cranberries desidratadas passadas em uma linha. Se tiver filhos, deixe que recortem luas prateadas e sóis amarelos e pendurem um em cada galho — ou confeccione festões com sóis e luas para decorar a lareira ou o alto das portas. O tronco de Yule é outra ótima tradição. Antigamente, uma família ou vilarejo tinha um tronco de Yule que era queimado quase por inteiro. A última ponta desse tronco era então usada para dar início ao fogo que queimaria o novo tronco de Yule no ano seguinte. Crie o seu próprio tronco perfurando vários pontos de um pedaço de madeira e colocando uma vela em cada buraco.

Sugestão Mágica: *Acenda o máximo de velas que for seguro e agradeça o retorno do sol.*

22 JUN

O SIGNO DE CÂNCER

Câncer, o signo do caranguejo, é o signo solar dos nascidos entre 22 de junho e 22 de julho. Simbolizado pelo caranguejo, Câncer é um signo da água e, como a água, os cancerianos podem ser ao mesmo tempo dinâmicos e inconstantes.

Os cancerianos costumam ser emotivos, intuitivos e sensíveis. Podem parecer ter uma carapaça dura no exterior, mas por dentro provavelmente são mais vulneráveis do que gostariam. Quando estão chateados, tendem a se recolher em um ambiente doméstico seguro.

Sugestão Mágica: *Durante este período, seja você canceriana ou não, concentre-se em sua casa e tenha cuidado com as emoções descontroladas que possam confundir suas percepções.*

EU MEREÇO A CURA
23 JUN

Muitas de nós questionamos nosso próprio valor, e isso pode afetar negativamente nosso processo de cura, tanto mágico quanto mundano. É uma triste verdade, mas se não achamos que merecemos nos curar e nos sentir melhor, nada tem a eficácia que deveria ter, não importa o quanto tentamos. É como se uma parte de nós lutasse para permanecer doente ou com dor, porque não achamos que merecemos ficar bem.

Segue abaixo uma afirmação simples que pode ajudar a substituir alguns dos sentimentos negativos por positivos:

Sou filha da Deusa e mereço ser curada.

Sugestão Mágica: *Repita isso algumas vezes por dia se estiver enfrentando algum tipo de problema de saúde. Se estiver passando por muitas dificuldades, fale diante do espelho, para si mesma, com firmeza e seriedade. Você pode dizer "o universo", se não for seguidora da Deusa.*

24 JUN

ESCREVER UM DIÁRIO

Conforme avançamos na época escura do ano, a energia muda e ficamos mais voltadas para o interior do que para o exterior. (A menos que você tenha filhos. Nesse caso, está sempre voltada para o exterior, mas ainda assim merece alguns minutos para si.) É uma boa hora para começar a escrever um diário, se é que não começou junto do Livro da Luz, no início do ano.

Os dias mais escuros e silenciosos do inverno fazem com que voltemos nossa atenção para dentro mais facilmente, e um diário é o lugar ideal para concentrar aqueles pensamentos que você não tem vontade de dizer em voz alta. Você também pode usá-lo para manter um registro de seus experimentos mágicos, exercícios mediúnicos, sonhos e assim por diante. Escrever um diário é como conversar consigo mesma, mas a ideia é ser imparcial. Deixe que as palavras se derramem no papel de forma espontânea.

Se acha que um diário tem de ser parecido com aqueles de nossa infância, você ainda não viu os novos cadernos que existem por aí. Encontre um com pentáculos, deusas, luas ou gatos na capa — ou confeccione o seu. De qualquer modo, ele deve funcionar como um lugar seguro para você olhar para dentro e manter um registro de seus pensamentos, esperança e sonhos.

Sugestão Mágica: *Se ainda não tiver um diário, comece hoje a escrever um.*

COMO ATRAVESSAR A ESCURIDÃO?

25 JUN

Estamos entrando no período do ano que sempre parece o mais longo na minha visão. Não sei quanto a você, mas esses meses podem ser bem duros para mim. Meus níveis de energia ficam mais baixos, e pode ser difícil manter o ânimo. Ainda bem que tenho amigos, gatos e livros que me ajudam a passar pelos dias sombrios. (Também pode haver chocolate. Muito, muito chocolate.)

O que você vai usar para ajudá-la a atravessar esses meses escuros? Se já tiver instrumentos mágicos, não deixe de aproveitá-los. Se esses dias forem difíceis para você como são para mim, pense um pouco no que pode fazer para seguir em frente. O que aumenta sua energia e seu ânimo? Se você hiberna, como pode tornar essa hibernação produtiva? Como pode ajudar os outros a seguirem em frente se eles tiverem dificuldades?

Sugestão Mágica: *Lembre-se de olhar adiante para os tempos mais quentes e iluminados que virão. E fique à vontade para beber chocolate quente!*

26 JUN

TODA A MAGIA DO ALECRIM

O alecrim é uma erva mágica. Eu o cultivo em meu jardim todos os anos, apesar de ele raramente sobreviver aos invernos daqui. Em regiões de invernos menos frios, normalmente é possível manter o alecrim por anos, e em alguns lugares, ele pode chegar ao tamanho de um arbusto. No fim da estação, corto a maior parte dele e penduro para secar, perfumando a cozinha inteira com seu aroma pungente por semanas. Depois uso-o tanto para cozinhar quanto em feitiços.

Talvez você já tenha ouvido a frase "alecrim para memória". Embora ele, às vezes, seja usado em funerais e plantado em túmulos, a memória, nesse caso, tem mais a ver com suas propriedades medicinais e mágicas para incrementar a memória e todas as demais capacidades mentais. Se fizer um feitiço para ajudá-la com uma prova, por exemplo, use alecrim.

Na magia, o alecrim também é usado em feitiços de cura, amor e proteção. Gosto de plantar alecrim na entrada de casa como forma de proteção mágica. Também acrescento seu óleo essencial a uma série de misturas diferentes, e o alecrim seco que eu mesma cultivei é parte essencial da mistura de proteção que espalho ao redor da minha casa e do resto do terreno uma vez por ano.

Sugestão Mágica: *O alecrim cresce muito bem em pequenos vasos no parapeito da janela, então adicione um pouco aos seus feitiços cotidianos e à magia culinária.*

SABEDORIA DE BRUXA Nº 9

27 JUN

Hoje é o aniversário de Scott Cunningham. Muitos de nós iniciamos nossas jornadas lendo seu livro *Wicca: O Guia do Praticante Solitário*, e esse ainda é um dos livros que recomendo para aqueles que estão começando a trilhar o caminho da magia. Então vamos celebrar o aniversário de Cunningham com uma de minhas citações preferidas do livro:

> Wicca é uma religião que utiliza magia. Essa é uma de suas características mais atraentes e singulares. Magia religiosa? Não é tão estranho quanto parece. Padres católicos usam "magia" para transformar um pedaço de pão no corpo de um "salvador" que já morreu há muito tempo. A prece — um instrumento comum a muitas religiões — não passa de uma forma de concentração e comunicação com a divindade. Se a concentração é prolongada, energias são enviadas com os pensamentos que podem, no devido tempo, fazer aquela prece se realizar. A prece é uma forma de magia religiosa.
>
> A magia é a prática de mover energias naturais (embora pouco compreendidas) para efetuar a mudança necessária. Na wicca, a magia é usada como instrumento para santificar áreas rituais, para nos aprimorarmos como indivíduos e para melhorar o mundo em que vivemos.

Sugestão Mágica: *Leia algum trecho de* Wicca: O Guia do Praticante Solitário *ou de outro livro de Scott Cunningham.*

28 JUN

INÉRCIA DESADAPTATIVA

Todos sabemos o que é inércia. É uma lei da física que diz que todo corpo continua em seu estado de repouso ou em movimento uniforme a menos que uma força externa exerça ação sobre ele. Convenhamos: todos temos momentos de inércia. Aquelas manhãs em que você não para de apertar o botão de soneca do despertador, ou as noites em que passa vendo televisão em vez de lavar a louça.

Mas você provavelmente nunca ouviu falar de "inércia desadaptativa". É porque eu inventei. Quando digo às pessoas que tenho um caso sério de inércia desadaptativa, estou me referindo à ausência de atividade que age contra mim.

Todo mundo luta contra a vontade de ficar parado quando deveria estar em movimento, ou evita fazer as grandes mudanças que resultariam em transformações positivas em nossa vida. Mas eu chamo esse tipo de inércia de "desadaptativa" por um motivo. De vez em quando, ceder a algumas páginas a mais de leitura não é ruim, mas a falta consistente de movimento adiante pode ser incrivelmente destrutiva. Se você luta contra a inércia desadaptativa, é hora de revidar. Levante-se e movimente-se. Porque um corpo em movimento tende a permanecer em movimento, e isso vai ajudá-la a fazer muito mais!

Sugestão Mágica: *Levante e faça algo construtivo. Depois recompense a si mesma com um pequeno agrado. Se estiver realmente paralisada, faça algum tipo de magia para atrair energia e produtividade.*

O FOGO DO GENGIBRE
29 JUN

O gengibre é uma planta "quente" e, portanto, associada ao elemento fogo. É usado para "ativar" ou energizar magia de todos os tipos, embora seja especificamente associado a feitiços de amor e prosperidade e aos feitos para obter sucesso e poder. Eu também incluo esse ingrediente nas práticas para cura, já que possui grandes propriedades curativas.

É possível cultivar seu próprio gengibre plantando um pedaço em um vaso. A maioria de nós não vai querer ter todo esse trabalho, então compre a raiz inteira, em forma de pó ou o óleo essencial. Não é muito comum, mas você também pode encontrar incenso de gengibre, mas verifique se contém gengibre de verdade e não apenas o aroma artificial.

O gengibre cai bastante bem na bruxaria culinária, pois é de fácil utilização. E é possível fazer chá ou refrigerante com ele (usando a raiz fresca ou xarope de gengibre) para usar como a "cerveja" em seu ritual. Uma das integrantes do Blue Moon Circle faz pequenos biscoitos de gengibre regularmente para nossos rituais e "carimba" um pentáculo neles antes de assá-los. Eles podem ou não aumentar o poder da magia que praticamos, mas sem dúvida são deliciosos!

Sugestão Mágica: *Faça alguma magia com gengibre hoje. Integre-o na alquimia culinária ou então coma ou beba algo preparado com ele para conectar-se a seu calor e energia.*

30 JUN

A SIMBOLOGIA DO VERMELHO

O vermelho é a cor associada ao elemento fogo, à paixão, à energia e ao sexo. Já mencionei que é uma de minhas cores preferidas?

Na magia, ele é usado para todas essas coisas, além da proteção. Uma de minhas pedras preferidas para essa última é o jaspe vermelho, e coloco uma pedrinha polida em alguns dos amuletos de proteção que faço. O vermelho é usado com frequência em magia do amor, principalmente quando direcionada ao tipo de amor sexual e passional, diferente do amor romântico, em que o cor-de-rosa é mais usado. Se quiser ambos, pode usar velas das duas cores e uma rosa de cada tom.

Nos dias em que sinto que preciso de energia extra, costumo usar uma camisa vermelha e alguma bijuteria de cornalina para acompanhar. As peças íntimas também são uma ótima forma de acrescentar a cor necessária ao seu dia.

Em alguns covens, as bruxas usam cordões de várias cores. Anos atrás, quando o Blue Moon Circle fez um ritual para formalizar nosso comprometimento, cada uma trançou pedaços de barbante vermelho, que depois foram amarrados para simbolizar nossa união. Aquele cordão vermelho está guardado em uma caixa de vidro especial em meu armário de magia e sua energia ressoa até hoje.

Sugestão Mágica: *Medite sobre a cor e veja como se sente. O que o vermelho simboliza para você?*

JULHO
força e encantamento

A PRESENÇA DAS ERVAS NA MAGIA

01 JUL

Você pode não ver as ervas como instrumentos, mas eu as considero um dos implementos mais poderosos da minha caixa de bruxa. Uso ervas o tempo todo: em alquimia culinária, amuletos, banhos mágicos, chás, óleos e sprays para o ambiente. Na verdade, as ervas podem ser um dos recursos mais versáteis utilizados na bruxaria.

Elas existem sob muitas formas diferentes e úteis. Ervas frescas ou desidratadas, tinturas, incenso, óleos essenciais. As ervas são adicionadas a alimentos e ingeridas em forma de chá. Existem ótimos livros sobre a utilização das ervas na bruxaria. Até Shakespeare as menciona. Você se lembra daquela cena com as três bruxas que recitam um encantamento envolvendo olho de tritão e língua de víbora? Eram nomes populares de ervas. Língua de víbora era um tipo de violeta e olho de tritão era, provavelmente, um tipo de lírio.

Na bruxaria, as receitas costumam ser cheias de ervas exóticas. Você não precisa usá-las quando existem tantas ervas fabulosas, com múltiplas funções — medicinal, culinária e mágica —, encontradas no campo mais próximo ou no mercadinho do bairro.

Sugestão Mágica: *Entre minhas ervas preferidas estão alecrim, sálvia, hortelã, melissa, lavanda e endro. Pense em suas ervas preferidas e em como as utiliza. De que outras formas pode integrar as ervas em sua magia? Experimente uma delas hoje.*

02 JUL

(((◖●◗)))

O CANTO DO ROUXINOL

222 Amo a descrição perfeita que este poema faz do momento do crepúsculo, quando tudo é mágico.

> É esta a hora em que nas alturas
> O rouxinol produz seu canto;
> Esta é a hora — em que as juras
> dos amantes são como acalanto;
> E águas próximas, ventos sutis,
> Fazem música para ouvidos gentis.
> Cada flor pelo orvalho molhada,
> E no céu, cada estrela espelhada,
> E sobre a onda o azul mais intenso,
> E na folha um tom de marrom bem denso,
> E no paraíso, o nítido obscuro
> Um breu tão suave, um breu tão puro.
> Que segue o declínio do dia vigente
> Quando sob a lua se funde o poente.
>
> (Lord Byron, 1815)

Sugestão Mágica: *Hoje à noite, se puder, saia furtivamente durante o crepúsculo e leia esse poema em voz alta.*

CERRIDWEN, A MAIS PODEROSA
03 JUL

Uma das deusas celtas mais poderosas, Cerridwen é uma deusa anciã, guardiã do caldeirão da sabedoria e inspiração. Ela também é associada às profecias, à lua, à maternidade e ao submundo, assim como às ervas que vão em suas poções. Seu caldeirão mágico simboliza renascimento e transformação, o que a torna uma boa deusa para invocar quando sua vida precisar de mudanças drásticas.

Cerridwen tem três filhos, incluindo o famoso poeta Taliesin, considerado o maior de todos os poetas galeses. Não é à toa que ela é a deusa padroeira de todos os envolvidos nas artes criativas, principalmente escritores e poetas.

Sugestão Mágica: *Se, como eu, você tiver um pequeno caldeirão em seu altar, invoque Cerridwen quando usá-lo para praticar magia para mudança, sabedoria ou criatividade. Não se surpreenda se não conseguir exatamente o que esperava.*

04 JUL

INDEPENDÊNCIA DOS ESTADOS UNIDOS

O Dia da Independência é um feriado estadunidense comemorado em 4 de julho. Ele celebra o dia em que os Estados Unidos se declararam independentes da Inglaterra, de quem eram colônia. Para mim, não simboliza tanto essa ocasião em particular, mas todas as batalhas por liberdade.

Existem muitas formas diferentes de estar sob o poder de alguém ou algo. A pobreza nos torna indefesos e desesperançosos. A dinâmica em alguns relacionamentos deixa uma pessoa à mercê de outra. Empregos que detestamos podem drenar nossa energia. Drogas, álcool e nossos medos podem nos impedir de seguir adiante de formas positivas.

Os colonos, quando se posicionaram contra o que perceberam como a tirania opressiva do rei George, não o fizeram sozinhos. Eles se uniram e lutaram muito, fazendo sacrifícios incríveis em nome do que acreditavam.

Nesse Dia da Independência, pense um pouco a respeito de sua vida. Você é tão independente quanto gostaria de ser ou existe algo ou alguém (incluindo você mesma) atrapalhando a conquista de sua liberdade? Com quem pode contar para se tornar independente do que quer que a esteja aprisionando?

Sugestão Mágica: *Reflita sobre essa questão: você é livre? Em caso negativo, o que pode fazer para declarar seu próprio Dia da Independência?*

UM PRESENTE CHAMADO SILÊNCIO

05 JUL

Um dos presentes que o inverno nos traz é o silêncio. A escritora americana Ruth Stout disse:

> Há uma privacidade que nenhuma outra estação nos dá... Na primavera, no verão e no outono as pessoas, de certa forma, vivem uma temporada de abertura umas com as outras; apenas no inverno, no campo, é possível ter períodos mais longos de silêncio em que é possível saborear a sensação de pertencer a si mesmo.

O inverno é definitivamente a estação mais silenciosa, em especial se você morar em uma região do interior em que a terra permaneça coberta por uma manta de neve, que abafa o som e nos obriga a manter as janelas fechadas por causa do frio. Os pássaros não cantam muito alto, há menos pessoas do lado de fora, e a terra parece calma enquanto descansa para a primavera e um novo crescimento.

Nós não hibernamos no inverno, mas podemos seguir o fluxo da estação e ficar um pouco mais silenciosas.

Sugestão Mágica: *Fale um pouco menos, desligue a televisão e leia um livro, deite-se cedo. Nessa época mais quieta do ano, cultive o silêncio dentro de você. Quem sabe o que irá ouvir se o fizer?*

06 JUL

((◖●◗))

SABEDORIA DE BRUXA N° 10

Existem muitas abordagens diferentes à bruxaria, e alguns desses caminhos popularizaram especialistas cujos nomes são praticamente seus sinônimos. Quando se trata de bruxaria natural, que se concentra primariamente em nossa conexão com a terra e com o cultivo, esse nome é Ann Moura. Seu livro *Wicca: A Grande Arte da Bruxaria Natural* é considerado um clássico nesse tema. Foi originalmente publicado em 1996 e a cópia que tenho é da 15º edição, de 2005. Recomendo fortemente que leia o livro todo; mas, enquanto isso, aqui vai uma pequena amostra de sua sabedoria:

> O elemento Verde da Arte é basicamente herbal, e as ervas são usadas tanto para fins medicinais quanto mágicos... O simples contato com a Mãe Terra e com as plantas é uma fonte de renovação de energia e poder para qualquer bruxa.
>
> O elemento Verde central de toda a expressão da bruxaria é a Deusa como imortal, tríplice e associada à terra, à lua e às águas (sagradas), e o Deus como imortal, tríplice e associado à terra, ao sol e ao céu. Como Deus dos grãos e das fases solares, ele também é o sacrifício voluntário que "morre" e "renasce" na Deusa no ciclo anual das estações.

Sugestão Mágica: *Aproveite o dia para pensar em formas de incorporar plantas, ervas e outros elementos naturais em sua prática de bruxaria.*

ATRAÍDAS PELO OCEANO

07 JUL

Eu amo muito o mar. Estar na praia já me deixa feliz. Minha casa não fica perto de nenhuma praia, então tenho de satisfazer meu desejo com viagens esporádicas. Quando visito meus pais em San Diego, sempre passo um tempo no mar, mesmo no inverno. Sei que eles me acham louca quando entro na água e a temperatura é de apenas 15°C, mas não vou ficar perto do mar sem molhar os pés. É provável que eu também dê uns pulinhos de alegria, como fazem as crianças.

Por que o oceano nos atrai tanto? Talvez a água salgada dos mares tenha alguma ligação com a água em nosso corpo: ele contém sal na mesma proporção (pouco menos de 1%) que se acreditava haver no oceano na época em que os humanos evoluíram. Talvez pela forma como a maré sobe e desce, como tantas coisas em nossa vida, sempre mudando, e às vezes nos trazendo tesouros quando menos esperamos. Acho que existe algo primitivo em nossa conexão com o oceano — algo inexplicável, mas, ao mesmo tempo, profundamente arraigado em muitos de nós, que nos chama de volta ao mar de tempos em tempos. Esse é o poder do elemento água. É um chamado à nossa alma com as vozes das baleias e dos golfinhos, convidando-nos a voltar para casa.

Sugestão Mágica: *Se puder, molhe os pés no mar. Do contrário, conecte-se da melhor forma possível — assistindo a um vídeo, vendo fotografias ou ouvindo o canto das baleias.*

08 JUL

(((●)))
AS MERECIDAS FÉRIAS

228 Eu acho que as férias são importantes para o espírito. Todos precisamos descansar um pouco de vez em quando e descontrair — fazer uma pausa, como se diz. Como para muitas de vocês, é difícil para mim encontrar tempo, dinheiro e energia para sair de férias. Sempre surge alguma coisa que parece mais importante, mas fazer um intervalo *é* importante. Se você não alimentar seu espírito, depois de um tempo toda essa correria vai acabar deixando você sem forças.

Férias significam coisas diferentes para cada pessoa. Quem tem filhos pode querer levá-los para algum lugar como a Disney World, mas também considerar passar as férias em um lugar mais calmo, onde possam se conectar como família. Algumas de minhas melhores lembranças quando criança são de férias com a família, quando nos sentávamos em volta de uma fogueira contando histórias e tostando marshmallows para comer com biscoitos.

Um casal pode preferir ir a um lugar romântico e se concentrar no amor e na paixão mútuos sem a distração da vida cotidiana. Há quem deseje se aventurar e viajar a lugares nunca antes visitados. Quem quiser realmente descansar, deve considerar ir a um retiro de ioga ou outro destino espiritual.

Sugestão Mágica: *Se não tiver condições de viajar, separe alguns dias para umas férias em casa. Fique no conforto de seu lar, mas descanse, divirta-se, relaxe, faça talvez um ou outro ritual.*

OS LOCAIS SAGRADOS DAS BRUXAS

09 JUL

Para bruxas e Pagãos, uma forma de tornar as férias mais que especiais é indo a um local sagrado. Existem muitos destinos espirituais pelo mundo — Stonehenge, na Inglaterra; Machu Picchu, no Peru; e as Grandes Pirâmides do Egito — e muitos outros lugares que servem de ponto focal para férias inesquecíveis.

Se não puder fazer isso, no entanto, você pode se surpreender ao descobrir que provavelmente existe algum tipo de local sagrado perto de onde você vive. Onde eu moro, nos Estados Unidos, temos nosso próprio Stonehenge em Salém, New Hampshire. Mais a oeste do país, existe a Bighorn Medicine Wheel, em Lovell, Wyoming; ou Sedona, Arizona. Ambas são conhecidas por sua incrível energia espiritual. Há ainda o Serpent Mound, em Peebles, Ohio, onde uma efígie de serpente antiga marca a direção do poente no solstício de verão.

O que constitui um local sagrado pode significar coisas diferentes para pessoas diferentes. O simples fato de retornar à natureza — seja uma visita à praia ou alguns dias na floresta — pode ser uma jornada sagrada se você a encarar dessa forma.

Sugestão Mágica: *Faça uma peregrinação a um local sagrado próximo a você. Se não puder ir agora, comece a pesquisar algumas possibilidades.*

10 JUL

CERNUNO, SENHOR DO SUBMUNDO

Cernuno é um deus celta normalmente representado com corpo de homem e chifres de cervo (alguns consideram que Herne seja sua contraparte britânica). Ele é o senhor do submundo e dos mortos; bem como deus da cura, da natureza, dos animais, da caça, da sexualidade, da fertilidade e da abundância.

Resumindo, ele é, de muitas formas, uma personificação da própria natureza: o início e o fim da vida, por vezes acolhedor, outras vezes brutal, e ainda assim fonte de muito do que é bom. Seria um erro considerar os deuses que cultuamos apenas como seres benignos e amorosos, embora certamente possam assumir aspectos assim e muitas vezes o façam. Mas, a meu ver, nossos deuses e deusas são muito mais complexos do que isso. Cernuno pode conceder a você abundância, se pedir isso a ele, mas esse deus caçador sabe que sempre há um preço a pagar pela recompensa que se recebe, e é improvável que lhe dê o presente sem esperar um sacrifício de sua parte.

Sugestão Mágica: *Ao adentrarmos os meses escuros do ano, monte um altar para Cernuno e peça a ele que proteja você e os seus no período que se segue e ajude a manter o alimento na mesa e a saúde no lar. Em troca, suspeito que ele apreciaria se fizesse um pequeno sacrifício para alimentar suas criaturas selvagens, já que elas também penam para sobreviver ao longo e gelado inverno.*

PARA ONDE VOCÊ IRIA?

11 JUL

Para onde você iria se pudesse ir a qualquer lugar?

Algumas pessoas sonham com certos destinos durante anos: Grécia, Escócia, Havaí. Se houver um lugar que deseja muito visitar, o que está fazendo para conseguir? Se não houver, talvez seja a hora de começar a sonhar.

Sugestão Mágica: *Encontre mais informações, ou mesmo inspiração, dando uma olhada nas prateleiras de livros de viagens de uma biblioteca ou livraria, ou pesquisando na internet. Esteja aberta às possibilidades. Que tal sonhar um pouco para ver o que aparece?*

12 JUL

UM CÉU CHEIO DE VAGA-LUMES

Se quiser ver algo realmente mágico, encontre um lugar visitado por vaga-lumes e passe um tempo ali no início da noite. De repente, no crepúsculo, o céu vai ficar cheio de luzinhas minúsculas piscando. São os insetos conhecidos como vaga-lumes. A ciência diz que algo chamado bioluminescência faz com que brilhem, mas acho que qualquer um que já tenha visto vai concordar que é mágico.

Há muitos anos, um namorado me levou para um lugar secreto que nunca tinha mostrado a ninguém. Dirigimos até o fim de uma estrada de terra deserta e depois caminhamos até uma pequena clareira que se abria para um campo grande e cercado. Dentro daquele campo vi uma imagem que nunca esqueci: centenas e centenas de vaga-lumes fazendo a dança do acasalamento sob o luar, alheios à presença de dois humanos insignificantes.

Espero que algum dia você também possa ver algo tão encantador como o que vi. Mas apenas alguns vaga-lumes bastam para nos lembrar de que a vida é incrível, misteriosa e repleta de magia que nada tem a ver com rituais ou feitiços e tudo tem a ver com a natureza.

Sugestão Mágica: *Encontre um lugar onde vaga-lumes se reúnam. Se morar na cidade, experimente os parques ou, se não houver nenhum lugar próximo, assista a um vídeo. Conecte-se à energia dos vaga-lumes, que é tão breve e intensa.*

ENCANTAMENTO PARA ALEGRIA E FELICIDADE

13 JUL

A vida pode ser difícil. Todos sabemos disso. Às vezes, não importa o quanto você se esforce ou quantas coisas boas lance para o universo, parece que as trevas se sobrepõem à luz. Às vezes, você precisa apenas de um pouco de alegria e felicidade para se animar e continuar em frente.

Sejam essa alegria e felicidade duradouras (o que espero com sinceridade) ou apenas um conforto passageiro, aqui vai um encantamento para pedi-las aos deuses:

Deus e deusa, com todo seu poder
Alegria e felicidade venham me trazer
Tragam luz para afastar a escuridão
Tragam alegria para encher meu coração
Mandem felicidade todos os dias
Aliviem o peso de minhas agonias
No início, basta um minuto, uma hora
Para mandar toda tristeza embora

Sugestão Mágica: *Não esqueça de se abrir para a alegria e a felicidade após declamar o encantamento.*

14 JUL

A CALMARIA DA MELISSA

234 A melissa é uma de minhas ervas preferidas. Da família da hortelã, ela toma conta do jardim se você não tiver cuidado, mas tem um perfume tão divino que talvez você nem se importe. Entre suas características está o aroma de limão e propriedades calmantes. Medicinalmente, a melissa é utilizada como chá para diminuir a ansiedade e a insônia, e também no tratamento de herpes, entre outras coisas.

Na magia, como se pode esperar, ela é usada em tinturas e feitiços de cura, mas é também associada à prosperidade e ao sucesso (como muitas outras plantas da família da hortelã), assim como ao amor.

Gosto de plantar melissa em casa, pois é uma planta muito fácil de cultivar. Depois a penduro na cozinha para que as folhas possam secar, o que deixa o ambiente com um fabuloso perfume herbal de limão. Depois de desidratada, apenas acondiciono as folhas em saquinhos para mantê-las frescas, e utilizo em sachês de banho, no preparo de chás ou em magias para acalmar.

Sugestão Mágica: *Use melissa em um feitiço ou acrescente algumas folhas em um amuleto ou banho de cura.*

JARDINS DE BORBOLETAS
15 JUL

Perto de onde eu moro existe uma estufa de borboletas. Dentro de um prédio sem graça, há 280 metros quadrados de um paraíso tropical repleto de pássaros, répteis e, sim, borboletas de todos os tamanhos, formas e cores. É muito incrível. Mas você não precisa ir ao meu bairro para ver borboletas. Basta preparar um ambiente agradável que elas irão até você.

As borboletas gostam de um local ensolarado e protegido, com uma fonte de água. Também são atraídas por plantas específicas, muitas das quais são, além de tudo, bastante bonitas. Verifique na internet quais plantas atraem borboletas em sua região e plante um jardim com muitas fontes de néctar e alimento para a lagarta, larva do inseto.

Gosto de pensar em um jardim de borboletas como uma forma de servir à natureza que, em troca, recompensa a todos com beleza e charme. Plantar um jardim que atraia borboletas também é uma forma excelente de apresentar às crianças o trabalho com o mundo natural. Então, se tiver filhos e um jardim, considere envolvê-los nesse projeto. Pense em como vão ficar empolgados quando as primeiras borboletas chegarem! (Aposto que você também vai ficar.)

Sugestão Mágica: *Se houver espaço, plante flores para atrair borboletas (um vaso na varanda ou floreira na janela também servem). Se não houver, encontre um lugar onde possa visitá-las.*

16 JUL

O TERCEIRO CHACRA

O terceiro chacra, ou plexo solar, fica localizado logo acima do umbigo. É considerado o centro do corpo, local onde a energia é gerada. Na verdade, houve ocasiões em que forneci ou recebi cura energética e senti uma bola de calor exatamente nesse ponto.

O terceiro chacra normalmente é visualizado em amarelo. Se estiver desalinhado, isso pode transparecer como uma falta de fluxo energético ou em problemas no estômago, fígado, pâncreas, adrenais ou outros órgãos adjacentes. Este chacra também é associado à autoestima e à autoconfiança.

Sugestão Mágica: *Uma forma de verificar se o chacra está bloqueado é tentar movimentar energia de seus pés até a cabeça ou no sentido oposto. Se a energia parecer estagnar no caminho, visualize seu terceiro chacra como um brilho amarelo muito vivo, que começa a girar em sentido horário com um movimento cada vez mais forte. Se parecer funcionar, tente movimentar a energia de novo.*

QUANDO UM URSO APARECE
17 JUL

Ao entrarmos nos meses mais frios do ano, quando é tentador ficar dentro de casa e fugir da escuridão e do frio, é apropriado que olhemos para o nobre urso. Não sei quanto a você, mas quando o inverno do interior do estado de Nova York uiva nos meus ouvidos, muitas vezes queria poder hibernar até o seu fim.

Embora o urso em sua forma espiritual possa simbolizar a importância da solidão e do descanso, ele é conhecido principalmente por seu poder, força e coragem. Quando um urso aparece como seu animal de poder, ele pode estar lá para apoiá-la durante um momento de dificuldade ou enquanto embarca em uma nova e desafiadora jornada. Será por isso que é comum presentear bebês recém-nascidos com ursos de pelúcia?

Em muitas culturas os ursos também eram associados aos xamãs e à cura, e um xamã costumava usar uma pele de urso para simbolizar seu poder. É óbvio que não recomendo essa abordagem específica, mas se você se sentir atraída pelo urso, encontre um colar com pingente na forma dele ou com a impressão de uma pata de urso.

Sugestão Mágica: *Peça ao urso por auxílio na cura, principalmente se estiver em um momento em que se afastar do mundo e ter um tempo só para você for o melhor remédio.*

18 JUL

AS FEIRAS RENASCENTISTAS

Amo as feiras renascentistas. Para mim, são um dos lugares mais mágicos do planeta. (Desculpe, Disney.) Na maior parte delas, é possível encontrar pessoas vestidas com fantasias coloridas, entretenimento atípico, comida, lojinhas de artesanato e, às vezes, até justas (torneio de lanças) — homens (e às vezes mulheres) montados a cavalo, lutando, exatamente como cavaleiros de armadura! Como não gostar?

Houve um tempo em que meu grupo, o Blue Moon Circle, ia a essas feiras renascentistas quase todo ano. Passávamos um fim de semana prolongado acampando juntas, e maridos e filhos eram parte da "bagagem". Não só era muito divertido, mas também nos unia ainda mais.

As feiras renascentistas, por serem mais interativas do que parques de diversão comuns, são ótimas para ir com a família; e, embora não sejam uma descrição precisa da época, são uma grande oportunidade de conversar sobre história e como as pessoas viviam no passado. Além disso, já mencionei os cavaleiros de armadura? Mas não é preciso ter filhos para desfrutar dessa breve pausa na realidade moderna. Ter um coração jovem já é mais que suficiente.

Sugestão Mágica: *Se puder, visite uma feira renascentista. Encontre informações e fotos na internet e veja se é o tipo de coisa com a qual se identifica. Se não puder ir, fantasie-se com alguns amigos e faça uma feira renascentista em seu quintal.*

RUBI, UMA LINDA PEDRA VERMELHA

19 JUL

A pedra oficial de quem nasce no mês de julho é o rubi, uma linda pedra preciosa vermelha. Na magia, a pedra está associada ao fogo, à riqueza, à proteção e à alegria. (Ah, mas também, se eu tivesse uns rubis, teria mesmo muita alegria.) Por ser uma pedra preciosa, o rubi pode ser bem caro; portanto, se não levar em consideração a questão de ser a pedra do mês, você pode substituí-lo pela granada, outra pedra de coloração parecida. A granada é essencialmente uma pedra de proteção, embora também seja usada para cura, amor e alegria.

Tradicionalmente, os rubis eram considerados oferendas perfeitas a Buda e Krishna, mas acho que a Deusa ficaria extremamente feliz com uma bela peça de granada polida ou uma pulseira de lascas de granada.

Você tem uma pedra preferida, independentemente de ser a do mês do seu nascimento? Se for o caso, considere colocar um pedaço em seu altar.

Sugestão Mágica: *Se tiver uma peça de rubi ou de granada, segure-a por um tempo e entre em contato com sua energia. Se houver uma loja pagã ou esotérica por perto, você pode encontrar granada polida ou alguma bijuteria mais barata feita com a pedra.*

20 JUL

MEDITAÇÃO COM PEDRAS

Se estiver em busca de uma forma simples de se conectar ao elemento terra, faça uma meditação com pedras. Isso não significa que você precisa sair e sentar sobre uma pedra grande (mas se por acaso tiver acesso a uma, vá em frente). Encontre uma pedra que se encaixe bem em sua mão e com a qual se identifique — pode ser uma ponta de cristal de quartzo transparente ou uma pedra que encontrou no chão e chamou sua atenção de alguma forma.

Sente-se em uma posição confortável e, depois, segure a pedra entre as duas mãos. Feche os olhos e sinta sua energia. Ela é quente ou fria? Parece ficar mais pesada conforme a segura? Pense na terra sob seus pés e sinta sua solidez te dando sustentação. Ela está sempre presente, mesmo quando não percebemos. Perceba que a pedra em suas mãos é uma parte daquela terra maior, e permanece conectada a ela mesmo não estado mais no chão. Quem sabe que idade ela tem ou o quanto está afastada de sua origem? Ainda assim, ela veio da terra e é parte da terra, e isso vale para você, enquanto a segura.

Sugestão Mágica: *Antes de meditar, acenda uma vela verde ou marrom (as cores da terra) e coloque uma música ambiente bem calma.*

O AZUL DO MAR E DO CÉU
21 JUL

Acho interessante que o azul seja relacionado a tristeza e melancolia, mas também indique paz e alegria (a expressão "tudo azul" significa tudo em ordem, tudo em paz). Não é de se surpreender que o azul seja a cor associada às emoções e ao elemento água, ambos um tanto quanto mutáveis. A cor também costuma representar a direção oeste, onde normalmente fica a água na prática mágica wiccana.

Uma das cores mais tranquilas, o azul é uma boa opção para se ter no quarto ou usar em magia para sono, calma ou cura. Existe em uma infinidade de tons, do azul-bebê (que não é meu preferido — a não ser, é claro, nos bebês), passando pelo intenso azul-royal e chegando ao profundo azul-marinho das noites de verão. Amo os azuis do mar e do céu. Já que vibrações calmantes nunca são demais, tenho uma colcha feita à mão em minha cama em tons de azul; ela combina com o painel de parede, feito pelo mesmo artista, com a imagem de uma deusa vestindo azul e segurando um gato preto em uma das mãos e uma labareda na outra.

Sugestão Mágica: *Você pensa no azul como uma cor feliz, triste, calmante — ou talvez as três coisas? Acenda uma vela azul ou vista uma camisa azul hoje e observe como se sente.*

22 JUL

((●))

COLHER FRUTAS SILVESTRES

Um dos grandes prazeres da estação é comer frutas silvestres frescas. As frutinhas que compramos no supermercado quase sempre viajaram milhares de quilômetros (às vezes vindo de outros países) e é provável que tenham sido pulverizadas com agrotóxicos (a menos que sejam orgânicas). Dificilmente tem o sabor parecido com o que frutinhas silvestres de verdade deveriam ter.

Mas, com sorte, é possível encontrar lugares pelas redondezas para colhê-las direto do pé. Se você for como eu, metade do que colher nem vai chegar ao cesto: vai direto para a boca. Mas tome cuidado e certifique-se de que as frutas que encontrar são mesmo comestíveis.

Tenho pés de algumas frutinhas no jardim: um canteiro de morangos e arbustos de framboesas e mirtilos — embora os pássaros e outros animaizinhos as devorem antes de mim. Adoro sair ao ar livre e colher punhados de frutas para o café da manhã.

Se não puder plantar frutas silvestres (existem plantas anãs de mirtilo ou morango que você pode cultivar em um espaço pequeno), encontre uma fazenda em que seja permitido colher frutas no pé. Vale a pena fazer uma excursão a lugares assim para conseguir deliciosas frutinhas para comer ou usar em receitas.

Sugestão Mágica: *Se não puder colher suas próprias frutinhas silvestres, encontre uma feira ou mercado que venda mercadorias de produtores locais.*

O SIGNO DE LEÃO

23 JUL

Leão é o signo que rege os nascidos entre 23 de julho e 21 de agosto. Como se pode esperar com base no símbolo, os leoninos tendem a ser poderosos e carismáticos, amigos e amantes carinhosos e líderes naturais. Regidos por um signo do fogo, eles costumam ter entusiasmo ilimitado e podem ser muito criativos. O lado ruim de tudo isso é que eles, às vezes, podem ser autoritários ou opressivos. É difícil ser rei.

Sugestão Mágica: *Durante este período do ano, use a energia abundante do signo de leão para aprimorar sua capacidade de liderança, tornar-se mais assertiva e carinhosa, e se jogar em algum projeto que estava parado, esperando você ter energia suficiente para levá-lo adiante. Se tiver o impulso de rugir um pouquinho de vez em quando, prometo não julgar.*

24 JUL

BÊNÇÃOS DA ESTAÇÃO

Alguns dias são curtos demais e, às vezes, parecem terminar assim que começam. Por isso, raramente conseguimos fazer todas as coisas que desejamos. Ainda assim, espero que você esteja se divertindo, passando algum tempo ao ar livre e desfrutando de algumas ocasiões especiais com amigos e familiares. (Se não estiver fazendo nada disso, talvez seja melhor pensar duas vezes!)

Hoje, reserve um tempo para contabilizar suas bênçãos da estação. Não se preocupe com o que ainda não fez; apenas faça uma lista das coisas pelas quais é grata. Caso precise de alguma inspiração, aqui está minha lista:

O clima, frutas, legumes e verduras frescos da horta, ouvir a chuva com as janelas abertas, fazer rituais ao ar livre, belas flores, dias mais longos e com mais luz, encontros com amigos.

Sugestão Mágica: *Faça a lista mais longa que puder e vá acrescentando novos itens a ela todos os dias, até o fim da estação.*

RUNAS DE PEDRA FÁCEIS DE FAZER

25 JUL

As runas são uma forma ancestral de adivinhação; as que usamos normalmente são baseadas nas runas nórdicas; mas existem outras, como o alfabeto ogâmico. Algumas pessoas as consideram menos complicadas e intimidantes do que as cartas de tarô.

É possível encontrar muitos conjuntos de runas à venda, mas pode ser divertido confeccionar o seu — o que não é tão difícil quanto parece. Meu primeiro coven criou conjuntos de runas de argila. Mas se você não estiver disposta a fazer isso (ou não tem acesso a um forno de queima de cerâmica), pode fazer suas runas usando pedras simples. Serão necessárias 24 pedras, mais ou menos do mesmo tamanho e formato. Você pode coletá-las no quintal, em uma estrada, na praia, ou em uma loja de jardinagem.

Você também vai precisar de algo para desenhar os símbolos. Canetas permanentes funcionam bem. Também é possível usar tinta. Encontre uma foto (na internet ou em um livro) de todos os signos rúnicos e desenhe um em cada pedra. Os signos são simples, então não se importe se não tiver nenhum dom artístico. Assim que terminar o conjunto, abençoe e consagre as pedras e guarde-as em uma caixa decorativa ou em um saquinho com abertura de franzir.

Sugestão Mágica: *Faça seu próprio conjunto de runas. Se não tiver pedras, você pode utilizar até mesmo pedaços de papelão ou outro tipo de papel mais grosso.*

26 JUL

((◖●◗))
SABEDORIA DE BRUXA Nº 11

Outro livro em minha lista de "altamente recomendados para todas as bruxas" é o *Positive Magic: Occult Self-Help*, de Marion Weinstein. Originalmente publicado em 1978, é considerado por muitos um dos clássicos da bruxaria.

Minha primeira sumo sacerdotisa pediu para que todo o nosso grupo o lesse, e nós passamos um bom tempo trabalhando com a seção sobre Palavras de Poder. Essa abordagem da magia é uma das mais úteis que já aprendi. No capítulo em questão, Weinstein escreve sobre usar palavras para criar e desencadear mudanças:

> As palavras são símbolos. Elas representam ideias, que são invisíveis; porém as próprias palavras podem ser visíveis quando escritas sobre uma folha de papel, ou percebidas tangivelmente por meio de nossos sentidos imediatos... Qualquer pessoa acostumada a trabalhar com seus sentidos imediatos é capaz de criar uma ponte para a Esfera do Invisível utilizando palavras; elas nos ajudam a alcançar ambos os mundos. As palavras são ferramentas; elas agem de formas invisíveis para criar resultados visíveis.

Sugestão Mágica: *Esse livro tem um capítulo inteiro que fala sobre como evitar as armadilhas da magia e das pessoas negativas. Se ainda não leu, vá — correndo — até a livraria mais próxima para adquirir sua cópia.*

DIVINAÇÃO COM CARTAS DE ORÁCULO

27 JUL

Algumas pessoas colecionam cartas de tarô. Eu, por outro lado, só tenho um baralho de tarô e uma coleção cada vez maior de cartas de oráculo. Elas são usadas para divinação, inspiração e orientação. Algumas são rotuladas especificamente como cartas de oráculo, mas gosto também das que contêm apenas afirmações. Elas podem ser usadas no estilo "uma carta por dia" ou você pode tirar uma delas quando precisar de uma ajuda extra, um empurrão na direção certa ou uma mensagem do universo.

Costumo usá-las com meu grupo como parte de alguns de nossos rituais. Podemos, por exemplo, fazer algum trabalho de magia para pedir orientação e então passar o baralho ao redor do círculo, onde cada pessoa tira uma carta e compartilha com as outras.

Entre os meus baralhos preferidos estão o *Oráculo Sagrado da Deusa*, de Kris Waldherr (Editora Pensamento — as ilustrações de Waldherr são incríveis), o *Conscious Spirit Oracle Deck*, de Kim Dreyer (U.S. Games Systems), o *Goddess Knowledge Cards,* de Susan Seddon Boulet e Michael Babcock (Pomegranate) e As Cartas de Afirmação *The Gifts of the Goddess*, de Amy Zerner e Monte Farber (Chronicle Books).

Sugestão Mágica: *Experimente usar um baralho com o qual se identifique. Tire uma carta todos os dias durante uma semana e veja se obtém orientação ou clareza.*

28 JUL

FESTIVAIS AO AR LIVRE

Se gostar de se reunir com outros Pagãos, existem muitos festivais ao ar livre que você pode visitar, muitos dos quais acontecem anualmente, de modo que a visita pode ser planejada com antecedência. Algumas coisas para ter em mente ao escolher um festival: alguns são bem grandes, então se não gostar de multidões procure um menor; vários não oferecem muito conforto pernoitar (*camping*); e nem todos são acessíveis para pessoas com deficiência. Descubra o que é mais confortável para você e programe-se de acordo.

Caso queira um passeio para a família toda, verifique se o festival que está considerando é apropriado para crianças. Em alguns festivais ao ar livre, as roupas são opcionais. Por outro lado, diversos eventos oferecem atividades para crianças. Muitos organizam oficinas e convidam palestrantes, e também há rituais. Se gostaria de conhecer pessoalmente algum Pagão renomado, dê uma olhada em suas agendas na internet; a maioria posta um aviso quando vai participar de um festival.

Sugestão Mágica: *Veja se existe algum festival não muito longe de você. Considere visitar pelo menos um, só para ver como é.*

ECLIPSES, FENÔMENOS MÁGICOS
29 JUL

Existem dois tipos principais de eclipses: o eclipse solar (quando o sol desaparece atrás da sombra da lua), e o eclipse lunar (quando a lua entra na sombra da terra). Eclipses parciais são mais comuns, enquanto eclipses totais são relativamente raros. Em geral, acontecem quatro ou sete eclipses por ano.

Embora sejam fenômenos naturais muito interessantes, os eclipses também têm usos específicos na prática da magia. Por razões óbvias, as bruxas importam-se primariamente com eclipses lunares, já que somos um grupo um tanto quanto centrado na lua. Os eclipses lunares só acontecem durante a lua cheia, e como esse já é um momento potente para a prática mágica, acredita-se que os eclipses acrescentam uma força extra ao que quer que esteja sendo trabalhado. Considere-os uma espécie de bateria com uma supercarga disponível para utilização por um curto período.

Os eclipses lunares são um bom momento para fazer magia de cura, adoração dinâmica à deusa ou para crescimento e mudança, uma vez que a lua parece ter passado por um ciclo inteiro com todas as fases em uma noite.

Sugestão Mágica: *Procure a data do próximo eclipse e programe-se para praticar algum ato mágico nessa data.*

30 JUL

((◖●◗))
DESENVOLVIMENTO PSÍQUICO Nº 2

Para algumas pessoas, as habilidades psíquicas são um dom inato, óbvio e fácil de utilizar (embora nem sempre seja fácil conviver com ele). Para outras, é necessário mais prática para desenvolvê-las, mas acredito que todas temos o potencial para fazê-lo. É claro que elas se manifestam de formas diferentes em pessoas diferentes, então não se preocupe se não conseguir ler cartas de tarô ou conversar com os espíritos.

Existem muitas formas simples de praticar o alongamento de seus "músculos" psíquicos. Pegue um maço de cartas Zener, que contém 25 cartas, cada uma contendo um de cinco símbolos. Elas são usadas para testar a percepção extrassensorial: uma pessoa olha para uma carta e a outra tenta adivinhar qual símbolo há nela. Não desanime se não funcionar para você — descobri que a maior parte dos médiuns consegue interpretar algumas pessoas melhor do que outras. Também tenho um ótimo kit para exercícios de telecinesia que consiste em um pequeno pedaço de metal equilibrado sobre um alfinete. Você pratica tentando fazê-lo girar em uma direção e depois em outra. Isso funciona com um pêndulo também. Esses tipos de instrumentos podem ser divertidos, ou podem simplesmente ajudá-la a desenvolver algumas habilidades.

Sugestão Mágica: *Quando o telefone tocar, procure adivinhar quem é antes de atender. Com que frequência consegue acertar?*

O FABULOSO HARRY POTTER

31 JUL

Hoje é o aniversário da autora J. K. Rowling, criadora da fabulosa série Harry Potter, e também dele, o bruxo mais famoso da literatura. Quem ama esses livros pode levantar a mão. É, eu também!

A maioria das pessoas vai concordar que os livros são maravilhosos e divertidos, e houve muita discussão sobre o fato de a série ter sido incrível para atrair o interesse das crianças pela leitura. Mas, para nós, adeptos da bruxaria, houve um benefício extra que duvido ter sido proposital. De repente, bruxas voltaram a ser interessantes.

Todos queriam ser bruxos com uma varinha mágica, uma vassoura voadora e um espírito familiar — de preferência uma coruja, não um rato. Em vez da mesma velha imagem da "bruxa má", o bruxo era visto como o herói da história — alguém de quem todos queriam ser amigos. Obviamente, a bruxaria da vida real não tem nada a ver com Harry Potter, mas, de certo modo, a aceitação literária de Harry ajudou a facilitar a aceitação do restante de nós na vida real. Não para todos, é claro, mas para o público geral, "bruxa" já deixou de ser algo ruim.

Então vamos desejar a esse encantador protagonista um aniversário muito feliz e mágico, e comemorar a popularidade cada vez maior das bruxas em todos os lugares.

Sugestão Mágica: *Se você ainda não leu esses livros, agora é uma boa hora para começar. Se já leu, releia seu volume preferido ou assista aos filmes.*

AGOSTO
recomeços e poesia

VAMOS CELEBRAR BRÍGIDA
01 AGO

Brígida, também chamada "a exaltada" e conhecida como Brigit, Brida ou Brigid, é uma deusa tríplice celta associada à forja, à cura e à criatividade (poesia em particular). Ela era tão poderosa e amada que, quando os cristãos chegaram, eles a substituíram por "Santa Brígida", que tinha muitos dos mesmos atributos. Até hoje, um grande número de irlandeses a celebra em ambas as formas. Ela é celebrada no Imbolc, quando dá as boas-vindas aos primeiros sinais da primavera.

Seus símbolos são a chama ou fogo eterno, poços e fontes sagrados, e o caldeirão, do qual fluem vida e criatividade. Invoque-a se precisar de cura ou de um estímulo à criatividade.

Sugestão Mágica: *Para reverenciar Brígida, acenda uma vela no Imbolc e faça algo criativo. Não se preocupe — não precisa ser poesia. Faça um desenho, cante uma música, escreva uma história, faça tricô ou cozinhe. Independentemente da forma que sua criatividade assumir, dedique os esforços a Brígida e lhe agradeça pela dádiva da paixão e da criatividade.*

02 AGO

(((●)))

O FESTIVAL IMBOLC

O Imbolc é uma das minhas festividades preferidas, mesmo sendo a celebração de algo que praticamente não acontece onde eu moro. Na verdade, eu amo esse sabá justamente por isso.

A festividade originou-se como a celebração celta da deusa Brígida, na época em que os primeiros cordeiros estavam nascendo. São os primeiros sinais da primavera e é uma época de esperança e renovação. Onde eu moro (no norte do estado de Nova York), o chão está quase sempre coberto de neve e faz um frio absurdo durante esse sabá. A primavera parece muito distante, o que significa que mais do que nunca, precisamos de uma festividade repleta de esperança e renovação.

O Imbolc é uma boa época para planejar seriamente os meses que virão. É cedo demais para plantar, mas é o momento perfeito para estabelecer a base para os próximos meses. Algumas bruxas fazem rituais com foco em limpeza e purificação, enquanto outras praticam divinação (outra especialidade de Brígida) em busca de orientação para o caminho que se apresenta à sua frente.

Sugestão Mágica: *Acenda uma fogueira ou algumas velas, escreva uma lista do que pretende colocar em andamento a partir da primavera, ou faça magia de limpeza e purificação com sálvia, ou água e sal. Lembre-se de sentir-se grata pelo lento retorno da primavera — mesmo que more em uma região em que isso pareça ocorrer mais na teoria do que na prática neste dia.*

COMO ESTOU INDO ATÉ AGORA?
03 AGO

Agora que a segunda metade do ano chegou, é hora de avaliar nosso progresso. Se você tiver estabelecido objetivos no início do ano, o quanto avançou para conquistá-los? Se tiver plantado sementes para coisas novas que queria em sua vida, elas estão crescendo bem? Você conseguiu fazer tudo que esperava ter feito a essa altura do ano?

Sugestão Mágica: *"Como estou indo até agora?", pergunte a si mesma. Se gostar da resposta, comemore suas conquistas. Se não gostar, ainda está em tempo de fazer mudanças em seus planos, reorganizar tudo e progredir antes do fim do ano. Elabore uma lista do que precisa fazer em seguida para chegar até onde deseja estar. Priorize suas ações e comece com o que vai estimulá-la a seguir adiante — e não se esqueça de seus instrumentos mágicos!*

04
AGO

CONEXÃO COM ESPÍRITOS FAMILIARES

Historicamente, as bruxas estão conectadas a espíritos familiares: alguns tipos de animais que auxiliam a bruxa com sua magia, às vezes por terem sido possuídos por um espírito. Se minha gata Magic está possuída por alguma coisa, é um espírito travesso. Só acho.

O que torna um animal um espírito familiar? Alguns animais parecem ser naturalmente atraídos pelo uso da magia ou outras atividades paranormais. Minha gata preta, Magic, por exemplo, não só aparece para o círculo toda vez que meu coven se reúne, mas também costuma subir na mesa quando estou fazendo leituras de tarô.

De qualquer modo, ela certamente parece acrescentar algo mais à minha prática de magia, e eu diria que ela é meu espírito familiar — ou talvez eu seja o dela.

Nunca se deve adotar um animal de estimação apenas para usá-lo como espírito familiar. Mas, às vezes, eles aparecem quando menos se espera, então é uma boa ideia observar como um animal se comporta enquanto você pratica magia.

Sugestão Mágica: *Se tiver bichinhos de estimação, pratique um pouco de magia todos os dias e observe como eles se comportam. Eles vocalizam (uivam, ronronam ou latem) quando você lança um círculo? Eles parecem atraídos pela energia ou fogem dela? Por mais que pareça bobagem, pergunte a seu animal: "você é um espírito familiar?". Eles podem simplesmente se revelar.*

ALQUIMIA CULINÁRIA BÁSICA

05 AGO

Quando cozinhar é mais do que apenas cozinhar? Quando você acrescenta um pouco de magia e cria uma certa alquimia culinária. Muitos dos ingredientes básicos que usamos para preparar nossas refeições todos os dias têm atributos mágicos. Qual é a diferença entre apenas reunir algumas coisas em uma panela e criar magia? Intenção e foco, é claro.

A alquimia culinária é uma forma fácil de integrar magia à sua vida cotidiana, mesmo que você ainda não tenha "saído do armário de vassouras" ou não tenha tempo para rituais complicados. Nossas antecessoras bruxas utilizavam ervas e outros ingredientes supostamente mundanos para incutir magia em suas refeições. Por exemplo, se precisar de um feitiço para prosperidade, tente preparar uma quiche com endro, salsinha, manjericão e espinafre. Precisa de um pouquinho de magia do amor? Que tal morangos cobertos com chocolate? Apenas assegure-se de que sua intenção seja clara enquanto trabalha na cozinha, de modo que sua comida seja permeada pela essência mágica que você procura criar.

Um bom recurso para cozinhar com magia é o livro *Enciclopédia de Wicca na Cozinha*, de Scott Cunningham.

Sugestão Mágica: *Descubra algo de que precisa um pouco mais em sua vida e então inclua uma certa alquimia culinária em sua próxima refeição.*

06
AGO

(((●)))

AS BRUXAS NA LITERATURA

Não sei quanto a você, mas uma de minhas partes preferidas do inverno são as leituras. Deixo aqui uma lista de ótimos livros para ler em uma tarde fria:

> *A Girl's Guide to Witchcraft* (Livro 1 da série "Jane Madison"),
> de Mindy Klasky;
>
> *Secondhand Spirits* (Livro 1 da série "Witchcraft"),
> de Juliet Blackwell;
>
> *Charmed and Dangerous* (série "Bronwyn"),
> de Candace Havens;
>
> *50 Ways to Hex Your Lover* (série "Hex in High Heels"),
> de Linda Wisdom.[*]

Em qualquer estação, sempre é tempo de ler mais livros... principalmente se houver magia envolvida!

Sugestão Mágica: *Independentemente do quanto estiver ocupada, escape por uma hora ou duas para ler alguma coisa apenas por diversão. Se for algo com bruxas, melhor ainda!*

---

[*] Indicamos também os seguintes títulos, já publicados no Brasil: *O Ano das Bruxas*, de Alexis Henderson; *A Descoberta das Bruxas*, de Deborah Harkness; *No Coração da Bruxa*, de Genevieve Gornichec; e *Eu, Tituba*, de Maryse Condé.

A PAZ DA CORNALINA
07 AGO

Muitos anos atrás, uma amiga me viciou em fazer bijuterias. Ainda me lembro do momento em que ela me mostrou um catálogo de cristais e eu apontei para uma pedra amarronzada e perguntei: "Uau — o que é isso?".

Era uma cornalina, e ela não apenas foi o catalisador de meu amor por confeccionar bijuterias com pedras, mas também é um de meus cristais preferidos. Tenha em mente que aquele dia foi muito antes de eu descobrir minha identidade como bruxa e ter qualquer conhecimento sobre o poder das pedras. Ainda assim, de algum modo, eu sabia que havia algo especial naquela pedra em particular que me parecia ser caloroso e reconfortante, luminoso e sólido.

No fim das contas, meus instintos não estavam errados. Na magia, a cornalina, uma forma de calcedônia, é usada para paz e harmonia, para aumentar a coragem e a autoconfiança (é bem útil para apresentações em público), para combater a negatividade e para cura. Alguns também consideram que ela dá uma melhorada na energia sexual, o que faz sentido se você observar todos os seus outros aspectos.

Sugestão Mágica: *Quando vi uma cornalina pela primeira vez, necessitava de todas as suas qualidades. Se você se sentir atraída por uma pedra específica, descubra qual a sua utilização mágica e veja se, na verdade, não é exatamente o que você precisa.*

08 AGO

OS CÃES TAMBÉM SÃO ANIMAIS FAMILIARES

As bruxas costumam ser ilustradas com gatos, mas, na realidade, as pessoas que mexem com magia são atraídas por todos os tipos de animais, incluindo cães.

Inúmeros deuses e deusas são ligados aos cães — incluindo Hécate, com frequência retratada com cães pretos; e Diana, conhecida como a Caçadora, que está sempre acompanhada por seus cães de caça. Anúbis, o deus egípcio com cabeça de chacal, às vezes é retratado assumindo a forma de um cão. Várias divindades celtas também são associadas aos cachorros, incluindo Cerridwen e Nuada.

Os cães são leais, espertos e adestráveis, o que os transforma em bons companheiros. Mas também podem ser espíritos familiares, como os gatos? É claro que sim. Como os felinos, os caninos muitas vezes escolhem seus "donos" e podem ou não ser inclinados à magia.

Sugestão Mágica: *Se você tiver um cachorro que demonstre interesse por prática mágica, convide-o para o seu círculo e veja se a presença dele torna seu trabalho mais poderoso. Apenas tenha cuidado para não expor o animal a nada que possa ser perigoso e garanta que ele esteja participando por demonstrar uma inclinação para isso — e não porque você acha legal ter um cão como espírito familiar. Afinal, Hécate pode estar observando... e se ela tiver de escolher entre você e o cão, provavelmente escolherá o cão.*

GRATIDÃO
Nº 4

09 AGO

Entre todas as coisas pelas quais sou grata na vida — e são muitas — a principal é, provavelmente, pelos meus gatos. Eles estão, pelo menos, entre os três primeiros da lista, junto de minha família e meus amigos. Meus gatos são mais que animais de estimação. São meus companheiros, minha família peluda, meu conforto em momentos difíceis e minha inspiração para continuar escrevendo. (Alguém tem de pagar pela ração, a areia da caixinha e as contas do veterinário, afinal.) Quando estou triste, sempre tem uma carinha peluda para me animar. Eles me fazem companhia e tornam muito menos solitário o fato de eu morar sozinha. E, principalmente, me dão amor incondicional.

Na verdade, o que eles trazem para minha vida é muito maior que qualquer despesa ou inconveniência que me causem, e todos os dias agradeço aos deuses pela existência deles.

Sugestão Mágica: *Se tiver um animal de estimação, aproveite o dia de hoje para apreciar tudo que ele acrescenta a sua vida; que tal oferecer a ele um petisco ou uma atenção especial como forma de agradecimento? Se não tiver animais, faça algo para ajudar animais necessitados. Tenho certeza de que os deuses aprovariam.*

10 AGO

SABEDORIA DE BRUXA Nº 12

Raven Grimassi é um dos nomes de maior destaque na bruxaria moderna, praticando e ensinando essa arte há mais de trinta anos. Ele é autor de muitos livros e foi iniciado em inúmeras tradições wiccanas. Em seu livro *Spirit of the Witch: Religion & Spirituality in Contemporary Witchcraft*, ele disse o seguinte:

> A participação nos ritos sazonais coloca a bruxa no fluxo direto da energia, que é atraída e acumulada em círculos ritualísticos. Aqui, a bruxa inunda-se da energia condensada e evocada dentro do círculo mágico, e sua aura é carregada com esse poder. Por meio da imersão contínua no fluxo da energia sazonal, a bruxa torna-se mais alinhada tanto à energia quanto à fonte daquela energia. Portando, a bruxa torna-se mais como a Natureza e as forças por trás da Natureza.

Sugestão Mágica: *Leia essa passagem de Grimassi mais uma vez e reflita sobre sua vida como bruxa e sobre como se tornou "mais alinhada tanto à energia quanto à fonte daquela energia". Consegue sentir esse poder em sua própria vida?*

OS ENCANTOS DA LAVANDA

11 AGO

A lavanda é uma das ervas mais utilizadas. É possível encontrá-la em vários tipos de sabonetes e loções, e a planta cresce em quase todas as partes do mundo. Seu perfume é divino, o que deve contribuir para sua popularidade.

Aquelas lindas flores roxas têm muitas utilizações práticas, do tratamento de queimaduras e picadas de insetos até auxiliar no sono e acalmar a mente. (Elas também são comestíveis e podem ser usadas em preparações culinárias.) Então não é surpresa que sejam utilizadas em magia para cura, serenidade e sono. A lavanda também é associada a amor, proteção, pureza e felicidade.

Gosto de usá-la em sachês. Tenho um pequeno sachê de seda que coloco sob o travesseiro quando não consigo dormir. É possível usar o óleo essencial em um banho de banheira calmante ou pingar algumas gotas em uma vela cor-de-rosa ou vermelha ao praticar magia do amor. Mantenha uma tigela com flores desidratadas em seu altar ou perto da porta de entrada para proteção. Uma de minhas tradições preferidas é jogar um punhado de flores de lavanda na fogueira como uma oferenda à Deusa. Conforme o perfume pungente e doce exala para o céu, envio meus desejos de cura, amor e calma junto dele.

Sugestão Mágica: *Faça algo com lavanda hoje e conecte-se à sua energia mágica de cura.*

12 AGO

PEDINDO DESCULPAS

Acho que pedir desculpas é uma das coisas mais difíceis de dizer em qualquer idioma. As pessoas acham que dizer isso será um atestado de que estavam erradas, e ninguém gosta de estar errado.

Mas eu vejo de outra forma. É preciso ser forte para admitir que errou (faço isso o tempo todo, então a essa altura devo estar mais forte que Hércules — ou pelo menos Xena, a princesa guerreira). E é preciso estar com o coração aberto para se desculpar de verdade e tentar melhorar a situação.

Pense nas vezes que alguém a magoou. Às vezes, palavras não são capazes de consertar uma situação, mas uma desculpa sincera mostra que você reconhece e se responsabiliza pelo que fez.

Como bruxas, sabemos que as palavras têm poder. "Me desculpe" estão entre as mais poderosas, então não tenha medo de usá-las se puderem ajudar a tornar melhor uma situação ruim. O Conselho Wiccano diz: "Se não causar mal nenhum, faça o que desejar". Eu digo que se você *causar* mal a alguém — mesmo que seja acidental — deve pedir desculpas. Você pode se surpreender ao descobrir quanto poder esse pedido tem.

Sugestão Mágica: *Você prejudicou ou magoou alguém ultimamente, mesmo de maneira não intencional? Se for o caso, peça desculpas e veja como se sente.*

ATERRAMENTO E CONTATO COM A TERRA

13 AGO

Ouvi falar de aterramento pela primeira vez por meio de uma amiga bruxa que é hipnoterapeuta, com doutorado e anos de experiência em diversas abordagens de tratamentos alternativos. Essencialmente, o aterramento é simples como parece: entrar em contato com a terra. Isso pode significar caminhar com os pés descalços ou, como essa amiga recomendou, deitar-se com o corpo inteiro sobre a grama ou a terra. A teoria é que os seres humanos originalmente passavam muito mais tempo em contato com a terra (andando descalços, dormindo no chão) e que nossa existência atual nos distanciou dessa conexão, nos desprovendo de toda a energia natural emanada pela própria terra. Tocar a terra restabelece essa conexão e ajuda a equalizar nossa energia.

Note que o aterramento a que estou me referindo não é a mesma coisa que a técnica de "aterramento e centramento" que costumamos usar durante os rituais, embora tenha mais ou menos o mesmo efeito de nos conectar à terra. Na verdade, esse tipo de aterramento não tem nada a ver com bruxas além do fato de se encaixar muito bem ao nosso sistema de crenças e práticas.

Sugestão Mágica: *Aterre-se usando essa "nova" técnica, que provavelmente é mais antiga que a própria terra. Diga se funciona para você.*

14 AGO

OS DRAGÕES SÃO MÁGICOS

Um de meus adesivos de para-choque preferidos é o que diz "Não se meta com dragões, pois você é crocante e fica delicioso com ketchup". Hehe. Mas é verdade que dragões devem ser abordados com respeito e cuidado, mesmo ao lidarmos com eles em um nível puramente mágico.

Os dragões são retratados como grandes lagartos alados, quase sempre capazes de cuspir fogo. A versão europeia costumava ser muito malvista (principalmente depois do cristianismo). Segundo ela, eles eram criaturas do mal que precisavam ser subjugadas por um herói, além de acumularem ouro, pedras preciosas e, de vez em quando — sabe-se lá por quê —, virgens. A versão chinesa, por outro lado, tinha maiores chances de ser mais inteligente, mágica e respeitada.

Os dragões são normalmente associados ao elemento terra, mas existem também dragões da água. Por voarem, pode-se considerar que tem a energia do elemento ar também. Além disso, é claro, eles cospem fogo. Na magia, os dragões podem ser usados para simbolizar força, sabedoria e poderes elementais, assim como proteção. Mas se precisar da ajuda deles, lembre-se de invocá-los de maneira respeitosa. E talvez seja melhor esconder o ketchup.

Sugestão Mágica: *Faça uma pesquisa e veja com qual tipo de dragão você se identifica.*

VEGETARIANISMO E ATENÇÃO AO COMER

15 AGO

A prática espiritual da bruxaria não exige que ninguém seja vegetariano. Mas acho que ser Pagão deveria encorajar um comportamento mais consciente em relação ao que colocamos em nosso corpo. Cada um tem de fazer suas próprias escolhas a esse respeito, é claro.

Minha resolução é comer uma dieta predominantemente vegetariana com um pouco de carne algumas vezes ao mês. Tento comprar carne orgânica, com selo de bem-estar animal e, ao comer, expresso gratidão ao animal por seu sacrifício.

Algumas bruxas partem do princípio de que a morte faz parte do ciclo da vida e, portanto, comer carne é tão natural para nós quanto era para nossos ancestrais (pouquíssimos eram vegetarianos). Outras acreditam que, como seres espirituais, temos a oportunidade de superar isso e, como podemos viver sem carne na época atual, é isso que devemos fazer. Não existe resposta certa ou errada e cada um de nós deve fazer sua própria escolha, junto de todas as outras que fazemos todos os dias. O melhor que podemos fazer é sermos gratos pelo alimento em nossas mesas, já que, animal ou vegetal, sempre existe algum tipo de sacrifício envolvido.

Sugestão Mágica: *Se você come carne, seja consciente a respeito disso e grata pelo sacrifício envolvido. Se estiver disposta, deixe de comê-la alguns dias por semana como parte de sua prática espiritual.*

16 AGO

((◐)) POEIRA DE NEVE

Este poema, para mim, capta a essência de um dia de inverno com um espírito bruxesco.

Um corvo em pouso breve
Derrubou sem labuta
A poeira de neve
Da árvore de cicuta

Mudou meu coração
Que andava dolorido
E salvou uma porção
De um dia bem sofrido.

(Robert Frost, 1920)

Sugestão Mágica: *Encontre um poema que você considere ter um ar bruxesco, mesmo que não tenha sido criado com essa intenção, ou escreva um de sua autoria.*

DIANA, A DEUSA DA LUA

17 AGO

Na Roma antiga, o dia de hoje caía no meio de uma semana inteira de celebrações à deusa Diana. Diana é a deusa da caça, dos animais selvagens e das florestas. Também é uma deusa da lua. Trata-se de uma deusa donzela, e ela é irmã gêmea do deus do sol Apolo; seus símbolos são o arco, o cervo e o carvalho. Sua contrapartida grega é Ártemis.

Diana é considerada a Rainha das Bruxas pela *Strega* da Itália e é a inspiração do Dianismo, ou wicca diânica — uma das primeiras formas de bruxaria feminista, centrada na deusa.

Sugestão Mágica: *Independentemente de seguir ou não essa deusa em particular, hoje é um bom dia para reconhecer o poder do feminino. Diana era forte, sábia e não se curvava a homem nenhum, fosse deus ou humano. Se a lua estiver visível no céu, saia e cumprimente ele. Você também pode acender uma vela branca ou prateada em homenagem a ela e dizer: "salve, Diana, deusa da caça!".*

18 AGO

ESTRELAS CADENTES

Estrelas cadentes são outro nome dado aos meteoros, os riscos de luz no céu que são pedaços de cometas queimando na atmosfera da Terra. Mas essa é uma explicação um tanto quanto prosaica para um fenômeno bem mágico, não é?

Se você já teve a sorte de ver uma estrela cadente, sabe como ela pode ser linda e impressionante. Há algo encantador em observar esse show natural de luzes. Embora seja possível ver uma estrela cadente sozinha de tempos em tempos, é muito mais provável conseguir vê-las durante uma grande chuva de meteoros. (Verifique na internet, pois as datas e horários dos picos variam de um ano para o outro.) As chuvas de meteoros são nomeadas com base nas constelações de que parecem se originar, como as Perseidas, que vêm da direção da constelação de Perseus, e a Leônidas, que vem da constelação de Leão.

É muito mais fácil ver estrelas cadentes no interior, longe da poluição luminosa da cidade que faz o céu noturno ficar claro demais para que se enxergue qualquer coisa. A melhor forma de conseguir uma boa visualização é ir a um lugar escuro e deitar no chão (fique à vontade para levar alguém para aquecê-la se a noite estiver fria).

Sugestão Mágica: *Se vir uma estrela cadente, faça um pedido enquanto a observa cruzar o céu.*

ALIMENTOS VINDOS DA NATUREZA
19 AGO

Forragear nada mais é que obter alimentos colhendo plantas. E o que forragear tem a ver com bruxas? Não muito se você vive na cidade — a menos que em sua interpretação isso signifique encontrar a melhor delicatessen da região. Mas se tiver acesso a campos e bosques, considere complementar sua dieta com alimentos vindos diretamente da natureza. Não dá para ser mais Pagão do que isso, e certamente essa prática resultará em uma conexão com nossos ancestrais.

Veja bem, não estou sugerindo que comece a andar por aí mordiscando ervas daninhas. Comece com algo simples, como encontrar arbustos de frutas selvagens ou morangos silvestres. Se tiver interesse na colheita de plantas silvestres (outro nome para o forrageamento), pesquise o que é comestível em sua região. Se sair para forragear, certifique-se de ter identificado corretamente a planta, que ela esteja na época certa para consumo, que o ambiente onde ela cresce seja adequado e que você possa prepará-la usando um método seguro. Framboesas silvestres são um bom exemplo para começar, mas existem muitas plantas de crescimento espontâneo boas para comer, incluindo plantas comuns como o dente-de-leão e o cardo.

Sugestão Mágica: *Entre em contato com a natureza e dê uma chance ao forrageamento — mas não se esqueça de fazer sua pesquisa primeiro. E lembre-se de que você pode usar plantas de crescimento espontâneo na magia também!*

20 AGO

EMPINAR PIPA EM DIAS DE VENTO

Empinar pipa (também conhecida como papagaio ou pandorga, entre outros nomes) é uma ótima forma de se conectar ao elemento ar. Afinal, não existe nada melhor para entrar em contato com esse elemento do que pegar um pedaço de tecido, papel ou o que você tiver, e colocá-lo para voar naquela imensidão azul.

As pipas podem ser simples, feitas em casa, ou elaboradas, compradas em lojas. Crie uma com toda a sua família como um projeto, idealize uma obra de arte ou apenas encontre uma de seu gosto e empine-a ao ar livre em um dia ventoso. As pessoas acham que empinar pipa é uma atividade para crianças; mas, na verdade, existem competições e festivais no mundo todo para pessoas de todas as idades. Alguém fica velho demais para empinar pipa? Acho que não.

Basta uma pipa, um lugar para empiná-la e um pouco de vento para você e o ar poderem se comunicar e brincar juntos. Eu sempre quis uma pipa em forma de dragão (sabia que as pipas foram inventadas na China?).

E você? Que tipo de pipa gostaria de ter?

Sugestão Mágica: *No próximo dia de vento, faça ou compre uma pipa e saia para se conectar ao elemento ar.*

BRUXARIA PARA VENCER O INVERNO
21 AGO

Eu passava a maior parte do inverno em um estado de depressão perpétua, ansiando pela chegada da primavera; então tornei-me pagã e bruxa. Quando comecei a seguir a Roda do Ano, minha melancolia de inverno praticamente desapareceu.

Um dos aspectos mais básicos da prática de bruxaria é sintonizar-se com os ritmos da terra e das estações, e entender que cada uma delas tem sua própria energia e seus próprios benefícios. Assim que aceitei o ritmo mais calmo e lento do inverno — com sua energia mais focada na introspecção — e parei de lutar contra isso, deixei de me sentir tão oprimida pelos aspectos da estação dos quais não gostava.

Ainda não amo o frio e a neve, mas posso reconhecer que servem a seu propósito no ciclo da vida, permitindo que a terra descanse e se regenere, e nos permitindo fazer o mesmo. Lutar contra o fluxo do mundo natural é um pouco como tentar nadar contra a corrente; depois de um tempo você pode até chegar ao seu destino, mas vai gastar muito mais energia para isso.

Sugestão Mágica: *Se tiver dificuldade nessa época do ano, pense se não está considerando apenas os aspectos negativos do inverno e se esquecendo dos positivos. Como você pode tirar o máximo proveito do que alguns chamam de "ficar entocada"?*

22 AGO

((●))
O SIGNO DE VIRGEM

Virgem é o signo solar daqueles nascidos entre 22 de agosto e 23 de setembro. As pessoas desse signo tendem a ser inteligentes e precisas, práticas e competentes e, apesar disso, modestas. Por mais talentosas que sejam, é improvável que você as veja se vangloriando disso. Na verdade, é possível que tenham de ser obrigadas a sair do canto escondidinho para receber crédito por seu trabalho. (Tenho uma irmã virginiana, então sei do que estou falando.)

O lado negativo é que os virginianos podem ser tão detalhistas que acabam parecendo muito críticos, tanto consigo mesmos quanto com os outros, e é possível que sejam preocupados demais e perfeccionistas em suas tentativas de fazer tudo de maneira "impecável".

Sugestão Mágica: *Nesta época do ano, mesmo se não for virginiana, seja menos crítica consigo mesma. É um bom momento para trabalhar em qualquer projeto que exija esse tipo de atenção aos detalhes que o signo de Virgem favorece (principalmente se puder ter a ajuda de um virginiano).*

VAMOS PRODUZIR UMA DAGYDE?

Uma *dagyde* é um tipo de boneca pequena usada na prática de alguns tipos de magia. Ela representa a pessoa que pretende simbolizar em uma forma de magia simpática.

É fácil fazer uma *dagyde*, e não requer habilidade de costura. Faça-a como preferir — detalhada ou simples —, mas como todas as coisas na magia, quanto mais esforço dedicar, mais sua energia ficará depositada. Escolha um pedaço de tecido, de preferência algo adequado ao tipo de feitiço que tiver em mente —, como verde para prosperidade ou rosa/vermelho para amor — ou utilize um tecido branco. Recorte-o dobrado no formato de uma figura humana (cabeça, braços, pernas) e costure as duas partes juntas. Use uma linha cuja cor também corresponda à magia. É mais fácil fazer a maior parte da costura do avesso e depois desvirar o tecido, para que a parte mais grosseira fique no interior.

Deixe espaço para inserir o enchimento e materiais mágicos como pedras, ervas ou um pequeno bilhete, e depois costure a abertura. Decore o exterior usando lã para fazer o cabelo e use linha de bordar ou canetas para fazer o rosto.

Sugestão Mágica: *Faça uma* dagyde *para fins mágicos. Lembre-se de se concentrar em sua intenção ao confeccionar a boneca, pois isso a deixará ainda mais poderosa. Se não se sentir à vontade com agulha e linha, faça uma dagyde de argila ou cera.*

24 AGO

((◖●◗))

O QUARTO CHACRA

O quarto chacra é o cardíaco, localizado exatamente onde você está pensando: na região do coração. Esse chacra é associado a emoções, principalmente a capacidade de dar e receber amor. Se estiver obstruído, você provavelmente terá dificuldades com relacionamentos de todos os tipos; portanto, é uma boa ideia dar atenção a ele de tempos em tempos.

O chacra cardíaco normalmente é visualizado em verde ou cor-de-rosa. Minha pedra preferida para utilizar quando trabalho com esse chacra é uma pedra semipreciosa pouco conhecida chamada lápis-nevada. Ela tem tons de rosa, verde e branco, perfeita para a tarefa em questão. Também é possível usar quartzo rosa, alguma pedra delicada de cor verde como a aventurina, ou um rubi com fuchsita, que também é verde e rosa.

Sugestão Mágica: *Caso sinta que seu chacra cardíaco pode estar obstruído ou desalinhado, faça uma meditação simples. Concentre-se na área ao redor do coração — você pode até colocar as mãos sobre ele. Envie amor para o mundo sem reservas, depois canalize mais amor para dentro, em sua direção. Veja seu chacra se abrir como uma flor sob os raios de sol, verde como uma planta que brota ou rosado como o rosto sorridente de um bebê. Quanto mais amor enviar para fora, mais seu chacra cardíaco vai se abrir e permitir que você receba amor.*

RIACHOS, RIOS E CÓRREGOS

25 AGO

Amo todas as formas de água. Os mares são magníficos e repletos de energia vibrante, mas não subestime o poder de riachos, rios e córregos. Eles podem ser menores e mais calmos, mas são poderosos à sua própria maneira e igualmente adoráveis.

Para se conectar ao elemento água, encontre um riacho, rio ou córrego nas proximidades, de preferência um de que você possa se aproximar ou em que possa entrar. Essas águas correntes também carregam vida e energia, e as maiores costumam ser fonte de nutrientes fundamentais para o solo em seu entorno. Algumas vezes estão repletos de peixes; outras, contêm apenas pequenos girinos, mas ainda assim são parte vibrante e vital da natureza.

Sugestão Mágica: *Fique perto da água e ouça seu movimento; cada riacho, rio e córrego tem sua própria musicalidade, que varia de acordo com a época do ano e a quantidade de chuvas. A água gorgoleja conforme passa sobre as rochas e por baixo das árvores caídas? Ela fica mais agitada ao descer por uma cachoeira? Ou é silenciosa e calma, um ambiente perfeito para um piquenique vespertino? Ela conversa com você? Se for o caso, o que diz?*

26 AGO

((◖●◗))

EU TENHO CLAREZA, EU SOU FOCADA

É difícil manter a mente clara e o foco apurado em meio ao caos e barulho. Aqui vai uma afirmação que pode ajudar:

Minha mente é clara e focada. Não me deixo distrair pelo caos da vida.

Sugestão Mágica: *Declare essa afirmação logo pela manhã, antes de todo o caos começar. Repita sempre que necessário durante um dia agitado.*

FEITIÇO PARA CLAREZA

27 AGO

Quem não precisa de um pouco mais de clareza? Se você se sente confusa ou precisa tomar uma decisão difícil, experimente este feitiço simples para clareza.

Concentre-se no que precisa ser esclarecido, então acenda uma vela branca ou amarela, respire fundo e recite este encantamento:

Enviem a mim, Deus e Deusa
A luz brilhante da clareza
Livrem-me da desordem e dos entulhos
E me ajudem a ver com novos olhos

Feche os olhos e ouça sua sabedoria interna. Talvez, se ficar em silêncio profundo, os deuses enviem uma resposta.

Sugestão Mágica: *Esse é um bom feitiço para fazer sob a lua cheia ou o sol do meio-dia, pois ambos promovem a clareza. Mas, se não for possível, acenda uma vela. Um ramo ou incenso de alecrim também ajuda.*

28 AGO
AS DELÍCIAS DO MANJERICÃO

Quem leu a receita de pesto que está neste livro deve ter se empolgado para usar manjericão. É delicioso, fácil de cultivar e tem um aroma incrível; mas, como bruxas, também sabemos que ele tem inúmeras utilizações mágicas.

Gosto de usar manjericão desidratado em minhas misturas para proteção, seja salpicando-as pela casa ou em sachês ou amuletos. (Estou com um sobre a porta de entrada neste exato momento.) Ele é ainda uma erva maravilhosa para atrair prosperidade e há muito é associada a feitiços para o amor. É possível encontrá-lo sob muitas formas — a planta fresca, desidratado, óleo essencial e incensos. Se for utilizar o manjericão na prática da magia, fique atento à sua procedência. Por exemplo, o manjericão desidratado da seção de ervas do supermercado provavelmente foi produzido em larga escala e distribuído, então prefira as ervas frescas. Eu prefiro comprá-lo na loja de produtos naturais do bairro e desidratar as folhas em casa.

Sugestão Mágica: *Mesmo que não tenha espaço para uma horta, plante manjericão em um vaso no parapeito de alguma janela ensolarada. Ele não apenas poderá atrair amor e prosperidade, mas você sempre terá algumas folhas para incrementar sua salada!*

CONHECE-TE A TI MESMA

29 AGO

Dizem que quem vai ao templo grego de Apolo, em Delfos, encontra as seguintes palavras: "conhece-te a ti mesmo". Trata-se de um tema comum nos escritos gregos e de muitas outras culturas. Benjamin Franklin disse em seu livro *Poor Richard's Almanack* que "existem três coisas extremamente duras: aço, diamante e conhecer a si mesmo".

E, é claro, ele estava certo. É difícil olhar com clareza para a pessoa que você vê no espelho todos os dias. Alguns tem problemas para admitir suas falhas; outros são incapazes de reconhecer as próprias características positivas. De qualquer modo, é difícil sermos totalmente sinceros a respeito de nós mesmas.

E isso é também muito importante.

Para começar, não se pode mudar o que não se vê. Ninguém é perfeito, mas, para mim, parte da prática de bruxaria é o esforço para nos tornarmos a melhor versão de nós mesmas. E, em termos de magia, precisamos ser sinceras conosco sobre o que realmente queremos conquistar para que as coisas funcionem como desejamos.

Sugestão Mágica: *Você se conhece? Talvez seja um bom momento para uma autoexploração. Faça uma lista de todas as suas características positivas e aquelas que considera negativas. As "negativas" são tão ruins quanto você pensa? Se a resposta for "sim", esforce-se para mudá-las. Caso contrário, seja um pouco mais gentil consigo mesma.*

30 AGO

CAMINHADAS E TRILHAS

Uma das melhores formas de fortalecer seu laço com a Mãe Natureza é também o mais simples: fazer uma caminhada (ou uma trilha, se for mais aventureira).

A diferença entre uma caminhada bruxesca e uma caminhada onde você apenas percorre o trajeto até o mercado é uma questão de atenção plena. Mesmo na cidade grande, é possível procurar sinais da natureza: árvores, plantas nascendo em rachaduras na calçada, pássaros, nuvens... e, é claro, se for a um parque, encontrará ainda mais.

Se puder ir para o campo (ou morar em uma cidade do interior), terá natureza em abundância. Sua conexão com ela será muito mais forte se observar, escutar e sentir os aromas enquanto caminha em vez de ouvir música e ficar pensando no que vai preparar para o jantar.

Sugestão Mágica: *Arrume tempo para fazer uma caminhada ou trilha regularmente. Talvez você se surpreenda com o que estava à sua volta esse tempo todo.*

SABEDORIA DE BRUXA Nº 13

31 AGO

Hoje é o aniversário de Raymond Buckland, possivelmente uma das figuras mais influentes na criação da bruxaria moderna.

Pupilo de Gerald Gardner, Buckland, nascido na Inglaterra, trouxe a Wicca para os Estados Unidos na década de 1960, e nada nunca mais foi como antes. Ele escreveu muitos livros sobre o assunto, incluindo um de meus preferidos, *Wicca for Life: The Way of the Craft from Birth to Summerland*. Aqui vai um aperitivo da sabedoria que ele tem a compartilhar:

> Em toda a natureza existe masculino e feminino, tanto no reino animal quanto vegetal. Parece, então, natural que existam divindades tanto masculinas quanto femininas. O conceito cristão de uma divindade totalmente masculina não faz sentido. Muitas tradições wiccanas pensam em termos de equilíbrio entre as duas energias, enquanto outras enfatizam uma em detrimento da outra... mais ênfase na Deusa durante os meses de verão, quando era possível cultivar alimentos; e mais no Deus durante o inverno, quando a caça era importante. Esse equilíbrio ainda é encontrado em muitas tradições.

Sugestão Mágica: *Mesmo se você for seguidora de uma forma mais eclética de bruxaria, como eu, há muitas coisas boas a serem encontradas nos escritos mais tradicionais de Buckland. Descubra mais sobre ele e suas ideias na internet ou compre um exemplar de um de seus livros.*

SETEMBRO
flores e bem-estar

GRATIDÃO
Nº 5

01 SET

Seja qual for a estação em seu hemisfério, deve ser fácil encontrar razões para agradecer. Com sorte, você celebrará algumas colheitas metafóricas além das mais mundanas, mas que ainda assim são deliciosas.

Você se sente grata por algo que foi colhido durante a última estação? Novas amizades e relacionamentos? Melhorias no trabalho ou na vida doméstica? Prosperidade? Saúde? Um montão de abobrinhas? (Tudo bem, esta última talvez não. Eu odeio abobrinha.)

Sugestão Mágica: *Nove é um número mágico, e setembro é o nono mês. Faça uma lista de nove coisas pelas quais se sente grata e acrescente uma nova a cada noite pelos nove dias seguintes.*

02 SET

((())))

O LINDO AZUL DE UMA SAFIRA

A pedra de setembro é a safira, uma linda pedra preciosa de um tom intenso de azul, cuja associação com a magia remonta pelo menos aos gregos antigos. Ela é, como a maioria das pedras azuis, uma pedra de cura, mas também pode ser usada para aumentar as habilidades mediúnicas, abrir o terceiro olho e em magias de paz, proteção e amor.

Apesar das safiras serem caras, você não precisa de um pedaço muito grande para fazer magia; um simples anel ou pingente serve, ou um pedaço de pedra bruta, caso consiga encontrar.

Se mesmo isso estiver fora do seu alcance, Scott Cunningham (na *Enciclopédia Cunningham de Magia com Cristais, Gemas e Metais*) sugere usar os seguintes substitutos: ametista, turmalina azul ou zircão azul. Para a maioria desses trabalhos de magia também gosto de usar lápis-lazúli, uma pedra polida razoavelmente barata que também é azul e muito bonita.

Sugestão Mágica: *Pegue sua pedra azul favorita (ou uma safira, se tiver) e pratique magia com ela hoje mesmo.*

DIONÍSIO E A COLHEITA DE UVAS

03 SET

Sou uma grande fã do deus grego Dionísio, também chamado de Baco pelos romanos. Afinal, ele é o deus do vinho, da vinicultura e da colheita das uvas, bem como do teatro, da fertilidade e do êxtase ritual, o que faz sentido se levarmos em conta o vinho. Na verdade, os festivais dedicados a Dionísio são associados ao desenvolvimento do teatro, então devemos muito a ele.

Como ocorre com o próprio vinho, a adoração a Dionísio pode ultrapassar os limites, e ele, com frequência, é retratado com um séquito de mulheres impetuosas e incontroláveis chamadas mênades, além de bandos de sátiros bem-dotados. Ele é o deus de todas as coisas caóticas e inesperadas.

Mas, pelo lado positivo, seus adoradores usam o vinho, a dança extasiada e a música para se libertarem do medo e da insegurança, e isso certamente é uma coisa boa.

Sugestão Mágica: *Caso aprecie uma taça de vinho, brinde hoje em agradecimento a Dionísio e peça a ele para ajudá-la a assumir seu lado mais impetuoso e confiante.*

04 SET

((◖●◗))
VINHO E HIDROMEL

O vinho e o hidromel, uma bebida fermentada doce feita com mel em vez de uvas ou outras frutas, são usados há muito tempo como parte de celebrações ritualísticas. Apesar de o encerramento de muitos rituais ser chamado de "bolos e cerveja", é mais provável que muitas bruxas tenham vinho em seu cálice em vez de cerveja.

O vinho era considerado um presente dos deuses, principalmente perto da época das colheitas, quando as frutas usadas em sua produção eram abundantes. O hidromel — especialmente mágico, uma vez que é necessário o esforço de muitas abelhas trabalhando em conjunto para produzir o mel usado em sua preparação — é celebrado no solstício de verão. Quando participar de um ritual a céu aberto, derrame um pouco de vinho no chão como libação ou oferenda religiosa em reverência à divindade.

O Blue Moon Circle às vezes usa suco de romã no lugar do vinho, principalmente durante o dia, se as crianças estiverem presentes, ou se houver alguém novo no círculo cujas preferências não conhecemos bem. Também servimos apenas vinho suficiente para que todas tomem poucos goles, pois o consumo em maior quantidade é mais adequado ao banquete que acontece na sequência.

Sugestão Mágica: *Caso beba vinho, tente produzi-lo você mesma ou visite uma vinícola local. Se ainda não tiver experimentado, considere usar o hidromel em um ritual.*

DIA DO TRABALHO
05 SET

Nesse dia, nos Estados Unidos, as pessoas comemoram o Dia do Trabalho,[*] feriado nacional que celebra o movimento trabalhista, principalmente os sindicatos e outras organizações, e todos aqueles que contribuem com a sociedade com seu árduo trabalho. Foi uma batalha vencida a duras penas em nome dos direitos trabalhistas — e que ainda é travada atualmente.

Sugestão Mágica: *O Dia do Trabalho é uma ótima ocasião para fazer um piquenique e sair de casa, mas em algum ponto do dia pense sobre seu próprio trabalho. Por que você trabalha? Por amor pelo que faz, para alimentar sua família ou para fazer diferença no mundo? Você sente que seu trabalho é valorizado? Você valoriza o trabalho dos outros? Reflita sobre o que seu trabalho significa para você e o motivo pelo qual o realiza. E, aproveitando a oportunidade, tire o dia para celebrar isso também.*

---

[*] No Brasil, o Dia do Trabalho é comemorado no dia 1º de Maio.

06 SET

A BRUXARIA E OS ESTUDOS

Uma das facetas da bruxaria que mais me agrada é que ela não é apenas uma questão de crença espiritual (nos deuses, na magia ou na lua), mas também um caminho para o crescimento pessoal. Todas as bruxas que mais respeito, famosas ou não, são empenhadas em se tornar a melhor versão de si, crescendo e buscando ser maiores, melhores, mais sábias.

Isso não significa necessariamente educação formal, embora nunca seja tarde demais para voltar para a sala de aula e aprender algo novo. Mas significa expandir sua mente e seus limites e nunca pensar: "Já basta. Acho que vou parar por aqui".

Sugestão Mágica: *Sobre qual assunto você gostaria de aprender mais? Alguma faceta da bruxaria, uma forma de arte ou alguma habilidade prática que melhoraria sua vida? Seja o que for de seu interesse, estude. Afinal de contas, sabe o que dizem: saber é poder — então vá aprender algo!*

APRENDER E CRESCER

07 SET

Se vamos conversar a respeito de continuar aprendendo e crescendo, então olhemos especificamente para a prática da bruxaria. Há uma razão para a chamarmos de prática. A bruxaria não é algo que alguém lhe mostra como se faz e *voilà*, você está pronta. É uma jornada contínua durante a qual, com sorte, você encontra aspectos novos e intrigantes que provocam seu interesse. A ideia é sempre aprender e crescer como bruxa e como ser humano.

Também há uma razão para dizermos que é uma arte. Como em qualquer arte, seja a cerâmica, a culinária ou a escrita, quanto mais você estudar e praticar, melhor será nela. Talvez eu já tivesse um talento para a bruxaria desde o início, da mesma forma que tinha um dom para a escrita, mas não me sobressaí em nenhuma das duas no primeiro dia. Pratiquei, aperfeiçoei minha arte e li livros que ensinavam como fazer as duas coisas. Depois, estudei com pessoas que sabiam mais do que eu ou que, pelo menos, haviam dominado aspectos diferentes dos que eu conhecia, e aprendi mais com elas.

Há diversas formas diferentes de continuar a aprender e crescer como bruxa, e não há um único caminho que seja o certo para todo mundo. Não posso dizer a você como deve estudar ou praticar sua arte. Só posso dizer que o esforço compensa.

Sugestão Mágica: *O que vai aprender agora? Escolha algum aspecto da bruxaria e aprenda mais sobre ele.*

08 SET

O QUARTZO TRANSPARENTE

O quartzo transparente deve ser a pedra mágica mais comumente usada. Com certeza está associada a muitos aspectos da bruxaria, incluindo a Deusa, a lua, o sol e o elemento espírito.

Um simples cristal de quartzo pode ser usado em quase qualquer tarefa de magia, em especial aquelas envolvendo cura, proteção ou habilidades mediúnicas. Considera-se que a pedra seja capaz de amplificar qualquer feitiço ou trabalho de magia. Cristais de quartzo costumam ser usados em varinhas ou cajados, ou são presos a correntes de prata para criar pêndulos. Quase sempre tenho um cristal de quartzo bem grande em meu altar de lua cheia, e costumo usá-lo em meu trabalho de cura energética devido à sua capacidade de afastar a negatividade.

O quartzo existe em várias cores, como o quarto rosa e o quartzo fumê (cinza), e pedras como a ametista também são uma forma de quartzo. Mas se você puder ter apenas uma pedra mágica, minha sugestão é que tenha uma boa peça de quartzo transparente.

Sugestão Mágica: *Obtenha um pedaço de quartzo ou use um que já tenha. Purifique-o sob a luz da lua cheia e utilize-o sempre que sua magia precisar de um impulso.*

SABEDORIA DE BRUXA Nº 14

09 SET

Dorothy Morrison escreveu alguns dos livros mais populares e recomendados sobre bruxaria; mas, de todos os seus livros, acredito que *Everyday Moon Magic: Spells & Rituals for Abundant Living* seja o meu favorito.

Aqui segue um trecho do capítulo sobre as fases da lua e sua magia:

> Embora seja comum associarmos a lua cheia à magia, essa não é a única fase que mexe com nossas emoções. As fases crescente e minguante e a lua negra também têm seu papel. Na verdade, cada fase manifesta um tipo particular e independente de energia que alimenta e energiza o reservatório emocional; e como a emoção pura, bruta e inalterada desencadeia uma magia bem-sucedida, a lua — em todas as suas fases — é uma das ferramentas mais poderosas que podemos usar em nossos esforços.

Sugestão Mágica: *Leia mais textos de Morrison. O estilo dela em* Everyday Moon Magic *é didático, positivo e pé no chão — o que talvez seja irônico em um livro sobre a magia da lua — e acho seus livros muito fáceis de ler e entender.*

10 SET

(((●)))

O TOMILHO É MAIS ÚTIL DO QUE PARECE

Em geral, o tomilho é considerado algo que se usa apenas para temperar um frango assado, mas ele é muito mais útil que isso. Tenho uma quantidade enorme de tomilho em meu jardim, já que ele tende a se espalhar. Gosto em especial do tomilho-limão, que tem um aroma cítrico pungente, mas todos os tipos de tomilho podem ser usados de forma intercambiável na prática da magia. As abelhas adoram as flores que abrem no verão, o que traz um bônus para seu jardim. Ele pode até mesmo ser usado como forração, pois cresce bem rente ao chão, como um tapete herbal mágico.

Tradicionalmente, o tomilho é usado em feitiços de cura — tanto para atrair uma boa saúde quanto para curar moléstias. Use-o em sachês para melhorar o sono, em banhos medicinais e em muitas outras formas de magia.

Outros usos mágicos do tomilho incluem purificação (os gregos o queimavam para purificação em seus templos, então queime antes de começar um ritual), amor, aprimoramento de habilidades mediúnicas e aumento da coragem.

Além disso, é claro, sempre tem aquele frango...

Sugestão Mágica: *Faça alguma magia com tomilho hoje, seja ela culinária, herbal ou qualquer outra. Um projeto fácil é rolar uma vela na erva desidratada e acendê-la, certificando-se de que ela esteja em um recipiente à prova de fogo no caso de algum pedacinho cair.*

COMO FOI A COLHEITA DESSE ANO?

Conforme nos aproximamos do último trimestre do ano, faz sentido olhar bem para o que colhemos até esse ponto do ano. Quando plantamos nossas sementes — práticas, espirituais e quaisquer outras — lá no início do ano, tínhamos objetivos e anseios quanto ao que conquistaríamos no ano que se seguiria.

Dê uma boa olhada com sinceridade para o quanto avançou em relação a esses objetivos. Você alcançou o que esperava? Se for o caso, comemore. Caso contrário, o que pode mudar para melhorar as coisas? Ou seus próprios objetivos mudaram à medida que o ano passou?

Sugestão Mágica: *Pergunte a si mesma: como foi a colheita deste ano? Estou feliz com ela? Se não estiver, escreva três formas de mudar sua abordagem.*

12 SET

((◖●◗))
O PODER
DAS PALAVRAS

Um dos princípios da bruxaria é o de que as palavras têm poder. É por isso que falamos os encantos e desejos em voz alta. Esse conceito pode ser aplicado à nossa vida cotidiana. Afinal, se as palavras têm poder suficiente para provocar mudanças por meio de magia e rituais, devemos refletir sobre como as usamos no resto do tempo.

Qualquer um que tenha sofrido *bullying* sabe quanta dor as palavras podem causar, mas elas também podem curar. Pense em como um dia ruim pode melhorar com alguém dizendo "eu te amo".

Em *Magical Rites from the Crystal Well*, Ed Fitch incluiu algo que chamou de "doutrina de virtude das bruxas". A linguagem é um tanto quanto arcaica, mas muito do que ele diz ainda se aplica. Por exemplo: "A palavra de uma bruxa deve ter o mesmo valor de um juramento assinado e testemunhado. Portanto, dá tua palavra com moderação, mas mantém fidelidade férrea ao que dizes". Simplificando: se fizer uma promessa, cumpra.

Outra linha diz: "Abstém-te de difamar os outros, pois a completa verdade da situação pode não ser de teu conhecimento". A fofoca, como o *bullying*, pode ser prejudicial e negativa. Você gostaria que as pessoas falassem coisas ruins a seu respeito? Provavelmente não.

Sugestão Mágica: *Ter consciência do poder das palavras é um bom começo. Pelos próximos dias, preste mais atenção ao que diz e em como suas palavras afetam os outros.*

O QUINTO CHACRA
13 SET

O quinto chacra, também chamado de chacra laríngeo, fica na frente do pescoço, no vértice da clavícula. Ele rege a fala, a expressão da personalidade, a comunicação, a criatividade, as artes e a expressão da sua própria verdade. Fisicamente, é associado à tireoide, à boca, à mandíbula, ao pescoço e a todo o resto que fica nessa área do corpo.

O chacra laríngeo normalmente é visualizado na cor azul e, se estiver desalinhado, pode fazer com que você se sinta impotente e incapaz de dizer o que pensa. Muitas pessoas retêm raiva nesse chacra, e liberá-la pode levar a mudanças positivas e transformação.

Sugestão Mágica: *A água-marinha é uma boa pedra para usar ao trabalhar o chacra laríngeo. Se conseguir um pedaço de água-marinha ou alguma outra pedra azul-clara, coloque-a gentilmente sobre a garganta e visualize-a removendo a raiva ou os bloqueios com uma suave luz azul de harmonia e paz.*

14 SET

EU FALAREI O QUE PENSO

Em nossa sociedade, com frequência sentimos que é arriscado dizer o que realmente pensamos e sentimos. É certo que há momentos em que não é aconselhável falar o que se pensa (se isso puder causar sua demissão, por exemplo, ou se ferir os sentimentos de outra pessoa sem necessidade). Mas também é importante ser verdadeira consigo mesma, mesmo diante da negatividade ou da rejeição. Segue uma afirmação para ajudá-la a se sentir forte o bastante para se levantar e ser ouvida:

Falo o que penso e sou honesta comigo e com os outros.

Aceito minha própria verdade e falo com orgulho.

Sugestão Mágica: *Fale essa afirmação em frente ao espelho. Fique ereta, com a cabeça erguida, e fale alto, com voz firme, calma e determinada.*

VAMOS SAUDAR A LUA

15 SET

Para muitas pessoas, a Lua é apenas um objeto astronômico no céu, mas se você for Pagã ela é muito mais do que isso. A Lua é o símbolo de nossa Deusa e uma parte central de nossa adoração. Para a maioria das bruxas, a prática da magia inclui uma celebração mensal da lua cheia e, com frequência, também da lua nova. O período da lua cheia é considerado o mais poderoso para se fazer magia, recarregar suas baterias espirituais e limpar o corpo e os instrumentos, além de ser uma noite para se conectar com a Deusa.

Acompanhamos a Lua à medida em que ela se expande ou mingua, e frequentemente abordamos a prática da magia de forma diferente, dependendo do seu estágio. (A lua crescente é boa para aumentar, e a lua minguante, mais apropriada para reduzir.) É parte do ciclo de constante mudança da natureza que está na base da prática da bruxaria.

Ela também é linda, nossa lua, como era de se esperar de uma esfera que simboliza uma deusa. Na noite passada, olhei pela janela e vi uma reluzente lua crescente despontando por trás de algumas nuvens. Como manda a tradição, beijei o dorso da mão e soprei o beijo para a Deusa. Então continuei o que estava fazendo, com o coração inexplicavelmente mais leve e cheio de alegria.

Sugestão Mágica: *Você sai para saudar a Lua? Se não, tente fazê-lo. Talvez ela responda com um sorriso trazido por sua luz. Quem sabe?*

16 SET

QUESTÃO DE SAÚDE MENTAL

A depressão é como uma nuvem escura invisível que se planta sobre sua cabeça e bloqueia a luz do sol. Muitas pessoas já tiveram crises depressivas pelo menos uma vez na vida, mas, para algumas, é uma batalha sem fim. Se estiver lutando contra a depressão — ou algum outro transtorno psicológico —, há aspectos de sua vida como bruxa que podem ajudar a afastar as nuvens — sempre aliando a prática espiritual à ajuda profissional, é claro. Tente lançar um feitiço e reze para o Deus e para a Deusa para que a ajudem, enviando força, aliviando a depressão e guiando você até pessoas que possam ajudá-la a se curar.

Uma prática espiritual pode elevar seu humor e mudar o foco da escuridão para a luz. A depressão mente e tenta isolá-la, então, se tiver pessoas que possam praticar magia com você, faça isso. A depressão faz tudo parecer sombrio, então tente se concentrar na luz. Comece com coisas pequenas, como a beleza da natureza. Se seu dia estiver ruim, force-se a olhar pela janela ou a sair para andar, e repare nos pássaros, nas flores, no sol.

Sugestão Mágica: *Se estiver enfrentando a depressão, busque ajuda — profissional, com amigos, na magia. Não importa o que a depressão te diga, você tem valor.*

AS COBRAS PODEM SER MÁGICAS

17 SET

Muitos humanos sentem uma certa aversão primitiva quando se trata de cobras. É provável que isso seja um traço de sobrevivência gravado em nosso DNA, porque muitas delas podem ser venenosas. Por outro lado, algumas pessoas as adoram. Um amigo meu tinha uma linda falsa coral chamada Sarah, e nós nos dávamos bem, contanto que ela ficasse no espaço dela e eu no meu. E por eu ter um jardim e uma velha casa de fazenda com fundação de pedra, tenho um monte de cobras-liga, que são inofensivas e ajudam bastante com pequenas pragas. (Apesar de que, nas raras ocasiões em que uma delas consegue entrar em casa, devo confessar que a coloco para fora o mais rápido possível!)

No campo mágico e espiritual, as cobras são totalmente positivas. Elas simbolizam cura (como as duas cobras entrelaçadas ao redor do caduceu, cajado que representa a medicina), crescimento pessoal, a habilidade de transitar entre dois mundos (pois elas vivem abaixo e acima do solo), metamorfose, transições e renovação espiritual.

Sugestão Mágica: *Se uma cobra aparecer como seu animal de poder, isso provavelmente é um indício de que você está prestes a entrar em um período de mudanças. Prepare-se para soltar sua antiga pele e se transformar, por dentro e por fora. Se isso for algo que precisa fazer, veja se consegue se conectar com o espírito da cobra.*

18 SET

TRANSIÇÕES E DESAFIOS

Mudar é difícil. Estar no meio de uma transição — saindo de um lugar, emprego, relacionamento ou estado de espírito — é mais difícil ainda. Você abandonou o antigo e ainda não fincou raízes no novo. Talvez essa transição seja algo que desejava e pelo que trabalhou por vontade própria, ou talvez tenha sido algo imposto pela vida, pelas circunstâncias; mas independente de como a situação aconteceu, seu mundo ficou de pernas para o ar, e pode ser difícil passar por isso. Não dá para evitar as transições, mas você pode fazer algo para que elas transcorram de forma um pouco mais suave.

Primeiro: pare de lutar. Muitos de nós resistem à mudança e tornam as transições mais difíceis do que deveriam ser. Você escolheu fazer essa transição? Então mergulhe de cabeça e aceite as mudanças. Apenas tente seguir o fluxo da transição.

A segunda dica pode ser ainda mais difícil de implementar: concentre-se no lado positivo. Se estiver em transição porque a vida a surpreendeu, tente ver as possibilidades que essa mudança pode abrir para você. Às vezes, transições complicadas podem ser o começo de algo novo e inesperado.

As lições nem sempre são fáceis, mas os caminhos que tomar podem levá-la ao lugar onde sempre deveria ter estado.

Sugestão Mágica: *Não se esqueça de buscar apoio em suas crenças espirituais; é sempre bom pedir ao Deus e à Deusa por força, sabedoria e orientação.*

DEMÉTER E PERSÉFONE

19 SET

Um de meus mitos gregos favoritos é a história agridoce de Deméter e Perséfone, usada para explicar por que temos calor e crescimento em uma metade do ano de e a o inverno na outra. Deméter, a deusa da terra, e sua filha, Perséfone, colhiam plantas em um prado. Perséfone se afastou e foi raptada por Hades, deus do submundo, que foi cativado por sua juventude e beleza. Ele a carregou para seu reino. Deméter vagou pela terra procurando sua filha perdida e, em sua tristeza, deixou de cuidar das coisas que cresciam, e elas murcharam e morreram. Por fim, Hécate a ajudou a encontrar Perséfone, mas quando Deméter recuperou sua filha, Perséfone já tinha comido seis sementes de romã, por isso teria de ficar no submundo durante metade do ano. Assim, em metade do ano Deméter se regozija com a companhia de sua filha, e o mundo floresce. Na outra metade, ela sofre, então o mundo fica cinza e as plantas não crescem.

Esse parece um final triste para a história, mas, como Pagãos, sabemos que é apenas parte do ciclo de vida, morte e renascimento. O solo precisa de tempo para descansar, assim como aqueles que o cultivam. De acordo com algumas histórias, Perséfone amava seu marido sombrio, e a presença dela levava alguma luz ao submundo.

Sugestão Mágica: *Se puder, coma algumas sementes de romã e pense no que elas simbolizam.*

20 SET

MILHO VERDE E SALADA DE BATATAS

Com produtos frescos fica fácil preparar pratos deliciosos, então escolha seus ingredientes com carinho. Essa é uma variação da entediante salada de batatas de sempre, e acho que vai gostar dela. Cozinhe o milho com antecedência ou prepare-o quando colocar as batatas na panela, e deixe que ambos esfriem antes de misturá-los.

Cozinhe, deixe esfriar e pique cerca de um quilo de batatas em pedaços pequenos. Gosto de misturar batata roxa e comum (eu cultivo ambas) porque as cores ficam bonitas com os outros ingredientes, mas qualquer tipo de batata serve. Batatas bolinha também ficam ótimas.

Adicione os grãos de uma espiga de milho, alguns tomates picados (cerca de uma xícara — gosto de usar os coloridos tomates-cereja ou *sweet grape*), um ou dois talos de aipo picados, e algumas ervas frescas picadas (minhas preferidas são salsinha, manjericão e cebolinha). Tempere com azeite e vinagre, ou com um vinagrete, e terá um prato vibrante, de aparência e sabor incríveis, para servir em um banquete ou apenas para acompanhar o jantar.

Sugestão Mágica: *Varie a quantidade dos ingredientes de acordo com suas preferências, ou substitua-os por ingredientes que tenha em casa, como cebola roxa, ovos cozidos ou nozes picadas.*

EQUINÓCIO DE PRIMAVERA
21 SET

Viva! A primavera chegou! Ok, em algumas partes dos Estados Unidos, inclusive no norte do estado de Nova York, onde eu moro, a primavera é mais teórica do que real, mas podemos comemorar assim mesmo. É uma época de esperança, recomeços e aumento de energia.

Uma das coisas que amo no equinócio de primavera é que ele é um dos dois únicos dias do ano (o outro é o equinócio de outono) em que o dia e a noite têm a mesma duração. Talvez seja por eu estar sempre lutando para encontrar equilíbrio na vida, mas, para mim, há algo mágico em saber que a escuridão e a luz estão, nesse dia, em perfeito equilíbrio.

Depois de hoje, a luz vai continuar a aumentar, o que é algo a ser comemorado por si só. Mas, por enquanto, vamos desfrutar desse raro momento de equilíbrio.

Sugestão Mágica: *Se precisar de um pouco mais de equilíbrio em sua vida, acenda uma vela branca e outra preta e recite este encantamento simples:*
Que neste dia de equilíbrio perfeito
Eu fique equilibrada do meu jeito

22 SET

AS MUITAS FACES DA FÉ

O elemento espírito é consideravelmente mais difícil de definir do que a terra, o ar, o fogo e a água. Talvez seu aspecto mais intangível seja a fé. A fé se manifesta de forma diferente para cada um de nós, mas, se está lendo esse livro, é provável que você tenha algum tipo de fé esotérica, uma crença mística no que não pode ser visto, mas que, ainda assim, acredita que existe.

Cheguei tarde à fé. Nunca acreditei em nada em especial até descobrir a bruxaria quando já tinha mais de 30 anos de idade. Ao longo dos anos, desde que encontrei meu caminho espiritual, também passei a acreditar que, na maioria das vezes, as coisas acontecem do jeito que deveriam (o que não é, veja bem, sempre do jeito que eu gostaria que acontecessem), que posso criar mudanças positivas na minha vida, e que, se tentar com afinco, haverá ajuda vinda de fora de mim. E, também, que não importa quantas vezes caia, haverá mãos amorosas para me ajudar a levantar, contanto que eu esteja disposta a fazer o esforço. É isso que a fé significa para mim, e o que o elemento espírito representa, ao menos em parte.

Sugestão Mágica: *Reflita a respeito do que a fé significa para você, e traduza isso em palavras. Escreva em seu diário ou Livro da Luz, ou apenas fique em silêncio e sinta.*

FEITIÇO PARA EQUILÍBRIO
23 SET

Não sei quanto a você, mas trabalhar a energia para ter mais equilíbrio é um desafio em que venho enfrentando há anos, e não tenho progredido nesse objetivo como gostaria. Mesmo assim, insisto nisso — tentando encontrar um melhor equilíbrio entre trabalho e lazer, o tempo em que passo sozinha e com os outros, e em tudo o mais que contribua para eu levar uma vida saudável, feliz e produtiva.

Como preparação para recitar esse encantamento, acenda uma vela preta e uma branca, ou amarre duas fitas dessas cores juntas. Porém, concentre-se principalmente nos pontos de sua vida que estão mais desequilibrados e abra-se para mudar para um novo estado de equilíbrio. Diga:

> *Preta e branca, branca e preta*
> *O equilíbrio a mim prometa*
> *Entre trabalho e diversão*
> *Todos os dias dessa missão*
> *Preta e branca, branca e preta*
> *Ajude-me a ver cada faceta*
> *E harmonizar o desejado e o necessário*
> *Para semear o equilíbrio diário*

Sugestão Mágica: *Recite esse encantamento em qualquer outro momento em que sentir necessidade de equilíbrio em sua vida.*

24 SET

O SIGNO DE LIBRA

Aqueles que nascem entre 24 de setembro e 23 de outubro são do signo solar de Libra, a balança. Como seria de se esperar com esse símbolo, os librianos tendem a preferir equilíbrio e harmonia, e vão se desdobrar para ter um bom convívio com os outros. Libra é um signo do ar, portanto, a criatividade e a inteligência costumam ser seus traços proeminentes. É claro que, como acontece com qualquer outro signo, há eventuais desvantagens: devido à sua ânsia por agradar os outros, os librianos podem ser indecisos ou facilmente influenciáveis.

Sugestão Mágica: *Durante este período solar, seja você libriana ou não, trabalhe para conseguir equilíbrio em sua vida sem renunciar a seu caminho interior. Iniciativas criativas e intelectuais também devem ter destaque.*

DEUS DAS FLORES, DEUS DA PRIMAVERA

25 SET

Este poema de Robert Louis Stevenson, de 1883, captura exatamente como eu me sinto em relação à primavera!

Deus das flores, deus da primavera, belo, generoso,
Escudo tingido a frio no céu, amante de versículos,
Por aqui vagueio em abril
Frio, grisalho; e ainda assim para o meu
Coração, a primavera vem como uma baliza, primavera, aquela que traz,
Primavera, que anuncia a canção nas florestas, em coro ressonante;
Primavera, a que planta flores nos prados,
E conduz os rebentos em graciosos
Campos repletos de flores, margaridas e açafrão:
Aqui, aquele filho se nutre da eternidade com todo seu coração:
Ó, criança, felizes são as crianças!
Ela ainda recebe com amor sua inocência,
Ela, cara mãe em Deus, nutrindo violetas,
Preenche a terra com perfumes, vozes e violinos:
Assim, uma música sagaz
Desperta antigos acordes na memória:
Assim, a terra boa da primavera conduz suas performances.
Mais um toque no arco, o cheiro do virginal
Verde — mais um, e meu peito
Sente a nova vida em êxtase.

Sugestão Mágica: *Escreva sobre os sentimentos que a primavera suscita em você. Não se preocupe, não precisa ser poesia.*

26 SET

(((◖●◗)))

A ENERGIA SOLAR DA COR LARANJA

O laranja é a cor do fogo em sua forma mais branda; e, como o amarelo, também representa o sol e a energia solar. Eu o uso principalmente em feitiços para aumentar a coragem, para a energia e a confiança.

Se precisar de ânimo, tenha consigo uma pedra alaranjada como uma cornalina clara, um âmbar ou um citrino escuro. Todas essas pedras vêm em uma ampla gama de tons, então dá para encontrar um que chame mais sua atenção. Uma das minhas favoritas é uma peça de âmbar dentro de um sol prateado. Quem não se sentiria melhor usando isso?

Sugestão Mágica: *Para aumentar sua energia, use um colar com uma dessas pedras ou com todas elas. Medite sobre coragem e confiança segurando uma pedra e olhando para uma vela laranja. Roupas laranja podem dar um ânimo também!*

SABEDORIA DE BRUXA Nº 15

27 SET

Edain McCoy escreveu muitos livros sobre bruxaria moderna, mas o que acho mais útil é o que fala sobre os covens. Não existem tantos livros de instruções para covens quanto você poderia imaginar. Queria ter conhecido o livro de McCoy quando estava começando meu próprio coven.

Este trecho é do livro *Coven de Bruxos: Formando seu Próprio Círculo*, de McCoy:

> Há covens de todos os tamanhos e estruturas; muitos bons, alguns medíocres. Uns poucos talvez possam ser considerados perigosos. Um coven pode ter apenas dois membros; conheci outros que chegavam a ter sessenta. Existem quase tantos tipos diferentes de covens quanto de bruxas, e certamente há tantas maneiras diferentes de se administrar um coven quanto tradições de bruxaria individuais.

Sugestão Mágica: *Se quiser praticar com outras pessoas, recomendo muito que leia o livro de McCoy. Ela tem muito conhecimento sobre os motivos para se trabalhar com um coven e sobre como encontrar um.*

28 SET

A NATUREZA DO HOMEM VERDE

Hoje em dia, o Homem Verde é um símbolo tão comum que a maioria das pessoas sequer o associa ao paganismo, de onde ele veio. Suponho que seja compreensível, pois sua imagem pode ser encontrada em igrejas antigas pela Europa. (É isso que acontece quando se absorve uma religião preexistente e seu povo.)

O Homem Verde com frequência é representado como uma cabeça com folhas saindo da boca, dos olhos e dos ouvidos. Tenho um pendurado na parede, de cerâmica, feito por um artesão local.

Alguns pensam que o Homem Verde é baseado em Silvano, o deus das florestas. Para mim, ele simboliza a essência da natureza, sempre crescendo em qualquer canto e fenda disponíveis. Para aqueles que ainda não saíram do armário de vassouras, o Homem Verde é um símbolo que pode ser exibido sem preocupações, já que muita gente não ligada à bruxaria também tem imagens dele.

Sugestão Mágica: *Agora que as folhas da primavera estão reaparecendo nos jardins, faça seu próprio Homem Verde. Utilizando papel rígido (ou mesmo um prato de papel, se estiver fazendo essa atividade com crianças), recorte o formato de um rosto com olhos, nariz e boca e cole o máximo de folhas que conseguir encaixar. Preocupe-se mais com a impressão que passa do que com sua verdadeira aparência, portanto não importa se ficar imperfeito. Divirta-se e comemore o crescimento das folhas verdes na natureza.*

QUE SEMENTES VOU PLANTAR?

29 SET

Quando a primavera vai se revelando à nossa volta e a terra começa a florescer, o momento é perfeito para refletir sobre quais sementes você pretende plantar na estação que chega e o que deseja ver florescer em sua vida nos próximos meses.

Sempre gosto de estabelecer algum tipo de objetivo de longo prazo a essa altura do ano, e utilizo a energia da primavera para me ajudar a começar bem. Hoje, pense em quais sementes vai plantar. O que você mais deseja em sua vida? O que quer introduzir que ainda não faz parte dela, e como pode cultivar aquilo a que der início?

Sugestão Mágica: *Pegue um pedaço de papel ou seu Livro da Luz (ou Livro das Sombras). Faça uma lista das coisas que gostaria que florescessem e crescessem em sua vida. Estude a lista, risque algumas coisas que talvez não sejam tão importantes e marque com estrelas as que significam mais. Depois escolha uma delas e comece a desenvolvê-la.*

30 SET

PEDRAS DA PREOCUPAÇÃO

Não, pedras da preocupação não são rochas que se afligem com as coisas. (Tenho certeza de que as rochas não ficam aflitas, apesar de nunca ter perguntado isso a nenhuma.) Uma pedra da preocupação é uma pedra oval pequena e lisa que se ajusta à mão de forma confortável, geralmente com uma reentrância no meio feita de forma que o polegar possa esfregá-la.

As pedras da preocupação tem sido usadas por muitas culturas — entre elas os povos indígenas norte-americanos, os celtas, os gregos e os tibetanos — e podem ser encontradas hoje em dia em quase todas as lojas de produtos esotéricos. Tenho algumas muito boas que adquiri em minhas viagens. Você pode escolher um tipo específico de pedra — talvez uma bela pedra verde se estiver sempre preocupada com dinheiro, ou um quartzo rosa quando precisar de algo para manter a calma — ou apenas encontrar uma que pareça certa quando a segurar.

A ideia é que; em vez de roer as unhas, fumar um cigarro, ou se sentir aflita; você esfregue o dedão na pedra, e o movimento e a energia dela a acalmem.

Sugestão Mágica: *Tenha uma pedra da preocupação no bolso ou deixe uma no altar para quando precisar.*

OUTUBRO

união e sorrisos

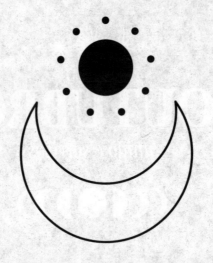

A ÉTICA NA BRUXARIA
01 OUT

A ética na bruxaria é uma coisa complicada, e tem significados um pouco diferentes para cada pessoa. Ética é um código de conduta — o que é considerado certo e errado em uma determinada sociedade. A comunidade bruxa é, a princípio, uma sociedade ética, mas o problema é que nem todos concordam com qual ética será adotada.

A regra mais comum é o Conselho Wiccano: "Se não causar mal nenhum, faça o que desejar". Mas isso significa que não possa causar mal a alguém para se defender ou defender uma outra pessoa? Significa que toda bruxa deve ser vegetariana? E o que causa mal a você?

E quanto às maldições? Uma maldição é magia lançada contra uma pessoa específica com intenção negativa. Obviamente, isso é contra as regras, não é? Mas há pessoas, como Z. Budapest, que estão sempre amaldiçoando estupradores. Isso é permitido ou não? É complicado.

Não posso responder essas perguntas por você. Decisões éticas são muito pessoais e cada um deve escolher o que acredita estar certo ou errado (e o que pode ser relevado quando nós mesmos ou outras pessoas cruzam essas linhas). Mas esse é um tópico digno de discussão se você tiver outros Pagãos em seus círculos sociais, ou de reflexão, se não tiver.

Sugestão Mágica: *Pense nesse assunto. O que acha que deveria ser considerado contra as regras? Quais são os limites quando você usa seu poder?*

02 OUT

BRUXAS NA MÚSICA

Como regra geral, quando pensamos em música Pagã, o que vem à mente são tambores, cânticos ou coletâneas de músicas para meditação. Mas, na verdade, existem inúmeras bruxas cantoras e bandas realmente impressionantes e talentosas por aí, do folk ao rock, passando por todos os intermediários. Se ainda não tiver tido a oportunidade de ouvir, explore on-line ou participe do festival mais próximo.

Entre os nomes associados à música Pagã estão Wendy Rule, Sharon Knight, S. J. Tucker, Avalon Rising, Gaia Consort, Kellianna, Heather Dale, Blackmore's Night, Gabrielle Roth e Heather Alexander. Mas é possível encontrar muitos outros no estilo que preferir: basta acessar o YouTube e digitar "música Pagã". Ou você pode pedir indicações aos amigos. Um de meus discos preferidos é *Rock the Goddess*, de Daughters of Gaia, mas também gosto de ouvir vários estilos, do folk bruxesco, música celta e rock até cânticos.

Sugestão Mágica: *Se desejar algo para entrar no clima da magia ou apenas músicas divertidas com temas bruxescos para se exercitar, inicie sua coleção — partindo do princípio que ainda não tenha uma. Se tiver, acrescente algo novo a ela.*

A IMPORTÂNCIA DA INCLUSÃO

03 OUT

Uma das coisas que mais amo em ser bruxa é fazer parte de uma religião inclusiva. Via de regra, todos são bem recebidos, independentemente da cor da pele, orientação sexual, preferências em termos de relacionamentos ou forma de adoração. Piercings extravagantes e um monte de tatuagens? Ninguém vai ficar encarando você. Um homem usando vestido? No máximo eu vou sentir inveja se ele ficar melhor que eu nesses trajes.

Alguns podem dizer que a bruxaria atrai tipos estranhos e não convencionais. É isso mesmo. Mas é dos meus amigos que você está falando. (Ou você pensou que eu não era estranha?) Nós acolhemos as pessoas que não se sentem bem-vindas em lugar nenhum, e isso é maravilhoso. Afinal, todos devem se sentir bem-vindos em algum lugar.

Mas ser inclusivo não significa aturar mau comportamento ou loucura total. Só porque aceitamos um estilo de vida mais alternativo não significa que vale tudo. Quase tudo, sim, mas não *tudo*.

Ainda assim, uma das coisas que as pessoas dizem com mais frequência quando descobrem a bruxaria/paganismo é que é como "voltar para casa".

Sugestão Mágica: *Existem tipos bruxescos que você não se sente confortável em aceitar? Você sente que não é aceita? Pense em formas de se aproximar dos outros com amor e aceitação.*

04 OUT

A SABEDORIA DO FALCÃO

Atrás da fileira de árvores que marca o limite de meu quintal há um enorme prado. Ele é cercado de colinas, que aparentemente fornecem as condições perfeitas para aves grandes, pois quase todos os dias vejo falcões planando pelas correntes de ar quente. Em geral, são búteos-de-cauda-vermelha, comuns no estado de Nova York, mas nos últimos anos também vi pequenos peneireiros fazendo ninho em um buraco na lateral de meu celeiro.

Os falcões representam a visão nítida, mensagens, rapidez, resistência e o sol. Em algumas mitologias, são associados à guerra, embora também possam ser vistos como protetores. Se o falcão aparecer como seu animal de poder, pode significar que você vai receber uma mensagem importante ou que é hora de olhar com clareza para sua vida. Ele também pode ser um totem de proteção.

Para mim, falcões representam liberdade, sabedoria e a capacidade de ir além dos aspectos mais básicos da existência para explorar o nível espiritual que está ali, apenas esperando que abramos os olhos para ele.

Sugestão Mágica: *Veja se consegue encontrar um lugar onde possa observar os falcões voando. Se não houver nenhum próximo a você, experimente assistir a vídeos na internet.*

VESTIDO DE CÉU

05 OUT

Se for convidada para um ritual e avisarem que todos os presentes vão estar "vestidos de céu", você provavelmente não vai ter de ser preocupar se alguém vai usar uma roupa igual à sua ou se seus sapatos combinam com a saia — você não vai precisar de nada disso.

"Vestido de céu" é uma expressão usada em círculos Pagãos que significa nu. Em outras palavras, você vai vestir apenas o céu que a cerca. É desnecessário dizer que algumas pessoas se sentem mais confortáveis com isso que outras. Existem muitos grupos e festivais em que as roupas são opcionais, caso alguém prefira assim.

As bruxas que praticam a nudez ritual agem assim porque acreditam que é melhor não ter nada entre elas e os deuses, ou porque se sentem livres dessa forma. A prática vem principalmente da época de Gerald Gardner e de uma parte do poema "A carga da Deusa"; e era comum em algumas tradições da bruxaria, principalmente as que derivaram da Wicca Gardneriana.

Praticar nudez ritual não tem nada a ver com sexo. É mais uma questão de estar completamente aberta e irrestrita em um lugar seguro. Mas se não gostar da ideia, não se preocupe. Existem muitas outras formas de adoração que permitem o uso de roupas.

Sugestão Mágica: *Mesmo se não se sentir confortável "vestido de céu" perto de outras pessoas, experimente praticar a nudez ritual na privacidade de seu lar.*

06 OUT

AS VESTIMENTAS RITUALÍSTICAS

Se você não praticar nudez ritual (ou se for a um evento público em que a prática pode resultar em prisão), uma alternativa é usar algum tipo de vestimenta mágica. Trata-se de roupas especiais — reservadas a um ritual ou usadas em festivais, feiras renascentistas ou convenções.

Eu amo as vestimentas ritualísticas. Elas podem ser simples como uma túnica para rituais, usada por cima de roupas comuns, de outras vestimentas ou sozinha. Geralmente são esvoaçantes e seguem um estilo visualmente elaborado. Tenho várias camisas com mangas longas e amplas e corpetes amarrados com fitas que serviriam igualmente para um ritual em casa ou algum tipo de feira. Também tenho uma capa que fiz logo que comecei a praticar, como parte de meu comprometimento com a bruxaria.

É divertido usar vestimentas mágicas, é claro, mas elas também servem a um propósito. Quando as colocamos, ainda mais se elas forem reservadas exclusivamente para rituais, somos lembradas de que estamos deixando a esfera mundana e adentrando um espaço sagrado. Usar uma capa com capuz ou um colar com um pentáculo ajuda-nos a entrar no estado de espírito adequado para praticar magia. E deixar o visual mais interessante não faz mal a ninguém, não é?

Sugestão Mágica: *Encontre uma peça de roupa interessante, ou uma capa, e reserve-a apenas para uso durante a prática de magia.*

ÉPOCA DE PLANTAR SEMENTES
07 OUT

Esta é a época do ano em que começamos a plantar sementes, tanto no jardim quanto em nossa vida espiritual. Plantar sementes é, de certa forma, um ato de fé — coloca-se aquela coisinha minúscula na terra com a esperança de que algo brote a partir dela. Iniciar algo novo em nossa vida é mais ou menos a mesma coisa. Regamos o projeto com nossos esforços e sonhos e esperamos para ver se cresce e frutifica.

Hoje, plante sementes. Podem ser sementes de verdade (se não tiver um jardim, use um vaso pequeno no parapeito da janela) ou os primeiros passos para atingir um objetivo em sua vida. Aproveite a abundante energia da primavera para o crescimento e tire proveito da época para atrair essa energia para tudo que fizer. Espero que suas sementes germinem bem.

Sugestão Mágica: *Para aproveitar ao máximo a energia que vem dos novos cultivos, plante algumas sementes — talvez ervas que possa usar na prática de magia — e coloque um pedaço de papel na terra no processo. Nesse papel, escreva algo que deseja cultivar e aprimorar em sua vida.*

08 OUT

MINHA VIDA ESTÁ FLORESCENDO?

Enquanto desfrutamos da luz do sol, as plantas florescem à nossa volta. Rosas esplendorosas, margaridas delicadas, feijões subindo por treliças no jardim... tudo está crescendo e chegando ao auge.

Nessa época do ano, qualquer plano que tenha sido feito deve estar rendendo frutos. Quando a energia da terra está em seu máximo, também devemos estar em nosso melhor estado energético.

Você está?

Pergunte a si mesma se sua vida está se desenvolvendo como você gostaria e se seu tempo e energia estão voltados para cultivar as coisas que realmente importam. Se for o caso, parabenize-se e não se esqueça de reservar um tempo para descansar. Caso contrário, pergunte a si mesma o que você pode mudar para fazer sua vida florescer.

Sugestão Mágica: *Verifique os objetivos que anotou no início do ano. Ainda são coisas que você deseja alcançar? Se não tiver progredido como gostaria — a vida tende a atrapalhar essas coisas —, faça algum feitiço que atue no que você precisa. Você pode pedir ajuda — para os deuses, para seus amigos — ou dividir seus objetivos em etapas menores, mais acessíveis, se os considerar muito complicados. Lembre-se de que, como bruxa, você tem todos os tipos de ferramentas ao seu dispor!*

SABEDORIA DE BRUXA Nº 16

09 OUT

Uma das reclamações que mais ouço é que quase todos os livros de bruxaria são o que alguns chamam de "bruxaria básica" — ou seja, voltados para iniciantes. Isso não é necessariamente verdade, nem é algo ruim; mas caso deseje explorar mais o assunto, não há autor melhor que Christopher Penczak.

Penczak é autor de mais de vinte livros, fundador da tradição Templo da Bruxaria, bruxo, professor e terapeuta. E também é um cara bem legal. Eis o que ele tem a dizer sobre a forma com que enxergamos "positivo" e "negativo" (de seu livro *The Mystic Foundation: Understanding and Exploring the Magical Universe*):

> Hoje em dia, usamos o termo positivo para marcar as coisas "boas" e negativo para as coisas "ruins", mas essa terminologia é imprecisa... O que os místicos querem dizer quando falam em "expulsar tudo que é negativo" é que querem eliminar todas as energias que podem causar danos ou desequilíbrio.
>
> Então, da próxima vez que fizer uma prece, afirmação ou feitiço para ser protegido de "todas as forças negativas", talvez devesse pedir para ser protegido de "todas as forças que me fazem mal".

Sugestão Mágica: *Pesquise sobre Christopher Penczak. Suas obras não são uma leitura leve, mas valem a pena se você busca aprofundar sua abordagem à magia.*

10
OUT

CRIANDO UM ESPAÇO SAGRADO

Um espaço sagrado é exatamente o que o nome diz: um espaço reservado para rituais ou trabalho espiritual. Pode ser um espaço permanente: uma igreja; solo sagrado; o círculo de pedras e grama que fica atrás de meu celeiro, onde meu grupo pratica magia há mais de doze anos. Ou pode ser temporário, como quando lançamos um círculo durante o ritual e o desfazemos ao terminar.

Qualquer um pode criar um espaço sagrado; basta ter foco e intenção. Para os rituais, costumamos acender velas, invocar os elementos e usar incenso ou bastões de sálvia ao criar o espaço sagrado. Essas coisas não são necessárias, mas nos ajudam a concentrar a energia na tarefa.

Um espaço sagrado deve ser tratado como tal — sagrado. Isso significa que não são permitidos telefones celulares, ninguém deve se apresentar em estado alterado — a menos que isso faça parte de sua tradição de magia em particular —, todos devem respeitar os demais e a atitude em geral deve ser razoavelmente séria. A melhor característica de um espaço sagrado é que ele cria um lugar que facilita o contato e a comunicação com as divindades. Não que isso não possa ser feito a qualquer momento, mas um lugar sagrado é designado para facilitar esse ato. E, só por isso, já vale a pena.

Sugestão Mágica: *Crie um espaço sagrado hoje.*

SOU A BRUXA QUE GOSTARIA DE SER?

11 OUT

Conforme a vida vai seguindo, é sempre uma boa ideia parar periodicamente para verificar se estamos vivendo de acordo com os objetivos e ideais que estabelecemos para nós mesmas. Se, por exemplo, é importante para você ser uma pessoa gentil e honesta, de vez em quando olhe para suas interações mais recentes para ter certeza de que está se mantendo fiel às suas intenções.

Da mesma forma, a maioria das pessoas tem na cabeça uma imagem do tipo de bruxa que deseja ser. Essa imagem talvez não seja a mesma para todas. Minha ideia de "bruxa perfeita" pode não ter muito a ver com a sua. E, convenhamos, ninguém atinge a perfeição. Não, nem mesmo eu. Não pratico tanto quanto gostaria (em grande parte porque estou ocupada escrevendo livros que explicam a outras pessoas como praticar... e, sim, eu enxergo a ironia). Mas tento ser coerente com meu próprio discurso da melhor forma possível em todos os aspectos de minha vida cotidiana.

Sugestão Mágica: *Hoje, e em alguns dos próximos dias, pergunte a si mesma: sou a bruxa que gostaria de ser? Se a resposta for não, o que pode fazer para mudar isso?*

12 OUT

VERBENA, UMA PLANTA SAGRADA

A verbena sempre foi ligada às bruxas e à bruxaria, e acredita-se ter sido sagrada para os druidas também. É associada à deusa Ísis e dizia-se que havia brotado de suas lágrimas. Nos templos romanos, os sacerdotes usavam buquês de verbena para limpar os altares. Em resumo, essa erva é uma potência mágica que carrega uma longa história.

É possível encontrar essas lindas flores roxas em qualquer época. Utilize a planta desidratada em sachês, infusões e incensos, entre outras coisas. Na magia, é utilizada para proteção, cura, purificação, amor, paz e sono.

Eu tenho pensado em plantar verbena perto da porta de entrada de minha casa, tanto por sua beleza quanto pelos poderes de proteção — uma forma dupla de afastar o mau-olhado. Estou certa de que os druidas aprovariam.

Sugestão Mágica: *Plante algumas sementes ou use verbena em algo mágico hoje. Se não conseguir fazer nenhuma das duas coisas, encontre uma foto da planta na internet ou em um livro e reflita sobre seu poder e sua história.*

OPALA E LABRADORITA

13 OUT

A pedra de outubro é a opala, uma bela pedra que pode variar do branco com um leve toque brilhante de outras cores até um tom multicolorido. Essa variação de cores, chamada opalescência, significa que, na magia, a opala pode substituir qualquer cor ou pedra. As opalas de fogo, em especial, podem ser utilizadas para atrair dinheiro, e dizem que as opalas negras são especialmente mágicas. Todas as opalas podem ser usadas para aprimorar habilidades psíquicas e para beleza, prosperidade, sorte e poder.

Infelizmente, as opalas podem ser um tanto quanto caras; então, se desejar um substituto de preço razoável, procure uma de minhas pedras preferidas: a labradorita. A labradorita é uma pedra de um prateado-acinzentado com a mesma opalescência sutil que mostra pontos de verde, azul e roxo. É uma pedra com alto poder de proteção e dizem que é capaz de remover energias negativas, abrindo caminho para a cura e para um melhor equilíbrio interno. Ela também é calmante e auxilia na transformação espiritual.

Ambas as pedras são belas e inequivocamente positivas — além, é claro, de combinar com tudo em seu guarda-roupa, o que é um bônus.

Sugestão Mágica: *Se não tiver uma opala, procure uma peça de labradorita para utilizar em seu lugar.*

14 OUT

((●))

BRISAS DE PRIMAVERA

O que pode ser mais maravilhoso que abrir a janela depois de um longo e enfadonho inverno e sentir a brisa da primavera entrando, soprando para longe as teias de aranha energéticas de uma longa e fria estação? Mesmo que você tenha a sorte de morar em um lugar em que possa abrir as janelas no inverno sem que a neve se acumule no meio de sua sala, não há nada tão fresco e purificador quanto a doce brisa da primavera, trazendo consigo a fragrância do novo verde e de novas possibilidades.

No entanto, não use a brisa de primavera apenas para arejar sua casa. Experimente se conectar com o elemento ar concentrando sua atenção na brisa.

Sugestão Mágica: *Se puder, saia de casa e sinta a brisa em sua pele. Deixe que ela bagunce seus cabelos e faça cócegas em sua língua. Respire fundo (talvez não tão fundo, se você for como eu e tiver alergia ao pólen). O perfume da brisa de primavera é diferente do perfume das brisas de verão e de outono? A sensação é diferente? Não é preciso fazer nada especial: apenas entrar em contato com a brisa e agradecer ao ar por purificá-la de qualquer resquício de energia nebulosa dos meses escuros de inverno.*

O DEUS CORNÍFERO

15 OUT

O Deus Cornífero talvez seja a imagem mais icônica e difundida da divindade masculina, representada como um homem forte com ombros largos e longos chifres de um cervo. Figuras masculinas com chifres foram encontradas em paredes de cavernas; o que mostra o quanto ele faz parte da história da humanidade.

O Deus Cornífero é um símbolo de natureza e fertilidade. Ele pode ser chamado pelos nomes Herne ou Cernuno, mas para muitos de nós ele é um outro deus com identidade própria. Ele pode ser gentil como um fauno ou brincalhão como Pan, mas não se engane: ele é a natureza personificada, e pode ser selvagem e cruel na mesma medida em que é amável. O Deus Cornífero lidera a Caçada Selvagem, é protetor dos animais e um ser com que não se deve brincar.

Durante a Idade Média, a igreja tentou demonizar essa divindade transformando-a no demônio — uma figura assustadora com chifres, cascos e um rabo. Creio que o Deus Cornífero achou graça disso. A igreja não enganou nenhum dos seguidores dele, que existem até hoje na forma de bruxas modernas e Pagãos; eles ainda fazem o sinal em sua homenagem: dedo mínimo e polegar para cima (parecendo chifres) e os três outros dedos para baixo.

Sugestão Mágica: *Monte um altar em homenagem ao Deus Cornífero. Acrescente quaisquer itens ou símbolos que considere apropriado.*

16 OUT

A CERVEJA COMO SÍMBOLO DA COLHEITA

É comum pensarmos em vinho e hidromel como bebidas mágicas. No entanto, a maioria das pessoas não vê a cerveja dessa forma. Mas pense... existe uma parte do ritual chamada "bolos e vinho"? Não, não existe. Na verdade, a parte do ritual usada para nos aterrar no fim da prática de magia é chamada "bolos e cerveja".

A cerveja está tão fortemente arraigada à época da colheita quanto o vinho. Diferentemente das uvas e frutas que compõem sua contraparte mais doce, a cerveja é feita de grãos. Ela pode ser feita com trigo, cevada ou outros tipos de grão. O uso da cerveja existe desde as civilizações mais antigas, incluindo a Mesopotâmia e a Suméria. Os egípcios dão crédito a Ísis ou Hator por ensinar aos humanos como produzi-la. Como outras formas de álcool, era usada para celebração e saúde. (É uma bebida saudável, contanto que consumida em quantidades razoáveis e que a pessoa não tenha nenhum problema com álcool.)

Na Alemanha, eles têm a Oktoberfest, maior festa da cerveja do mundo, que é celebrada há mais de duzentos anos e copiada no mundo todo.

Sugestão Mágica: *Comemore a Oktoberfest em casa. Vá para um espaço sagrado com um copo pequeno de sua cerveja preferida. Agradeça aos deuses pela dádiva da fermentação, que nos dá ao mesmo tempo o pão e a bebida para o momento de "bolos e cerveja".*

AS VÁRIAS DEFINIÇÕES DE MAGIA

17 OUT

Existem muitas definições de magia. Raymond Buckland prefere a definição que se originou com o ocultista e mago cerimonial Aleister Crowley, que disse: "Magia é a arte ou ciência de causar mudança em conformidade com a vontade". Scott Cunningham, em seu livro *Wicca: O Guia do Praticante Solitário*, escreveu: "Magia é a prática de mover energias naturais (embora pouco compreendidas) para efetuar a mudança necessária". E em *A Dança Cósmica das Feiticeiras: Guia de Rituais para Celebrar a Deusa*, Starhawk chamou a magia de "a arte de sentir e moldar as forças sutis e invisíveis que fluem pelo mundo, de despertar níveis mais profundos de consciência além do racional".

Todas essas definições são boas e expressam a mesma noção de diferentes formas. A magia é algo que não podemos ver ou tocar, mas, se acreditarmos nela e aguçarmos nossas habilidades, podemos manipular essa energia natural para criar mudanças positivas em nós mesmas e no mundo. Para mim, é um aspecto do universo — como a gravidade, elétrons ou campos magnéticos — em que a ciência não acredita porque não foi capaz de quantificar. Eu enxergo a magia como uma ferramenta, que pode ser usada para o bem ou para o mal, e deve ser tratada com respeito e uma saudável cautela.

Sugestão Mágica: *O que a magia significa para você? Crie sua própria definição com base em suas experiências.*

18 OUT

((◖●◗))

EU SOU A MAGIA E A MAGIA SOU EU

Aqui vai uma afirmação para reforçar sua conexão com a magia e reafirmar seus poderes como bruxa:

Eu sou a magia e a magia sou eu.
Não existe separação entre nós.
Eu sou a magia e a magia sou eu.

Sugestão Mágica: *Recite essa afirmação sempre que precisar se lembrar de que você também é mágica.*

A CAÇADA SELVAGEM
19 OUT

A Caçada Selvagem é uma lenda encontrada em diferentes países, mas sua essência é sempre a mesma. Trata-se de uma procissão sobrenatural composta por cavaleiros, cavalos e, muitas vezes, cachorros, participando de uma corrida pela noite escura e tempestuosa. Alguns creem que um deus, como Odin ou Herne, ou mesmo uma deusa como Holda, lideram a Caçada Selvagem. Outros a associam às fadas.

A Caçada Selvagem é poderosa e incontrolável e, dessa forma, vista como assustadora; mas também é retratada como um comboio majestoso que carregava as almas dos mortos para visitar seus entes queridos ou os guiava para o próximo plano de existência.

Quando ouço uma tempestade muito turbulenta, às vezes me pergunto se não é a Caçada Selvagem, liderada por algum grande deus e repleta de cavalos de olhos vermelhos montados por seres assustadores, porém extremamente belos; com cães espectrais correndo a seus pés, a caminho de um lugar inimaginável. Para mim, a Caçada Selvagem é um símbolo da própria natureza: selvagem, bela, assustadora e fora de controle.

Sugestão Mágica: *Considere sua visão sobre a Caçada Selvagem. Leia uma história sobre ela e seus participantes se estiver com dúvidas sobre sua interpretação.*

20 OUT

ÂMBAR E AZEVICHE

Usados juntos, o âmbar e o azeviche são consideradas as pedras tradicionais das bruxas — o que é um pouco irônico, já que nenhum dos dois é uma pedra.

Ambos são, na verdade, restos fossilizados de árvores e resinas; por isso tem tanto poder. O âmbar é translúcido, variando em cor de um amarelo bem claro até um laranja intenso, quase caramelizado. O azeviche é preto. Os dois são muito leves em termos de peso, e essa é uma forma de verificar se o artigo é genuíno.

O âmbar é uma pedra poderosa, que fornece proteção contra a negatividade e é considerada muito útil para proteger crianças e mulheres durante o parto. Também é usado para feitiços de cura, amor, prosperidade e beleza. O azeviche tem muitas das mesmas propriedades de proteção e cura, e também é considerado um amplificador dos poderes psíquicos. Não é de se estranhar que as sumo sacerdotisas usem colares com uma combinação dos dois. Eu mesma tenho um, e fiz alguns de presente para as integrantes do Blue Moon Circle.

Sugestão Mágica: *Encontre uma peça de cada uma das pedras. Pegue uma de cada vez e conecte-se com sua energia. O que sente ao segurá-las? São diferentes de pedras comuns? Se não puder encontrá-las, ache uma foto de um colar feito com elas. Você se identifica com ele? Se a reposta for "sim", coloque-o em sua lista de desejos.*

HÉCATE, A DEUSA DAS BRUXAS

21 OUT

Hécate é a deusa das bruxas e da magia, de todos os tipos de encruzilhada (incluindo entre a vida e a morte) e protetora das mulheres e das crianças. Embora mais conhecida como uma divindade grega, suas raízes remontam a vários países da Europa, oeste da Ásia e Egito. Costuma ser retratada como uma mulher madura ou anciã, acompanhada de cães pretos; mas na verdade ela é uma deusa tríplice da lua — donzela, mãe e anciã ao mesmo tempo. Ela é adorada à noite, geralmente na lua negra, e todos os festivais em seu nome eram tradicionalmente realizados à noite, iluminados por velas e tochas. Ela é sábia, porém impetuosa — como deve ser a deusa das bruxas.

Se estiver em uma encruzilhada na vida ou necessitar de orientação em seu caminho, Hécate é uma boa divindade a quem recorrer. Apesar da reputação de ser assustadora, ela é gentil com os injustiçados — principalmente mulheres e crianças — e pode ajudar no nascimento de um bebê ou facilitar a passagem de alguém que esteja fazendo a transição deste mundo para o seguinte. E é a deusa das bruxas, então é sempre apropriado chamar seu nome.

Sugestão Mágica: *Acenda uma vela preta na noite da lua negra e chame o nome dela três vezes. Você também pode preparar uma tradicional "Ceia para Hécate" na Noite de Hécate, em 16 de novembro.*

22 OUT

A COR PRETA

Quando as pessoas me perguntam qual a minha cor preferida, sempre ficam surpresas quando eu digo "preto". A verdade é que acho o preto uma cor reconfortante e, é claro, tem tudo a ver com bruxas, embora já gostasse dessa cor bem antes de me tornar uma. O preto foi mal interpretado e, por muitos anos, ficou associado a coisas nocivas e negatividade.

Na verdade, na magia é exatamente o contrário, pois a cor é usada para proteção, banimento e equilíbrio, e para simbolizar o poder mágico. Também é a cor da Deusa Anciã, o que pode explicar seu uso no Samhain, junto do laranja do fogo e das folhas caídas.

Utilizo uma vela preta quando preciso me livrar de alguma coisa ou me proteger de energias nocivas. Quando faço magia para qualquer tipo de equilíbrio, combino uma vela preta e uma branca. Também gosto de acender velas pretas ao redor da fogueira do Samhain.

As bruxas tendem a usar muito preto, então é ótimo que seja uma cor tão positiva!

Sugestão Mágica: *Vista algo preto hoje ou faça magia de proteção ou banimento com uma vela preta.*

UMA NOITE ENLUARADA

A essa altura você já deve ter percebido que amo Carl Sandburg. Ele é um dos grandes poetas norte-americanos e tem uma grande capacidade de capturar momentos simples com eloquência e imagística. Aqui vai um poema encantador, mágico e evocativo sobre a conexão das crianças com a lua. Não é bem bruxesco?

> A admiração da criança
> Com a velha lua
> Retorna toda noite.
> Ela aponta o dedo
> Para aquela coisa amarela ao longe
> Brilhando por entre os galhos
> Filtrando uma areia dourada sobre as folhas,
> Gritando com a pequena língua, "Olhe a lua!"
> E pegando no sono em sua cama
> Com balbucios sobre a lua na boca.
>
> (Carl Sandburg, 1916)

Sugestão Mágica: *Reflita por um instante sobre como se conecta com a lua. Qual a diferença entre a conexão de agora e aquela de quando você era criança?*

24 OUT

(((●))) O SIGNO DE ESCORPIÃO

Quando se lê sobre os escorpianos, aqueles nascidos sob o signo solar que vai de 24 de outubro a 22 de novembro, encontra-se palavras como "intenso", "focado", "vigoroso" e "determinado". Claramente, não são pessoas que passam despercebidas. Elas tendem a ser intensas, entusiasmadas e leais às poucas pessoas com quem se comprometem.

É claro que, como sempre, existe o lado negativo de tanta intensidade: os escorpianos também podem ser controladores, dissimulados e ambiciosos. Como o escorpião que simboliza o signo, se um deles se voltar contra você, é provável que dê uma ferroada. Porém, se tiver um escorpiano ao seu lado, terá um aliado com quem sempre poderá contar.

Sugestão Mágica: *Durante esse período, trabalhe em projetos com os quais esteja entusiasmada e faça bom uso de toda a energia e foco do signo de Escorpião.*

A CRENÇA NA REENCARNAÇÃO

Muitas bruxas acreditam em reencarnação e no ciclo de nascimento, crescimento, morte e renascimento. A reencarnação é a crença de que, quando morremos, voltamos em outro corpo para viver outra vida. Em muitas religiões, principalmente na Índia, acredita-se que esse ciclo contínuo permite que continuemos a lidar com nossas falhas para nos tornarmos seres humanos melhores. Em teoria, depois de um tempo, nos tornaremos sábios e puros o bastante para nos transmutarmos em uma forma que vai além do meramente humano, algo próximo do Divino.

As coisas que aprendi sobre minhas próprias vidas passadas me ajudaram a ter uma visão mais apurada do que encontro na vida atual. Talvez haja motivos práticos para explorar suas encarnações anteriores. Um dos benefícios inesperados que descobri a respeito da crença na reencarnação foi o seu efeito na percepção que eu tinha sobre a morte e a perda. Não me entenda mal — perder alguém que se ama dói, independentemente de qualquer coisa. Quando perco alguém, no entanto, recebo consolo ao saber que essa pessoa pode apenas ter passado para seu próximo ponto na roda da vida.

Sugestão Mágica: *Entre em um estado meditativo ou apenas fique em silêncio. Peça para ver quem você era em uma vida passada. O que lhe veio à mente?*

26 OUT

FONTES E POÇOS SAGRADOS

Se você viajar pela Europa, vai descobrir que quase todos os países têm certos lugares considerados sagrados ou abençoados. Muitos desses locais são fontes e poços (e, ocasionalmente, outras formas que envolvem água) considerados imbuídos de poderes de cura muitos especiais ou outros atributos mágicos.

Algum dia, eu adoraria fazer uma peregrinação por esses lugares, que podem ficar em locais ermos ou bem no meio da cidade. Não consigo pensar em nenhum modo melhor de me conectar ao elemento água do que por meio de uma fonte ou poço sagrado.

No entanto, se você não puder fazer uma viagem como essa, crie sua própria água sagrada em casa.

Sugestão Mágica: *Comece com a água mais pura que puder encontrar — de uma fonte ou poço próximo de você — de um riacho ou córrego, se possível, ou colete um pouco de água da chuva. Coloque-a em um recipiente limpo ou tigela aberta e deixe ao ar livre, sob a luz da lua cheia, durante três noites. (O parapeito da janela serve, se não puder deixar do lado de fora.) Em cada uma das noites, peça para a Deusa abençoar a água e, quando terminar, coloque-a em um recipiente especial para poder usá-la depois em seus rituais.*

TODO DIA É DIA DO GATO PRETO

Se os gatos são associados à bruxaria, isso vale em dobro para os gatos pretos. Infelizmente, isso nem sempre foi uma coisa boa para os gatos dessa cor. Até hoje, algumas pessoas acreditam que terão má sorte se um gato preto cruzar seu caminho. Minha gata preta, Magic, discorda disso. (E eu também.) A maior parte das bruxas gosta dos gatos pretos, mesmo as que não têm nenhum dessa cor.

Vários mitos e superstições são associados aos gatos pretos, e nem todos são negativos. Na Escócia, a aparição de um gato preto desconhecido na porta de alguém é sinal de sorte. Na mitologia celta, o Cat Sith, um gato preto gigantesco com uma mancha branca no peito, pode abençoar sua casa se você deixar um pires de leite do lado de fora para ele. Alguns dizem que o Cat Sith é uma fada, outros dizem tratar-se de uma bruxa capaz de mudar de forma.

Ao que parece, os mitos antigos resistem, e os gatos pretos são os que menos são adotados. No Reino Unido, a Cats Protection declarou o dia 27 de outubro como o dia do gato preto, para aumentar o número de adoções desses bichanos.

Na minha casa, *todo* dia é dia do gato preto. Pelo menos de acordo com certa felina.

Sugestão Mágica: *Quando estiver pronta para adotar um novo gato, considere adotar um gatinho preto.*

28 OUT
A PRÁTICA DA ESCRIAÇÃO

A escriação é uma forma ancestral de divinação que envolve olhar para algum tipo de superfície translúcida ou refletora. O instrumento mais tradicional (ou pelo menos mais conhecido) para escriação é a bola de cristal; mas os praticantes podem usar também um espelho ou vidro preto, uma tigela escura cheia de água, uma corpo natural de água parada como um lago, pedras escuras como a obsidiana ou até a fumaça de uma fogueira.

Embora pareça simples, a escriação pode ser uma prática bastante difícil para quem não tem um dom natural para ela. Tenho boas habilidades psíquicas em geral, e instrumentos como cartas de tarô e runas funcionam bem para mim; porém, nunca fui muito bem-sucedida em "ver" alguma coisa quando tentei a escriação, então não se sinta desencorajada se não sentir nada de imediato.

Para a escriação, entra-se em estado meditativo — um transe, se você puder chegar a tanto. Depois, é preciso olhar fixamente para uma superfície, ou qualquer meio que esteja sendo usado, e permitir que seus olhos desfoquem um pouco e deixem entrar qualquer informação que surja diante deles.

Sugestão Mágica: *Usando um espelho preto ou tigela escura cheia de água, experimente a escriação hoje.*

FLORA, A DEUSA DAS FLORES
29 OUT

Nessa época do ano, os romanos comemoravam a Florária, em homenagem a Flora, deusa das flores. Flora é uma deusa da primavera, e também é associada ao sexo e ao amor.

Hoje, aproveite para se conectar com Flora. Coloque flores no cabelo (ou pelo menos em seu altar, se tiver um) e dance de pés descalços. Plante sementes de flores em nome dela, queime um incenso com fragrância floral, como rosas ou lavanda, ou use um perfume que faça você se sentir sensual. Reserve um tempo para cheirar as rosas — ou cravos, ou o que preferir.

Faça uma caminhada. Veja se há flores silvestres perto da sua casa ou se os seus vizinhos têm um jardim bonito que nunca notou antes.

Sugestão Mágica: *Dê flores para alguém que ama ou presenteie a si mesma. E, sem dúvida, se tiver a sorte de ter alguém com quem comemorar o dia, providencie alguma diversão erótica. Eu garanto, Flora é uma deusa que certamente aprovaria isso.*

30 OUT

AS VELAS PODEM SER VERSÁTEIS

Um dos instrumentos mais baratos e fáceis de usar para as bruxas modernas é a vela. Também gosto de velas por sua versatilidade, já que existem em cores (adequadas para diversos objetivos mágicos), tamanhos e formas variadas. Além disso, é claro, você mesma pode fazê-las.

Se não puder ter um estoque enorme de velas de todas as formas, tamanhos e cores, use as brancas e simples mesmo. Para adicionar um toque de cor, amarre uma fita ou barbante colorido na base. Para aumentar o foco da magia, entalhe runas ou outros símbolos nelas. As velas de cera de abelha são as mais naturais, se puder pagar por elas; mas muitas pessoas usam o tipo comum, comprado no mercado, que contém petróleo. Fazemos o melhor que podemos.

Torne suas velas mais poderosas e específicas para seu feitiço entalhando runas ou outros símbolos nelas, ungindo-as com óleos mágicos ou usando uma fonte de calor para amolecer um pouco a cera e rolando-as sobre ervas secas. Mesmo quando não estou fazendo um ritual formal, muitas vezes acendo uma vela no altar no fim da tarde e dou um alô aos deuses ou peço a ajuda deles com algum problema que esteja enfrentando naquele dia.

Sugestão Mágica: *Para incluir um ritual simples no seu dia, acenda uma vela.*

O FESTIVAL BELTANE
31 OUT

Para mim, Beltane sempre evoca a imagem de pagãos vestidos com cores vivas, rindo e dançando ao redor de um mastro com fitas. Quando meu grupo comemora, nos contentamos com amarrar fitas em um arbusto e fazer pedidos.

Veja bem, o dia de Beltane não precisa ser exagerado. Uma das mulheres em meu grupo sente-se desconfortável com os aspectos mais abertamente sexuais/sensuais da festividade, que às vezes se manifestam em celebrações maiores, por isso costumamos ficar em casa.

As origens desse dia remontam aos tempos da agricultura rural, quando era um festival de fertilidade, no qual se abençoavam os campos na esperança de abundância futura. Em alguns lugares, isso realmente significava... uma dispersão simbólica das sementes. Mas você pode fazer sua própria festa para Beltane do modo que preferir, sóbria ou sensual (e, por favor, não deixe que ninguém a pressione a fazer algo que não a deixe confortável). Gosto de pensar nessa data como uma festividade que celebra o amor em todas as suas formas e a abundância nos muitos aspectos sob os quais ela pode se manifestar em nossa vida.

Sugestão Mágica: *Encontre uma árvore onde possa amarrar fitas e dance ao redor dela. Se não puder fazer isso, use uma planta que tenha em casa!*

NOVEMBRO

sintonia e musicalidade

AS FLORES COMESTÍVEIS
01 NOV

Muitos de nós pensam em flores como uma coisa estritamente decorativa; mas, surpreendentemente, algumas também são comestíveis. As flores de cebolinha e alho, calêndula, rosas e cravos são todas comestíveis, e as flores de abóbora recheadas são uma delícia. Não se esqueça de pesquisar antes de comer qualquer flor, pois nem todas são saborosas e próprias para consumo.

Se for servir flores como parte de uma refeição, tenha o cuidado de obtê-las em um local onde você saiba que não foram tratadas com agrotóxicos (não as colha na beira da estrada, e, infelizmente, você também não vai poder usar flores de floriculturas). Hoje em dia, às vezes, é possível encontrar flores comestíveis na seção de ervas frescas do supermercado!

Não são necessárias muitas flores para acrescentar um pouco de tempero e beleza a um prato ou para decorar um bolo de casamento.

Sugestão Mágica: *Faça uma salada e salpique algumas flores comestíveis por cima, apenas para ver se gosta. Ou prepare um prato sofisticado para uma pessoa amada e cubra uma torta ou alguma outra sobremesa com pétalas de rosas.*

02 NOV

ORAÇÃO PARA OS MORTOS

358   Esta é uma oração simples para os mortos:

> Deusa
> Zele por todos aqueles que perdemos
> Faça com que saibam que ainda estão em nosso coração
> E em nossos pensamentos
> Que não foram esquecidos
> Que são amados
> Que continuam vivos
> Em cada respiração
> Em cada batida do coração
> Para todo o sempre
> Amados

Sugestão Mágica: *Repita essa oração neste Dia de Finados ou em qualquer momento em que sinta a necessidade de se lembrar de alguém que perdeu.*

ESCREVENDO ENCANTAMENTOS
03 NOV

Muitas pessoas não se sentem confortáveis escrevendo os próprios encantamentos. Não há nada de errado, e existem livros repletos de sugestões que podem ser usadas. Mas, às vezes, existem questões que necessitam de nosso toque especial. Nesses casos, é bom saber o básico para criar seu próprio encantamento.

Em primeiro lugar, entenda que não existe uma Única Forma Correta. Na verdade, contanto que você seja sincera e honesta consigo mesma e com os deuses, vai dar tudo certo. Em essência, um feitiço ou ritual é uma forma de se aproximar de uma divindade ou do universo e pedir ajuda, e todo mundo é capaz disso.

Aqui está o básico: Determine o objetivo de seu encantamento. Encontre uma forma específica de expressá-lo, mas que também deixe aos deuses uma margem que lhes permita conceder o que você precisa de formas que você não tenha considerado. Complemente seu feitiço com ação. Os deuses ajudam aqueles que se ajudam.

Não se preocupe muito com usar ou não a forma correta, ou conseguir escrever um encantamento que rime. Alguns dos meus tem rimas, outros não. Os deuses não ligam para essas coisas. Apenas use as palavras que lhe pareçam certas e tudo vai ficar bem.

Sugestão Mágica: *Escreva um encantamento hoje — qualquer um, não importa a finalidade. Considere isso uma prática. Você pode se sair melhor do que imagina.*

04 NOV

BRUXAS EM LIVROS INFANTIS

Houve um tempo em que existiam poucos livros que retratavam bruxas para o público infanto-juvenil; a maioria das histórias disponíveis eram contos de fadas ou outros relatos em que as bruxas eram más e feias. É claro que houve algumas exceções, como os livros do Mágico de Oz, nos quais havia tanto bruxas boas quanto más, e as crônicas de Nárnia, de C.S. Lewis; mas para a maioria das crianças modernas, Harry Potter foi o primeiro modelo de bruxos como heróis da história.

Ainda bem que hoje em dia os livros com bruxas legais são abundantes, e é muito mais fácil encontrar obras que você vai gostar de ver seus filhos lerem, sejam crianças ou adolescentes. Visite a biblioteca ou livraria mais próxima e explore as prateleiras. Abaixo, segue uma lista dos meus preferidos para você começar.

A escritora inglesa Diana Wynne Jones criou muitos ótimos livros infantis com bruxas, em especial a série *Os Mundos de Crestomanci* e *O Castelo Animado*. A série clássica *Uma Dobra no Tempo*, de Madeleine L'Engle, tinha uma espécie de bruxa; e também há *Matilda*, de Roald Dahl. Isso é apenas a ponta do cabo da vassoura — livros que li e adorei. E não se deixe enganar pelo fato de que esses livros talvez estejam na seção juvenil... Já era adulta quando li a maioria e amei.

Sugestão Mágica: *Procure um desses livros hoje mesmo e leia com seus filhos. Se não tiver filhos, leia assim mesmo!*

O SOL, UMA GRANDE BOLA DE FOGO

Uma das formas mais simples de se conectar ao elemento fogo pode estar bem do lado de fora de sua casa. Afinal, o Sol não passa de uma grande bola de fogo, a essência do elemento. (Porém tenha cuidado com a forma de adoração, pois você pode se queimar facilmente.)

O Sol sustenta toda a vida no planeta, assim como a terra. Sem ele, não haveria alimentos. Ele também nos anima e fornece calor, luz e a importantíssima vitamina D, que sintetizamos através da pele.

Mais do que isso, a energia do sol, em termos de magia, é uma fonte de poder e inspiração. Observamos suas mudanças de fase mais ou menos como fazemos com as da lua (por exemplo, nos solstícios e equinócios) e existem muitos deuses associados especificamente ao sol.

Sugestão Mágica: *Para um exercício simples de conexão com o elemento fogo, saia em um dia ensolarado. Fique de pé com os olhos fechados e sinta o calor na pele. Veja a luz através das pálpebras fechadas. Deixe o calor e a luz envolverem-na como um abraço e envie sua gratidão para o Sol. Encontre um deus do sol com quem se identifique e abra-se à presença dele.*

06 NOV

TENHA UM TOPÁZIO POR PERTO

O topázio é a pedra daqueles nascidos em novembro. É mais comumente encontrado como uma pedra amarela, embora possa variar de cor (alguns dos outros tipos de topázio, como o azul, quase sempre são realçados artificialmente por irradiação ou algo do tipo).

Na magia, o topázio sempre foi considerado uma pedra de proteção, e pode ser útil para trabalhar qualquer desequilíbrio nas emoções — inclusive depressão, medo, ciúme e ansiedade. Ponha um topázio debaixo do travesseiro, sozinho ou em um saquinho com alguma erva calmante, como lavanda, para evitar pesadelos.

O topázio também é utilizado para cura, alívio da dor e (dizem) perda de peso. Também pode ser usado em magia para atrair amor e prosperidade, então, podemos concordar que é uma pedra muito útil para se ter por perto, nascendo em novembro ou não.

A única desvantagem real do topázio é seu custo. Como é uma pedra preciosa, pode ser muito caro, embora sempre seja possível procurar por uma joia simples com um pequeno topázio um cristal bruto. Como substituto mais barato, Scott Cunningham sugere usar o citrino, que tem quase a mesma aparência e muitos dos mesmos benefícios do topázio.

Sugestão Mágica: *Pratique alguma magia com topázio ou citrino, ou procure por uma peça para acrescentar à sua coleção.*

OS CAMINHOS DO LABIRINTO

07 NOV

Os labirintos são um tipo antigo de dédalo. Com frequência, significados espirituais foram associados a andar por um labirinto, que — ao contrário de outros tipos de dédalos — normalmente só tem uma entrada e uma saída. Então por que entrar em um sabendo que chegará ao centro dele em algum momento? Os labirintos são usados como forma de meditação, ou para entrar em transe. Caminha-se por eles de maneira lenta e metódica, limpando a mente de tudo que não seja o caminho à sua frente.

Meu primeiro grupo usava um labirinto como parte de nosso ritual de Imbolc, que era público. Marcávamos as linhas do labirinto no chão com fita adesiva e colocávamos um pequeno caldeirão em uma mesa no centro. Dentro do caldeirão havia tiras de papel, todas com uma palavra ou frase como "paciência", "aceite a alegria", ou "cura". Os participantes se sentavam em um círculo ao redor do labirinto e batucavam enquanto as pessoas se revezavam andando devagar por ele. A não ser pelos tambores, não havia som nenhum, e era uma experiência estranhamente poderosa. A ideia era fixar uma pergunta em sua mente — para a maioria, era algo simples como "o que preciso saber que se segue?" — e pegar uma tira de papel no caldeirão ao chegar no centro.

Sugestão Mágica: *Se não tiver acesso a um labirinto, desenhe-o em uma tigela com areia usando o dedo, a ponta de uma varinha ou atame.*

08 NOV

JORNADA XAMÂNICA

Os xamãs estão presentes em quase todas as culturas ao redor do planeta, e a jornada xamânica é uma prática que chegou à experiência pagã moderna por meio de uma longa história. Os xamãs geralmente são curandeiros, entre outras coisas, e a jornada xamânica é usada para cura, para melhorar o autoconhecimento e obter informações acessíveis apenas no nível espiritual.

Simplificando, o espírito da pessoa que faz a jornada viaja para fora do corpo, para lugares geralmente chamados de reino superior, médio e inferior, ou, de vez em quando, para lugares reais no mundo físico. O viajante normalmente busca por algo específico, seja cura ou respostas, e essa busca influencia a jornada. Tambores e chocalhos são geralmente usados a fim de transportar a mente para um estado calmo e receptivo e, também, para facilitar a jornada. Eu tive várias experiências interessantes e úteis com a jornada xamânica, na maioria delas fui guiada por um amigo que é xamã e hipnoterapeuta.

Sugestão Mágica: *Você deve conseguir encontrar um CD ou vídeo no YouTube que a guiará por uma jornada xamânica simples. Apesar disso, a não ser que tenha um dom natural para essas coisas, talvez seja melhor encontrar alguém que possa guiá-la de verdade por esses reinos misteriosos e ajudá-la a voltar de sua jornada em segurança.*

ENCANTAMENTO PARA FORÇA

09 NOV

Todas passamos por momentos em que precisamos de mais força, seja ela física, emocional ou espiritual. Vivemos em um mundo difícil, e, às vezes, precisamos de uma pequena ajuda para termos força o bastante para lidar com tudo que a vida nos apronta.

Aqui segue um encantamento simples para se fortalecer:

Deus e Deusa, ouçam minha prece
Seu amor a mim fortalece
Façam-me forte como o salgueiro
Que não se dobra ao aguaceiro
Revigorem meu corpo, alma e mente
Deem a mim o suficiente
Para encontrar minha força interior
E superar qualquer dissabor
Que assim seja!

Sugestão Mágica: *Se desejar, acenda uma vela branca ou marrom. Na verdade, nesse caso, basta apenas pedir ajuda.*

10 NOV

CANELA, UMA ERVA MÁGICA

Você pode não pensar na canela como uma erva mágica, mas na verdade ela tem uma longa história de uso religioso e espiritual em culturas que incluem os hebreus antigos, os egípcios e os romanos. Se era boa o bastante para eles, certamente serve para mim.

A canela, na realidade, é uma casca de árvore encontrada em uma variedade de formas diferentes, sendo em pó e em pau as mais comuns. Na magia, é usada para amor, apetite sexual, proteção, cura, sucesso e prosperidade, e para aumentar o poder mediúnico e o poder mágico em geral. Embora eu a use na forma de óleo essencial para criar óleos mágicos e, às vezes, acrescente um ou dois paus a um sache ou saquinho, meu jeito favorito de usá-la é na bruxaria culinária, pois ela cai muito bem em uma enorme quantidade de receitas mágicas.

Polvilho um pouco no café com leite todas as manhãs, como parte da alquimia culinária com que começo meu dia; e gosto de acrescentar canela quando faço purê de maçã, pois ela também é ótima para o amor e para cura. Além do mais, é uma delícia, claro!

Sugestão Mágica: *Faça alguma magia com canela hoje. Sim, torta de maçã está valendo!*

VASSOURAS DECORATIVAS DE CANELA

11 NOV

Para ter a abundante energia mágica da canela por perto o tempo todo, faça uma vassoura de canela. O jeito mais fácil é partindo de uma vassoura comprada pronta, desde que seja feita de matérias-primas naturais. Pode ser tanto uma pequena, como aquelas usadas para varrer o piso da lareira, quanto uma de tamanho normal. Você vai precisar de canela em pó, cola branca, um pincel, papel encerado, um saco plástico, e quaisquer outros itens decorativos, incluindo paus de canela, fitas ou enfeites temáticos (como pinhas e fitas vermelhas e verdes).

Deite a vassoura sobre o papel de cera e passe a cola de um dos lados. Em seguida, polvilhe a canela. Se estiver fazendo a vassoura para algum fim mágico específico — como proteção ou cura — concentre-se nessa intenção enquanto polvilha. Ponha a vassoura dentro do saco plástico para secar de um dia para o outro e absorver o aroma. No dia seguinte, repita o procedimento do outro lado. Assim que a vassoura estiver seca, acrescente os enfeites, e depois abençoe-a e consagre-a para o uso mágico.

Você também pode recitar um encantamento simples como:
Canela, canela, sagrada e forte
A este lar traga boa sorte

Sugestão Mágica: *Encontre mais ideias sobre como fazer vassouras no meu livro* The Witch's Broom: The Craft, Lore & Magick of Broomsticks.

12 NOV

A IMPORTÂNCIA DA AUTOACEITAÇÃO

Quando uso a palavra "aceitação" ao falar sobre minha prática da bruxaria, isso significa duas coisas diferentes — ambas positivas. A primeira é a aceitação ao lidar com os outros, mas, a autoaceitação é tão importante quanto ela. Em algum momento, se for bruxa ou pagã, você provavelmente já teve de se olhar no espelho e aceitar que não seria como as outras pessoas. Pelo menos, não desta forma em especial, e talvez de outras formas também não, como no que diz respeito a preferências sexuais, identidade de gênero não tradicionais ou (se você for como eu) simplesmente sendo esquisita em geral. Pode ser uma batalha, e algumas de você talvez ainda esteja no meio dessa batalha; mas para mim, ser bruxa também significou aprender a me aceitar como eu era, incluindo todas as partes que a sociedade "normal" pode não considerar aceitável.

Um dos grandes benefícios de um caminho espiritual não convencional é a liberdade de aceitar que não há problema em não ser convencional. Que talvez o "normal" seja superestimado, ou, pelo menos, não seja uma expectativa razoável para todos. Acredito de verdade que os deuses nos aceitam como somos — o que não quer dizer que não esperam que aprendamos mais ou trabalhemos em nossas falhas, mas que está tudo bem em ser quem você realmente é.

Sugestão Mágica: *Olhe no espelho hoje e diga: "Eu me aceito do jeito que sou". Depois, diga a outra pessoa que a aceita como ela é.*

VAMOS DAR GRAÇAS?

13 NOV

Algumas pessoas cresceram dando graças antes das refeições. Não foi o meu caso, pois era judia e não tínhamos esse costume (embora fizéssemos isso todas as noites de sexta-feira, quando celebrávamos o *Sabbath*), mas lembro de estar à mesa na casa de amigos enquanto eles davam graças, principalmente no Dia de Ação de Graças.

Também participei de jantares de Ação de Graças em que as pessoas ao redor da mesa, cada uma em sua vez, diziam por quais coisas eram gratas, o que sempre achei algo um tanto encantador de se fazer. É sempre bom expressar gratidão.

Como parte de minha prática diária, há alguns anos comecei a agradecer de forma breve antes das refeições, mas nada tão sofisticado quanto o que se faz em um jantar de Ação de Graças. Não é nada complicado. Levanto a taça (ou a caneca, no café da manhã) e digo: "Deusa, agradeço pelo dia, pelo alimento e pelos gatos". Se houver algo mais importante acontecendo, posso agradecer por isso também. Como eu disse, é simples.

Ainda assim, desenvolver o hábito de dizer um simples "obrigada" antes de comer, é uma maneira simples de incluir mais um pequeno componente espiritual no seu dia. E como todo mundo sabe, nunca é demais ser educado.

Sugestão Mágica: *Dê graças ou agradeça antes das refeições por alguns dias, e veja como se sente.*

14 NOV

((◖●◗))

ATOS DE GENTILEZA E BONDADE

Você provavelmente já ouviu a expressão "atos de gentileza", que na verdade é uma versão curta de "pratique atos aleatórios de bondade e atos insensatos de beleza", criada por Anne Herbert, em 1982. Os atos de gentileza, no entanto, não são uma ideia nova. No Judaísmo, isso é conhecido como cumprir uma mitsvá, que, em geral, significa um ato de gentileza sem esperar nada em troca.

Tento praticar atos aleatórios de gentileza com frequência, seja elogiando a blusa de alguém ou desviando do meu caminho para segurar a porta para uma mãe em manobrando um carrinho de bebê. Existe um milhão de pequenas formas de fazer o dia de alguém um pouquinho melhor. Você não precisa ser rica para fazer a diferença na vida de alguém, e muitas vezes, o menor dos gestos pode gerar um enorme impacto.

Também acredito muito na corrente do bem. Praticar a corrente do bem significa que se alguém fizer algo de bom para você, em algum momento você fará algo de bom para outra pessoa. Isso não é feito por obrigação, mas porque se todos o fizessem, o mundo seria um lugar muito melhor. É uma questão de carma, até certo ponto, e de humanidade também.

Sugestão Mágica: *Durante os próximos dias, faça o possível para praticar atos de gentileza. Acho que descobrirá, como eu, que é bem viciante.*

ROXO, A COR DAS BRUXAS

15 NOV

Com exceção do preto, o roxo é, provavelmente, a cor mais associada às bruxas. Ele representa o poder do espírito, e é por isso que o chacra do terceiro olho costuma ser visualizado na cor índigo, um tom azulado de roxo; e o chacra coronário é, muitas vezes, representado em violeta. No passado, os corantes roxos eram caros e difíceis de obter. Assim, a cor passou a ser associada com a realeza. Se você precisar de um toque de grandiosidade, vista a cor roxa para se sentir mais poderosa.

O roxo tem vários tons, desde o lavanda, mais pálido, até o berinjela, que é quase preto. A cor é associada à magia, poder, cura (principalmente do espírito e das emoções), paz, espiritualidade e prosperidade. Muitas das pedras e ervas roxas, como a ametista e a lavanda, têm essas mesmas associações.

Sugestão Mágica: *A cor roxa é, por si só, misteriosa e mágica; então, se você se sentir bruxesca, por que não usar roxo?*

16 NOV

O SEXTO CHACRA

O sexto chacra, também chamado de chacra do terceiro olho, é localizado no centro da testa e normalmente representado na cor índigo, um tom azulado de roxo.

O chacra do terceiro olho, como o nome sugere, é associado à visão psíquica, à intuição, à sabedoria, à mente, à percepção e à visualização. Se estiver bloqueado, você pode ficar sem acesso a essas coisas, e seu pensamento em geral pode se tornar confuso. Se tentar praticar divinação e não obter sucesso, é uma boa ideia verificar seu sexto chacra.

Uma maneira de liberar e estimular esse chacra é usar uma peça de ametista ou visualizar a cor roxa permeando o centro de sua testa. Deixe a cor penetrar em sua testa e observe-a girando no sentido horário — lentamente a princípio e depois mais rápido.

Sugestão Mágica: *Para testar se seu chacra está desobstruído, veja se consegue visualizar a cor roxa girando em sentido anti-horário e, depois, de volta ao sentido horário no centro de sua testa.*

O TRADICIONAL I CHING
17 NOV

Se desejar experimentar um tipo diferente de divinação, use o I Ching. O I Ching vem da China antiga, e seu nome significa "Livro das mudanças". É o mais antigo texto chinês conhecido, o que já é incrível por si só.

O I Ching é composto por 64 possíveis respostas ou situações, vistas em diversas combinações de seis linhas, interrompidas ou contínuas, chamadas de hexagramas. Esses hexagramas eram obtidos com varetas, mas hoje em dia é comum que as pessoas joguem moedas seis vezes. Basicamente, você faz uma pergunta e joga as varetas ou moedas, depois confere o significado do hexagrama no livro do I Ching. Como acontece com a maioria das outras formas de divinação, hoje em dia é possível encontrar o I Ching on-line, e pode ser interessante fazer sua pergunta e ver o que aparece.

Por um tempo, tive um conjunto com o livro e algumas varetas, e experimentei jogá-las todos os dias. Era bastante fascinante, embora não tenha funcionado tão bem para mim quanto o tarô e as runas.

Sugestão Mágica: *Se o tarô ou as runas não "falam" com você — eles não funcionam com todo mundo — vale a pena tentar o I Ching.*

18 NOV

((●●●))

ESCUTAR SUA VOZ INTERIOR

Uma das melhores formas de se conectar ao elemento espírito é ouvir sua voz interior. É claro que, nesse mundo agitado em que vivemos, pode ser mais fácil falar do que fazer. Há tantas outras vozes — das demais pessoas em nossa vida, da televisão e das mídias sociais — que às vezes pode ser difícil identificar qual voz é nossa e qual pertence a outra pessoa.

Reserve algum tempo para ouvir sua voz interior. Não precisa ser muito tempo; cinco ou dez minutos, algumas vezes por semana, podem ser o suficiente para começar. Acomode-se em um cômodo silencioso. Se desejar, acenda uma vela roxa ou branca, ou segure uma peça de ametista ou cristal de quartzo.

Acalme sua mente tanto quanto possível. Não se trata de meditação, em que você tenta não pensar em nada; é apenas um esforço para diminuir o ruído que vem de fora de você para que possa ouvir a voz calma de dentro.

Sugestão Mágica: *Quando estiver em silêncio e confortável, pergunte a si mesma: "O que você tem a me dizer?" ou "O que tem tentado dizer que não tenho escutado?". Depois apenas respire e escute.*

A LENDA DE BABA YAGA

19 NOV

Você pode estar familiarizada com a Baba Yaga dos contos de fada russos: ela é normalmente retratada como uma bruxa assustadora que vive em uma cabana de madeira que se move pela floresta sobre pés de galinha, e às vezes voa em um almofariz guiado pelo socador. Alguns de vocês podem até conhecê-la dos meus romances paranormais, nos quais uso uma versão bastante atualizada dos personagens de histórias antigas.

Mas o que você talvez não perceba — e que eu não sabia até começar a pesquisar para meus romances — é que antes de ser rebaixada a uma bruxa do tipo "coma as ervilhas ou a Baba Yaga vem pegar você", ela era, na verdade, uma deusa. De acordo com Judika Illes em *The Element Encyclopedia of Witchcraft*, Baba Yaga era, a princípio, uma antiga deusa eslava que controlava as forças da vida e da morte. Como a bruxa que viria a ser usada para retratá-la, Baba Yaga não era boa nem má, e podia tanto acolher quanto destruir, a depender de como fosse abordada.

Ela também era a deusa das bruxas, o que talvez seja a razão de ter sido chamada de bruxa, e dizia-se que sabia todos os segredos da cura pelo uso de plantas. Se precisar de cura, chame Baba Yaga.

Sugestão Mágica: *Quando invocar Baba Yaga, tenha uma oferenda de alimento, pois ela é conhecida pelo grande apetite, e seja bastante educada.*

20 NOV

((●)) MEDITAÇÃO GUIADA

A meditação guiada é exatamente o que parece: um tipo de meditação orientada por alguém que não é a pessoa que está meditando de fato. Você também pode comprar CDs que a conduzam no processo de meditação ou ouvir gravações on-line.

Na bruxaria e no Paganismo, é mais provável que a meditação guiada seja usada como parte de um ritual ou jornada espiritual e não como técnica de cura ou meditação básica. Como sumo sacerdotisa, às vezes conduzo meu grupo em uma meditação guiada durante um ritual. Por exemplo, em um ritual de Imbolc, posso liderar uma meditação guiada para ajudar todos a se conectarem com as energias que emanam da terra. Para um ritual do equinócio de primavera, podemos fazer uma meditação guiada que permita às pessoas visualizarem-se como sementes brotando e ganhando nova vida.

Uma das vantagens da meditação guiada é que ela pode ser mais fácil para aqueles que têm dificuldade de se concentrar sozinhos. Ela permite que os participantes relaxem e sigam a voz e as palavras da pessoa que conduz a meditação. Se você lidera um grupo e deseja o benefício completo, ou não tem ninguém que possa agir como guia, grave a meditação guiada com antecedência e reproduza para si mesma.

Sugestão Mágica: *A meditação guiada durante um ritual pode ser surpreendentemente poderosa. Experimente isso hoje.*

PEDINDO E ACEITANDO AJUDA
21 NOV

Para a maioria de nós, a única coisa pior do que precisar de ajuda é pedir por ela. Não sei por que é tão difícil pedir ajuda. Talvez nos faça sentir como se estivéssemos admitindo nossa fraqueza ou fracasso quando há algo com que não conseguimos lidar sozinhos. Talvez você se preocupe em estar em débito com alguém, com uma dívida de gratidão que não tem certeza se é capaz de retribuir. Para algumas pessoas, é uma sensação de que não merecem ser ajudadas ou o medo de parecerem carentes.

Não é uma boa ideia recorrer constantemente a outros para coisas que pode fazer sozinha. Mas e quando não puder fazer o que quer que seja por estar doente, por não ter a habilidade necessária ou por ser uma tarefa que exige mais de uma pessoa? Não há vergonha em pedir ajuda quando se precisa, principalmente a pessoas que a amam ou gostam de você, ainda mais se você for o tipo de pessoa que ajuda os outros. Não me entenda mal — não tenho mais facilidade do que ninguém para pedir ajuda, mas há momentos em que preciso dizer: "Não consigo fazer isso sozinha".

Sugestão Mágica: *Se precisar pedir ajuda, peça e aceite de boa vontade. Considere isso um exercício no elemento espírito, já que fomos postos aqui para ajudar uns aos outros sempre que pudermos. Passe o bem adiante quando tiver a oportunidade.*

22 NOV

OBSIDIANA, A PEDRA DOS VULCÕES

Você pode achar que todas as pedras são associadas ao elemento terra, mas há uma que também tem conexão com o fogo, e ela é a obsidiana. A obsidiana é uma de minhas pedras preferidas, mágicas ou não, em parte por ser tão lustrosa e fresca. Ela vem dos vulcões na forma de um vidro natural que é formado quando a lava esfria muito rápido. É preta, com uma superfície lisa, e pode ser transformada em facas de pedra, pontas de lança ou de flechas, igual ao sílex. Um xamã me disse uma vez que eu deveria ter um atame de obsidiana, e, desde então, tenho procurado um que tenha um preço acessível.

Por sua superfície brilhante, a obsidiana pode ser usada para divinação, como se fosse uma bola de cristal ou um espelho de escriação. Também serve para proteção, refletindo qualquer energia negativa ou maliciosa. A obsidiana pode ajudá-la a se concentrar quando se sentir puxada em muitas direções diferentes, e pode ser usada em feitiços de aterramento, paz e para acalmar a mente.

Sugestão Mágica: *Por ser uma pedra tão ligada à magia, a obsidiana também é perfeita para usar em rituais durante a lua cheia, talvez em conjunto com uma peça de selenita.*

O SIGNO DE SAGITÁRIO
23 NOV

Aqueles nascidos entre 23 de novembro e 22 de dezembro são do signo solar de Sagitário. Os sagitarianos tendem a ser otimistas e amantes da liberdade. São sinceros e diretos, então não faça uma pergunta a eles se não quiser mesmo saber a resposta. Inteligentes e vigorosos, eles se lançarão em qualquer projeto ou aventura com entusiasmo.

O ponto negativo é que todo esse otimismo pode fazer com que os sagitarianos não enxerguem as armadilhas, e acabem se deixando levar. Eles podem ser indelicados e ter um rígido apego ao que acreditam ser certo e errado. Entretanto, seu bom humor e ponto de vista positivo geralmente os levam adiante.

Sugestão Mágica: *Nessa época do ano, incentive seu próprio otimismo e entusiasmo e encontre um projeto no qual acredite totalmente. Mas, seja você sagitariano ou não, provavelmente é uma boa ideia tomar cuidado para não ser bruto demais e ofender alguém no processo.*

24 NOV

LISTA DE AGRADECIMENTOS

Nos Estados Unidos, essa é a época do ano em que celebramos o feriado nacional do Dia de Ação de Graças. Para a maioria das pessoas, é uma desculpa para reunir amigos e familiares e organizar um enorme banquete com peru recheado e torta. Não é algo ruim, mas às vezes eu me pergunto se a parte de "agradecimentos" do feriado não se perde um pouco na confusão. Então aqui vai uma questão para refletir: por que coisas você é grata?

Pegue uma caneta e uma folha de papel e comece a escrever. Comece pelo óbvio, como amigos, família, animais, emprego, um teto, comida na mesa, o fato de seu carro ainda funcionar e de ter passado três dias inteiros sem receber uma ligação de telemarketing. Quando achar que chegou ao fim da lista, olhe ao redor em busca de coisas menores, como um passarinho cantando em sua janela e as sempre-vivas, que oferecem um pouco de cor quando o resto do mundo fica cinzento. No fim das contas, suspeito que essa lista pode ser maior do que você esperava. Mantenha-a em algum lugar onde possa vê-la, como a porta da geladeira. Nos dias em que a vida parecer insuportável ou desanimadora, use-a para se lembrar do quanto tem a agradecer.

Sugestão Mágica: *Toda vez que lembrar de algo pelo qual é grata, acrescente à lista. Se procurar ativamente por essas coisas, acabará encontrando.*

UMA REFEIÇÃO ACONCHEGANTE

25 NOV

Este prato simples e reconfortante serve tanto como prato principal quanto como um acompanhamento vegetariano perfeito.

Comece assando a abóbora espaguete inteira. Faça alguns furos na casca, coloque em uma assadeira ou em um pedaço de papel alumínio e asse-a no forno a 200°C por cerca de 45 minutos, ou até sentir que está macia ao espetar com o garfo. Deixe-a esfriar o bastante para poder segurá-la, corte-a na metade e remova as sementes com uma colher. Use um garfo para soltar as fibras internas de forma que elas pareçam espaguete (solte-as em todas as direções). Remova a abóbora e arrume-a em um refratário.

Cubra a abóbora com qualquer um destes ingredientes, ou com todos eles: pesto, ricota, nozes picadas, cebola e alho refogados, algum tipo de molho de tomate ou tomates frescos picados, e parmesão ralado.

Ponha no forno a cerca de 190°C por tempo suficiente para o queijo derreter por cima e os outros ingredientes ficarem aquecidos — algo em torno de 20 minutos. *Voilà!*

Sugestão Mágica: *Crie variações desse prato do jeito que desejar, excluindo ou acrescentando ingredientes de acordo com seu paladar ou com o que tiver disponível em casa. Como opção, gosto de servi-lo diretamente na casca da abóbora, sem usar outro recipiente.*

26 NOV

((()))

SABEDORIA DE BRUXA Nº 17

Raven Digitalis ganhou fama com seu primeiro livro, *Goth Craft*, e continuou a abordar os aspectos menos comuns da prática moderna da bruxaria.

Eu amei seu livro *Shadow Magick Compendium: Exploring Darker Aspects of Magickal Spirituality*, no qual ele explorou a necessidade de aceitar o que chamou de cinco manifestações da escuridão: a Sombra Interna, a Sombra Externa, a Sombra Astral, a Sombra da Natureza e a Sombra da Sociedade. Segue aqui um trecho:

> A própria essência do conceito de "sombra" é ambígua. Ao longo das eras e ao redor do mundo, várias culturas, religiões e filosofias distintas abordaram essa ideia de diversas maneiras, geralmente descobrindo profundos significados na polaridade divina entre "luz" e "escuridão". Uma variedade de religiões xamânicas, incluindo as nativas da Ásia, da Europa e das Américas, reconhecem a parte do eu considerada "a sombra" por seu papel no desenvolvimento espiritual humano e em sua compreensão. A visão da sombra como uma força espiritual também foi herdada por diversas religiões modernas. É a partir dos aspectos sombrios da psique que a realidade mágica se abre aos nossos olhos.

Sugestão Mágica: *Procure pelo livro de Digitalis ou por algum outro material que possa trazer reflexões menos comuns.*

ESPERANÇA É A COISA COM PENAS

Adoro este poema sobre esperança de Emily Dickinson, que captura tão bem a emoção.

> Esperança é a coisa com penas
> Que pousa em nossa alma,
> E canta a canção sem letra,
> E nunca nada a acalma,
>
> Soa tão doce no remoinho,
> Que apenas furiosa tormenta
> perturbaria o passarinho
> Que a tantos sempre acalenta.
>
> Escutei-a nas terras mais frias
> Em profundos mares sem fim;
> Mas nunca, na hora mais extrema,
> Exigiu nem migalha de mim.
>
> (Emily Dickinson, 1896)

Sugestão Mágica: *O que a palavra "esperança" significa para você? Nessas últimas semanas do ano, reserve algum tempo para acolher o sentimento de esperança.*

28 NOV

UMA NOITE DE VERÃO

384

Amo a forma como este poema captura a energia da noite de verão.

Brilha, Ó lua de verão.
Brilha sobre a grama, a catalpa e o carvalho,
Todos prateados sob tua chuva esta noite.

Um rapaz italiano te envia canções esta noite de um acordeão.

Um rapaz polonês sai com sua garota; casam-se no mês seguinte; esta noite te jogam beijos.

Um velho na casa ao lado sonha com um brilho que ilumina a cerejeira em seu quintal.

Os relógios dizem que devo ir — permaneço na varanda dos fundos, bebendo dos pensamentos brancos que fazes chover.

Brilha, Ó lua,
Agita mais e mais mudanças prateadas.

(Carl Sandburg, 1916)

Sugestão Mágica: *Descubra um poeta que capture a essência das coisas que importam para você.*

O CONCEITO DE LIVRE-ARBÍTRIO

29 NOV

Um princípio importante da bruxaria moderna é o conceito de livre-arbítrio. No mundo das bruxas, nem todos concordam com isso, mas eu o considero intrínseco à minha prática de magia. Odeio que imponham sua vontade a mim, então por que eu imporia a minha a alguém?

Como o conceito de livre-arbítrio afeta a forma como você pratica bruxaria? Vamos usar o feitiço de amor como exemplo. A maioria das bruxas iniciantes fica tentada a lançar um feitiço para fazer com que determinada pessoa se apaixone ou continue apaixonada por elas, mas se afastam do caldeirão e largam o atame porque isso é problema certo. Ao lançar um feitiço de amor em alguém, você interfere no livre-arbítrio dessa pessoa — o que não só não é bacana como é quase certo que se voltará contra você em algum momento. Como se sentiria se alguém fizesse isso com você? Será que esse tipo de amor é mesmo real? O livre-arbítrio é uma regra importante porque impede que nos tornemos deslumbradas demais com o uso de poder. Como bruxas, temos instrumentos para criar mudanças positivas em nossas vidas, mas isso não nos dá o direito de escolher pelos outros.

Sugestão Mágica: *Se espera que os outros respeitem seu livre-arbítrio para tomar as próprias decisões, respeite o deles também. Pense duas vezes em qualquer magia que fizer para ter certeza de que não cruzará essa linha.*

30
NOV

CURA ENERGÉTICA

A cura energética é um tipo de cura em que o praticante acessa a energia do universo (por falta de um termo melhor) e canaliza-a para o corpo do paciente de modo a promover a cura. Alguns dos tipos de cura energética usados com mais frequência são o Reiki, o toque terapêutico e a reflexologia. Cada terapeuta tem uma visão diferente quanto à origem da energia e se há ou não divindades, espíritos guardiões ou outros guias envolvidos.

Um dos principais benefícios da cura energética é que ela pode alcançar áreas do corpo de difícil acesso e, se feita de maneira correta, também pode integrar cura emocional e experiências passadas. Se desejar realizar a cura energética em si mesma, as técnicas básicas são relativamente simples e fáceis de aprender. Como em qualquer coisa, algumas pessoas têm talento natural para isso, mas qualquer um consegue dominar o básico.

Sugestão Mágica: *Esfregue as mãos com vigor para fazer a energia fluir. Posicione-as a cerca de meio metro de distância uma da outra e aproxime-as lentamente. Em certo ponto, sentirá uma leve resistência; é o campo de energia de cada mão encontrando um ao outro. Curve as mãos como se reunisse a energia entre elas em uma bola. Pegue essa bola em uma das mãos e passe-a suavemente sobre o braço oposto, cerca de três centímetros acima da pele. Não se surpreenda se sentir esquentar ou formigar — é a energia de cura.*

DEZEMBRO
finalização e leveza

A TÉCNICA DA VISUALIZAÇÃO
01 DEZ

Um dos instrumentos mais importantes na caixa de truques de uma bruxa não será encontrado no altar, nem em nenhuma loja. Ele reside, na verdade, dentro de sua mente. Estou falando sobre a visualização, a habilidade de "ver" e, muitas vezes, ouvir ou sentir o cheiro do que não está presente. Usamos a visualização com frequência nos feitiços. Por exemplo, as instruções de um feitiço podem lhe dizer para visualizar uma piscina cheia de água para se acalmar. Quanto melhor a imagem formada em sua mente, mais poderosa será a influência dela no feitiço.

Como acontece com quase tudo, algumas pessoas acham isso mais fácil de fazer do que outras. Por ser escritora, a visualização sempre foi muito fácil para mim; mas, para quem acha difícil, pode ser útil praticar quando não estiver no meio de um ritual.

Sugestão Mágica: *Feche os olhos e forme a imagem de um belo campo. (Se tiver problemas para visualizar, acesse a internet e busque uma foto para começar.) Imagine-se sentada no campo. Sinta o seu corpo em contato com o solo. Sinta o ar em sua pele. Em seguida, acrescente o calor do sol. Acrescente algumas flores bem coloridas. Depois, visualize um pássaro e ouça o som que ele faz. Inclua tantos elementos quanto desejar até que o campo pareça o mais real que puder imaginar.*

02 DEZ

(((●)))

O INCENSO COMO PARTE DOS RITUAIS

Muitas bruxas usam o incenso como parte de seus rituais, seja para limpeza, no início, ou como um elemento do ritual em si. É um jeito fácil de simbolizar e se conectar com o elemento ar — que talvez seja o mais difícil dos quatro elementos para se conectar de outras formas, já que não conseguimos vê-lo ou tocá-lo. Há vários tipos de incenso. Existem as tradicionais varetas e cones e o incenso em pó, ou em grãos, que é colocado sobre um disco de carvão e queimado. Você pode fazer em casa o seu próprio incenso, moendo ervas desidratadas e acrescentando resinas ou lascas de madeira, mas também pode encontrar alguns incensos prontos ótimos, se preferir não ter trabalho.

Prefiro usar apenas incenso feito de ingredientes naturais na prática de magia (devido a alergias a aromas artificiais, e porque quero o poder das plantas de verdade em meus rituais). Se incluir outras pessoas nos rituais, confira se elas tem alguma sensibilidade antes de usar incenso.

Sugestão Mágica: *Para usar incenso em um ritual simples de conexão com o elemento ar, acomode-se em um espaço sagrado (tanto dentro quanto fora de casa) e acenda o incenso. Observe-o formar espirais no ar à sua frente, notando as formas e padrões que ele faz. Segure a fumaça entre as mãos e lance-a ao céu, agradecendo ao ar por todos os presentes que ele te oferece.*

O SÉTIMO CHACRA
03 DEZ

O último e mais alto chacra é o chacra coronário, localizado no topo da cabeça. Esse chacra nos abre para o universo, para a energia que vem de cima, para a intuição e o espírito. Algumas pessoas o visualizam na cor violeta; outras, como um branco brilhante. De qualquer forma, é o chacra que representa a iluminação e a conexão com a divindade.

Infelizmente, se você já sofreu algum tipo de trauma psíquico, esse chacra tende a se fechar na tentativa de protegê-la. E se o chacra coronário não estiver aberto, nada fluirá por completo pelo sistema de chacras.

Para verificar o chacra coronário, envie energia para cima a partir do chacra básico, passando pelos outros chacras, até que alcance sua cabeça. Se parecer que bateu em um muro de tijolos, é provável que seu chacra coronário esteja bloqueado.

Sugestão Mágica: *Para abrir o chacra coronário, envie o sentimento de amor e segurança mais forte que puder, como se confortasse uma criança pequena. Visualize o topo de sua cabeça abrindo-se como uma flor sob o sol, com as pétalas expandindo para absorver a luz e a energia do universo, renovando e revigorando todo o seu sistema.*

04 DEZ

(((●))) SABEDORIA DE BRUXA Nº 18

Judika Illes é uma de minhas autoras de referência para informação sobre bruxaria. Ela escreveu alguns dos livros mais minuciosos e abrangentes sobre magia, incluindo *The Element Encyclopedia of Witchcraft*, que traz fatos incríveis e um monte de informações divertidas. (Meus romances com Baba Yaga foram, em parte, inspirados no que Illes escreveu nesse livro.)

Mesmo sem todas essas páginas, o livro valeria a pena só pela introdução. É uma das explorações mais completas e bem escritas que já li sobre o que significa ser bruxa. Segue um pequeno aperitivo para abrir seu apetite para o restante:

> Olhar pelos olhos da bruxa deve oferecer uma perspectiva muito diferente daquela a que muitas pessoas modernas estão acostumadas. Vê-se um mundo de poder e mistério, cheio de segredos e perigos a serem descobertos. No entanto, não é um mundo em branco e preto; não é um mundo com limites claramente visíveis, mas um mundo transformador, um mundo cheio de possibilidades, não "o que é", mas "o que poderia ser", uma paisagem que se mistura, fluida, mutável, mas com consistência rítmica.

Sugestão Mágica: *Esse trecho prendeu sua atenção? Procure por um exemplar e leia o resto da introdução ou dê uma olhada nos outros livros de Illes, como* The Element Encyclopedia of 500 Spells.

ENCONTRAR BELEZA EM TODOS OS LUGARES

05 DEZ

Não há como negar que há muitas coisas feias neste mundo em que vivemos — mas também há uma quantidade incrível de beleza. O que você vê quando olha a seu redor está, até certo ponto, sob seu controle. Tive uma experiência surpreendente anos atrás depois de uma sessão de hipnoterapia. Nem lembro bem o que estava sendo tratado, mas lembro com clareza que, por cerca de uma hora depois da sessão, acabei ficando com a capacidade de olhar para o mundo — e para as pessoas, em particular — de uma forma completamente diferente. Não sei se consigo descrever de um jeito que traduza como foi, mas, basicamente, todo mundo era lindo. Não importava como era sua aparência; eu conseguia ver sua beleza saltando aos olhos.

Depois de um tempo, o que quer que tenha me dado aquela visão singular se esgotou, mas nunca me esqueci do vislumbre que tive daquilo que acredito ser a forma como deveríamos ver uns aos outros — talvez até mesmo seja a forma como os deuses nos veem. Desde então, quando ouço aquela voz em minha mente que julga automaticamente as pessoas pelos padrões arbitrários da nossa sociedade, tento lembrar que a beleza está nos olhos de quem observa.

Sugestão Mágica: *Durante o dia, encontre o máximo de exemplos de beleza que conseguir, e veja o que acontece quando expande sua definição do que é a beleza. Você pode descobrir que o mundo não é tão feio quanto pensava.*

06 DEZ

((◖●◗))
UM CÉU REPLETO DE ESTRELAS

Como bruxas, muitas vezes nos concentramos na Lua quando olhamos para o céu noturno, afinal, ela é o símbolo de nossa deusa. Mas quando voltar o olhar para o alto, não se esqueça de olhar para as estrelas.

Se mora na cidade, pode ser difícil enxergá-las, devido a toda a poluição luminosa, mas se puder ir para a zona rural ou para algum lugar onde as estrelas brilhem mais, talvez se surpreenda com quantas delas existem e como podem ser magníficas.

E, é claro, há as constelações para identificar (se não conseguir ir para a zona rural, vá a um planetário), e a Cruzeiro do Sul normalmente é muito brilhante, mas adoro sair para o meu quintal em uma noite de céu aberto e apenas olhar para cima. Você se lembra de, quando criança, deitar na grama, olhando para todos aqueles pontinhos de luz no céu de verão? Recupere aquela sensação de encanto, se puder.

Sugestão Mágica: *Se estiver a céu aberto logo quando a primeira estrela surgir, não se esqueça de recitar aquele encantamento da infância:*

Lá no céu o lampejo
Da primeira estrela que vejo
Me faz lembrar que almejo
Ter realizado um desejo.
Que assim seja

SOU POEIRA DE ESTRELAS

07 DEZ

É famoso o trecho escrito pelo astrônomo Carl Sagan:

> O nitrogênio em nosso DNA, o cálcio de nossos dentes, o ferro em nosso sangue, o carbono em nossas tortas de maçã, todos foram criados no interior de estrelas em colapso. Somos feitos de poeira das estrelas.

Adoro essa ideia de que todos somos feitos dos mesmos elementos que as estrelas. Pense nisto: em algum lugar dentro de você há um minúsculo átomo que já fez parte de uma estrela a galáxias de distância. O quanto isso é mágico? Você é uma estrela (ou pelo menos parte de uma)!

Naqueles dias em que se sentir insignificante ou sem importância, aqui está uma afirmação para lembrá-la de que você é feita das mesmas coisas que constituem planetas, estrelas, e até mesmo universos inteiros:

> *Eu sou feita de poeira das estrelas. Sou tão radiante e magnífica quanto as estrelas.*

Sugestão Mágica: *Hoje à noite, ou a próxima vez que o céu estiver aberto, saia e olhe as estrelas. Sinta a conexão, não importa quão pequena ela seja, entre você e o resto do universo.*

08 DEZ

DONZELA, MÃE E ANCIÃ

Na religião Wicca cultuamos a Deusa Tríplice em suas três formas: Donzela, Mãe e Anciã. Essas três fases correspondem a muitos elementos de nossa prática — não somente os estágios da vida de uma mulher, mas também as estações, as fases da lua, e muito mais.

A Donzela é jovem e cheia de energia. Ela é a primavera, novos começos, a lua crescente. A Mãe é a maternidade real e espiritual, cuidadora e fértil. Ela é a lua cheia, a Deusa Mãe que faz a colheita dar frutos no verão, o meio da vida.

E então há a Anciã — ah, a Anciã. Ela é idade e sabedoria, a escuridão do inverno, a lua que mingua até se tornar a lua negra. Para alguns, ela é assustadora. Ela representa a moralidade e normalmente é retratada como uma mulher mais velha, com cabelo grisalho e rugas. Na sociedade de hoje, isso geralmente é algo ruim; mas nós, bruxas, sabemos que não é assim. Ser uma Anciã é ter vivido e aprendido. Valorizamos a sabedoria das mais velhas na comunidade e respeitamos o conhecimento que elas têm para nos transmitir.

A Donzela, a Mãe e a Anciã são igualmente importantes. Cada aspecto da Deusa é poderoso, belo e tem algo diferente a nos oferecer.

Sugestão Mágica: *Neste mês, durante as mudanças da lua, celebre cada fase da Deusa abraçando seu próprio espírito jovem, seu lado maduro e cuidador, e a sabedoria ponderada.*

ATENÇÃO PLENA E CONSCIÊNCIA

09 DEZ

Quantas vezes você volta do trabalho para casa dirigindo e não faz ideia de como chegou? Ou, no fim do dia, pensou: "mas o que foi que eu fiz hoje?". Para a maioria de nós, a vida é rápida, agitada e cheia. É a realidade de nossa existência, e não é provável que isso mude tão cedo.

Mas uma prática espiritual não prospera nesse ambiente e, para ser sincera, nós também não. Perdemos muito no caminho apenas porque estamos ocupadas demais para prestar atenção ao mundo à nossa volta. Talvez você não se dê conta, mas a atenção plena e a consciência são, na verdade, componentes importantes da prática da bruxaria. É mais provável que pensemos nelas como palavras associadas ao budismo, ao taoísmo ou a outras religiões orientais, mas elas são vitais para a bruxaria exatamente pelas mesmas razões.

Como você pode seguir um caminho espiritual baseado na natureza se não estiver atenta e consciente do mundo natural que a cerca? Como pode adorar uma divindade se não estiver atenta e consciente da presença dela em sua vida? E como pode aprender e se aperfeiçoar se não estiver atenta e consciente de quem você é e de como suas ações afetam a si mesma e aos outros ao seu redor? Não é possível, é óbvio.

Sugestão Mágica: *Ao preparar o jantar, preste atenção aos aromas e texturas da comida; reflita sobre a origem dos ingredientes e de todos os elementos envolvidos no preparo de uma refeição.*

10 DEZ

(((●)))
EU SOU FORTE E AUTOCONFIANTE

Aqui vai uma afirmação simples para ajudá-la a se tornar a melhor, mais forte e mais independente versão de si mesma.

Eu sou forte e autoconfiante. Nada e ninguém pode me impedir de conquistar meus sonhos.

Sugestão Mágica: *Repita essa afirmação quando necessário, principalmente em situações em que precisar ser forte e sentir que está hesitante.*

OBSERVE SEUS SONHOS
11 DEZ

Na maior parte do tempo, os sonhos apenas refletem o que está se passando em nossas vidas, algo que vimos durante o dia, nossas esperanças e medos. Às vezes, temos sonhos muito mais vívidos que o normal, e eles permanecem conosco quando acordamos pela manhã — vale a pena prestar atenção a eles, e você pode querer anotá-los em seu diário.

Também é possível extrair informações de nossos sonhos de forma deliberada; isso se chama oniromancia, e isso tem sido feito há séculos (pelos xamãs, em particular). Uma técnica chamada de sonho lúcido, em que a pessoa que dorme tem consciência de estar em um sonho, pode ser uma ajuda. Ou você pode ir dormir com a intenção de sonhar com alguma pergunta específica para a qual precise de resposta. Escreva a pergunta em um pedaço de papel e coloque debaixo do travesseiro.

Sugestão Mágica: *Deixe seu diário, ou papel e caneta, ao lado da cama. Concentre-se na pergunta, apague a luz e se concentre no que deseja saber. Pela manhã, anote qualquer sonho que tenha tido.*

12 DEZ

(((●))) DESENVOLVIMENTO PSÍQUICO Nº 3

Assim como a prática aperfeiçoará suas habilidades em um esporte ou uma arte, exercitar seus "músculos" psíquicos pode ajudar a fortalecê-los. Há diversas coisas simples que você pode fazer no dia a dia que não tomam muito tempo ou energia.

Eu, por exemplo, gosto de praticar com o tarô. Não fazendo leituras, apesar de isso também ajudar, mas separando cartas do baralho, dispondo-as viradas para baixo, e tentando adivinhar quais são antes de desvirá-las. Você também pode colocar algumas perguntas dentro de envelopes em branco e tirar algumas cartas para ver se as respostas que recebe têm alguma relação com elas.

Divirta-se praticando com amigos igualmente interessados. Peça para alguém esconder um objeto em algum lugar da sala e veja se consegue sentir onde ele está. Ou recortar imagens de revistas (ou fotografias), colocá-las em envelopes, e pedir para que você se concentre nelas. Veja quantos detalhes consegue identificar.

Experimente a visualização das auras. Algumas pessoas as percebem como uma cor ou, até mesmo, identificam dores ou doenças a partir da aura de alguém. Animais e plantas também têm auras. Pode ser mais fácil vê-las se, em vez de olhar fixamente, você desfocar um pouco sua visão.

Sugestão Mágica: *Pratique algum tipo de exercício psíquico todos os dias e veja se suas habilidades ficam mais fortes.*

HISTÓRIAS DE FADAS
13 DEZ

Hoje em dia, quando falamos sobre fadas, as pessoas tendem a imaginar criaturinhas fofas e esvoaçantes que bebericam néctar das flores. Na verdade, não é bem assim.

Essa versão da imagem da fada — ou ser feérico — é relativamente recente e tem pouca semelhança com as lendas que vieram do Velho Mundo. Lá, as fadas podiam variar entre seres um pouco travessos (apaziguadas com presentes e oferendas) ou extremamente perigosos (que roubavam crianças humanas e deixavam criaturas em seu lugar). Eram poderosas, arrogantes e de forma alguma podiam ser tratadas levianamente. Muitas histórias diziam que as pessoas que visitavam o mundo das fadas retornavam transformadas para sempre... se retornassem.

Outra forma de olhar para as fadas é como seres elementais, entidades que fazem parte do mundo natural. Quase sempre imperceptíveis, podem estar à nossa volta, principalmente em locais arborizados. Dizem que a presença das fadas é mais provável no sabá de Litha — o dia que marca o meio do verão, quando o véu entre os mundos está mais fino.

Sugestão Mágica: *No sabá de Litha, deixe ao ar livre presentes — flores ou pedras brilhantes — e compartilhe seus comes e bebes, só por garantia.*

14 DEZ

CHÁ DAS FADAS

Se você tem filhos — ou amigos com uma atitude jovial — este é o momento perfeito do ano para fazer um chá das fadas. (Ou, se forem todos adultos, uma festa das fadas com vinho. Não vou julgar.)

A ideia é fazer uma reunião divertida e leve, mas é também uma forma de expressar seu apreço pelo povo das fadas. É preciso se fantasiar, é claro. Se houver crianças, produza asas de fada simples com materiais baratos, como cabides, meias-calças ou papel de seda, fitas e purpurina. Todos devem usar algo vaporoso e colorido. Se quiser realmente entrar no espírito da coisa, uma cor temporária nos cabelos (ou algumas fitas) pode tornar tudo mais festivo. Faça algumas coroas de flores. Bijuterias reluzentes também dão um toque encantador.

Se possível, organize seu chá das fadas em um lugar onde elas poderiam gostar de ir — um jardim ou quintal, uma floresta ou um parque. Mas se o único espaço disponível for a sala de sua casa, você pode fazer de conta.

Sugestão Mágica: *Prepare um lanche da tarde ou pequenos sanduíches e biscoitos deliciosos. Não se esqueça de colocar algumas flores sobre a mesa ou a toalha de piquenique. Se tiver pratos e xícaras pequenos, use-os. Para a versão adulta, abuse dos cálices e use sua louça mais bonita (ou os pratos de papel mais bonitos). Separe alguns comes e bebes para as fadas, já que são as homenageadas da festa.*

AMULETO PARA ACALMAR E DESESTRESSAR

15 DEZ

É meio irônico que uma época do ano que deveria ser cheia de felicidade e alegria acabe sendo tão estressante para a maioria de nós. Este é um amuleto simples que ajudará sempre que precisar de uma ajuda para se acalmar e se livrar do estresse.

Você pode usar um saquinho com cordão para franzir a abertura — ou fazê-lo você mesma, costurando três lados de dois pedaços de tecido e usando uma fita azul ou branca para fechá-lo depois de colocar todos os ingredientes dentro. Boas opções de ervas para recheá-lo são lavanda, melissa, flor de maracujá e alecrim. Gosto de acrescentar uma pedra preciosa polida, como ametista, cornalina, sodalita ou aventurina. Coloque tudo dentro do saquinho e escreva em um pedaço de papel: "Deixo o estresse para trás e aceito a calma". Coloque o papel lá dentro e feche o saquinho (por garantia, você também pode incluir um símbolo de paz ou qualquer coisa que represente a paz para você).

Abençoe e consagre seu amuleto antes de usá-lo, ou segure-o junto ao altar ou sob a lua cheia e repita: "Deixo o estresse para trás e aceito a calma. Que assim seja".

Sugestão Mágica: *Mantenha o amuleto dentro da bolsa ou do bolso, embaixo do travesseiro ou em seu altar.*

16 DEZ

((◖●◗))

A FAMÍLIA E SEUS SIGNIFICADOS

Família pode ter significados diferentes para cada pessoa. Há a família em que nascemos — nossa família genética de mãe, pai, irmãos e assim por diante. Às vezes temos sorte, e essa família é maravilhosa. Outras vezes, a família é tóxica ou praticamente inexistente, e temos de nos virar sem ela. A maioria se encaixa em algum ponto intermediário, e por mais que haja amor, fazer parte de uma família traz consigo alguns desafios especiais. Há ainda a família que criamos. Em alguns casos, ela é composta por um parceiro de vida ou amigos próximos. Diferentemente da família em que nascemos, temos controle sobre quem constitui nossa família escolhida.

As festas de fim de ano podem ser traiçoeiras para quem não tem um bom convívio familiar. Mas também podem ser uma oportunidade para se reunir com aqueles que ama e celebrar o fato de serem uma família. Se puder, inclua nesse círculo pessoas que talvez não tenham um lugar para passar as festas. Se não tiver família — ou se ela estiver muito longe — visite uma casa de repouso ou trabalhe em uma cozinha comunitária. Afinal, a raça humana é, à sua própria maneira, uma grande família, e ninguém deveria passar as festas sozinho a menos que seja por escolha própria.

Sugestão Mágica: *Seja a família em que nasceu ou a que escolheu, essas conexões são um presente a ser valorizado durante as festas e em todos os outros dias. Hoje, arranje um tempo extra para a família.*

A MAGIA DOS PINHEIROS
17 DEZ

Há pinheiros crescendo dos quatro lados da minha casa — talvez essa seja a razão de ela ser um lugar tão mágico. Tendemos a pensar nos pinheiros nessa época do ano, quando os trazemos para dentro de casa na forma de árvores de Natal, ou de ramos para simbolizar a vida em meio à morte.

Mas os pinheiros são mágicos durante o ano inteiro. Podem ser usados para magia de prosperidade, abundância e fertilidade — provavelmente, em parte, devido à forma como se propagam novamente a partir das pinhas caídas. (Nas raras ocasiões em que removo um pinheiro pequeno, sempre procuro uma muda espontânea que esteja crescendo em um lugar onde não poderia ficar de jeito nenhum.)

Os pinhões são deliciosos, além de uma forma fácil de acrescentar a energia dos pinheiros à sua magia culinária. Use pinhas ou ramos de pinheiro em feitiços para prosperidade, fertilidade, cura e proteção. Varra sua casa com um galho de pinheiro para trazer proteção e purificação.

Sugestão Mágica: *Se tiver um quintal, plante um pinheiro para que tenha acesso à sua magia o tempo todo, oferecendo, como bônus, uma casa para os pássaros. Do contrário, decore uma pinha ou coma alguns pinhões para absorver a energia do pinheiro.*

18 DEZ

PRESENTES NÃO TRADICIONAIS

É tradição distribuir presentes nesta época do ano, mas estas são algumas alternativas que podem ajudá-la a manter os gastos sob controle e, quem sabe, até mesmo ajudar os outros.

A cesta do advento reverso: em algumas tradições cristãs, os calendários do advento são usados para contar os dias para a chegada do Natal, começando no dia primeiro de dezembro. Esses calendários incluem pequenos presentes ou guloseimas escondidos atrás de cada dia. Em vez disso, por que não colocar coisas em uma cesta todos os dias — comida, luvas, presentinhos para crianças — e logo antes do Natal, levá-la a um abrigo ou cozinha comunitária local?

Se reunir um grupo, faça uma vaquinha para a entidade beneficente de sua escolha. Ou, ainda, ofereça um vale para serviços úteis (como compartilhar um dom que você tenha — cozinhar ou costurar).

Você não precisa gastar muito dinheiro para celebrar as festas de fim de ano.

Sugestão Mágica: *Talvez você possa ressignificar a tradição de distribuir presentes. Não esqueça que o amor é o maior presente de todos.*

REI CARVALHO E REI AZEVINHO

19 DEZ

Um dos rituais mais divertidos que já presenciei tinha dois participantes encenando a batalha entre o Rei Carvalho e o Rei Azevinho. Como o ritual aconteceu no Yule, o Rei Carvalho, que reina na metade iluminada do ano, venceu a batalha. No Solstício de Verão, sua contraparte, o Rei Azevinho, toma seu lugar na metade escura do ano, enquanto a luz diminui a cada dia. (Em algumas tradições esses papeis são invertidos.)

O Rei Azevinho normalmente é representado como um alegre homem barbado que usa uma coroa de azevinho e roupas vermelhas. (Isso soa familiar?) O Rei Carvalho, por outro lado, é jovem e viril, e fica mais forte conforme a luz aumenta até que atinge um pico no solstício de verão e tudo começa de novo.

Apesar dessa batalha anual, esses reis não são inimigos, mas duas metades de um todo, cada um tão necessário quanto o outro.

Sugestão Mágica: *Se houver crianças na comemoração do Yule, peça para duas delas encenarem essa troca simbólica de poder. Depois, o Rei Azevinho pode distribuir doces e presentes para todo mundo abaixo dos, digamos, 97 anos*

20 DEZ

VAMOS PREPARAR WASSAIL?

Se você já ouviu a canção de Natal "Here We Come A'Wassailing", talvez já tenha se perguntado o que ela quer dizer. O *wassailing* era uma tradição que envolvia ir em grupo cantar de porta em porta, e receber como recompensa uma caneca de *wassail*, um tipo de cidra de maçã com especiarias.

Hoje em dia, cantar músicas natalinas é uma atividade bem mais tranquila, mas você ainda pode preparar o *wassail*. Aqui vai não uma receita, mas uma lista de ingredientes que pode mudar de acordo com seu paladar. Coloque, em uma panela no fogão ou elétrica, três litros de sidra e um ou dois cálices de vinho tinto, conhaque ou uísque, ou alguma combinação entre os três. Prepare uma versão mais forte ou mais fraca de acordo com o seu gosto, ou uma versão não alcoólica, só com a sidra.

Adicione à mistura algo para adoçar. Eu gosto de usar melado, mas você pode substituir por mel ou açúcar. Depois mergulhe na panela um saquinho com especiarias (uma combinação de paus de canela, pimenta-da-jamaica, cravos e gengibre), que deve ser removido antes de servir a bebida. Algumas pessoas também gostam de acrescentar fatias de maçã ou laranja. Depois disso, é só aquecer e apreciar — com ou sem cantoria (a escolha é sua).

Sugestão Mágica: *Ao brindar, grite "Wassail!", que significa "à sua saúde".*

SOLSTÍCIO DE VERÃO

21 DEZ

Amo tanto o solstício de verão que escrevi um livro inteiro sobre ele. Mas, falando sério, como não gostar? A comemoração do solstício de verão é uma festividade que celebra o verão em toda sua glória. É o dia mais longo do ano e a terra está repleta de energia e vitalidade. Como bruxas, podemos canalizar essa energia e utilizá-la para impulsionar nossos planos e desejos. Se você tiver plantado sementes (metafóricas ou não) na primavera, elas devem estar germinando agora. E se precisarem de um empurrãozinho, este é o momento perfeito para nutrir o exuberante crescimento à nossa volta.

O solstício de verão também é associado às fadas (você se lembra da peça *Sonho de uma Noite de Verão*, não é?), então deixe alguns presentes para elas ou homenageie-as em seu ritual. Sempre gosto de celebrar essa festividade com uma mistura de magia séria e diversão. Afinal, é verão, e o calor e a luz vão acabar quando menos se esperar. É melhor aproveitar o ar livre enquanto for possível.

Sugestão Mágica: *Organize um banquete ou piquenique, tome um pouco de hidromel ou suco de frutas naturais e dance sob o sol do meio-dia. Este é o momento perfeito para comemorar com seus amigos não bruxos, mas simpatizantes do paganismo, já que o solstício de verão é um conceito universal.*

22 DEZ

((●)))

ENCANTAMENTO PARA CURA

Todos precisamos de algum tipo de cura de vez em quando, seja física, emocional ou espiritual. Aqui vai um encantamento simples para usar sempre que necessário:

> Deuses da cura, fogo e paixão
> Ouçam meu pedido, concedam meu desejo
> Curem meu corpo, alma e coração
> Que a cura se inicie, assim almejo

Sugestão Mágica: *Faça uma oferenda a Apolo ou a algum outro deus da cura e/ ou acenda uma vela azul antes de recitar este encantamento. Quando invocar Apolo, se possível, faça-o ao meio-dia ou quando o sol estiver brilhando.*

O SIGNO DE CAPRICÓRNIO

23 DEZ

"Prático", "paciente" e "responsável" são palavras normalmente associadas ao signo solar de Capricórnio, que rege as pessoas nascidas entre 23 de dezembro e 20 de janeiro. Essas pessoas tendem a ser metódicas e ambiciosas; e, quando têm uma tarefa em mente, é improvável que parem até que esteja realizada. Como ponto negativo, elas podem ser tão autossuficientes que acabam assumindo responsabilidades demais e excluindo todos ao seu redor. Também podem ser críticas e controladoras se não tomarem cuidado.

Sugestão Mágica: *Neste período do ano, seja você de Capricórnio ou não, reflita se atua bem em grupo; se não for o caso, descubra uma forma de melhorar isso. Também é um bom momento para assumir qualquer projeto que requeira dedicação e uma abordagem prática, principalmente aqueles que exigem paciência e planejamento.*

24 DEZ

(((●))) A BONDADE É UM PRESENTE

Nesta época do ano, as pessoas estão muito focadas em presentear. Mas, na verdade, o maior presente que podemos oferecer uns aos outros é a bondade.

Pode parecer pouco; não dá para amarrar um laço nela, não custa nenhum dinheiro e qualquer um pode ofertar. E, ainda assim, a bondade pode ser um dos presentes mais raros de todos. Lembre-se de que muitas pessoas passam por dificuldades perto das festas de fim de ano. A depressão piora, algumas pessoas ficam sozinhas quando parece que todo o resto do mundo tem com quem ficar, as expectativas não são atendidas e, é claro, tem a dinâmica familiar também...

Portanto, caso deseje oferecer presentes com significado, apenas seja boa. É o verdadeiro sentido por trás desse período, não importa qual seja sua religião ou crença espiritual.

Sugestão Mágica: *Seja ainda mais generosa com as pessoas, principalmente com aquelas que parecem rabugentas e infelizes. E não se esqueça de ser gentil consigo mesma.*

ENTÃO É NATAL

25 DEZ

Devo confessar que o Natal nunca foi uma data especial para mim. Cresci como judia, por isso o Natal não é exatamente minha área de conhecimento. Dá para imaginar minha surpresa quando comecei a estudar bruxaria e descobri que muito do que as pessoas pensam a respeito do Natal foi emprestado do feriado Pagão do Yule.

A melhor parte de existirem tantas coincidências entre o Natal e o Yule é que as pessoas que cresceram comemorando o Natal podem celebrar qualquer um deles, ou os dois, sem problemas. Conheço não pagãos, por exemplo, que organizam uma festa do solstício de inverno (ou solstício de verão, se você morar no hemisfério sul) todos os anos; então não há motivo para que você não faça algo assim e convide quem desejar. Apenas deixe de lado o ritual formal. O Blue Moon Circle oferece um jantar de Yule para nossos membros, suas famílias e alguns amigos. Para nós, a festa é pela época em geral e pela alegria de estarmos juntos.

Se estiver criando filhos Pagãos, explique a eles que a árvore de Natal veio do costume de trazer o verde para dentro de casa como símbolo da vida, e conte a história do Rei Azevinho e do Rei Carvalho ao mesmo tempo em que fala sobre o Papai Noel.

Sugestão Mágica: *Faça uma festa do solstício este ano e convide amigos bruxos e não bruxos para celebrarem juntos.*

26 DEZ

O DEFINHAR DOS RAMOS

Este poema é evocativo e místico, muito parecido com esta época do ano.

A lua sussurrar aos pássaros ouvi em pranto:
"Anseio por suas palavras alegres, ternas, condoídas;
Maçarico e coim, que libertem seu canto,
Pois a estrada é sem fim, e minha mente lugar não tem".
A pálida lua baixava nas colinas adormecidas,
E no solitário fluxo do Echtge em sono me ponho.
Não definharam os ramos pelo vento invernal;
Os ramos definharam, pois contei-lhes meu sonho.

Conheço os caminhos verdes pelas bruxas trilhados
Com suas coroas de pérolas e fusos de lã,
E das profundezas do lago, seus sorrisos velados;
Sei por onde vaga a pálida lua, que quando esfria
Atam e desatam suas danças os povos Danann
Na grama da ilha, com pés na espuma do mar enfadonho.
Não definharam os ramos pelo vento invernal;
Os ramos definharam, pois contei-lhes meu sonho.

Conheço a nação do sono, onde os cisnes voam
Presos por correntes d'ouro, cantam alto no ar.
E lá vagam o rei e a rainha, e esse canto que entoam
Fê-los tão felizes e desesperados, tão surdos, tão cegos
Com ciência caminham até o fim do tempo chegar;
Maçarico e coim no fluxo do Echtge, exponho:
Não definharam os ramos pelo vento invernal;
Os ramos definharam, pois contei-lhes meu sonho.

(William Butler Yeats, 1906)

Sugestão Mágica: *A segunda estrofe desse poema contém um de meus versos favoritos de poesia. Releia o poema e aprecie esses versos mágicos em particular.*

27 DEZ
(((○)))
BOLHAS DE SABÃO

Você pode não pensar em bolhas de sabão como parte de rituais sagrados, mas vou mudar essa sua ideia. Fiz isso pela primeira vez anos atrás, quando uma das mulheres do Blue Moon Circle tinha duas crianças pequenas que frequentavam o ritual. A participação das crianças era exemplar. É claro que também tinha de haver aspectos da preferência das integrantes adultas também, e devia fazer sentido com o próprio ritual.

Em um solstício de verão, tive a ideia de usar as bolhas. Em vez de brigar com recipientes grandes e que faziam bagunça, onde os canudos sempre acabavam caindo na mistura de sabão, umas das moças mais engenhosas do grupo arrumou um pacote de frascos pequenos para bolhas de sabão, do tipo distribuído em casamentos e festinhas de aniversário.

Como elas combinam ar e água, usamos as bolhas para lançar nossos desejos para o universo e para os deuses. Deu tão certo que continuamos usando de vez em quando em rituais ao ar livre, mesmo depois que as crianças deixaram de participar. As bolhas acrescentam um toque alegre e lúdico, o que é apropriado para esta época do ano, mas também funciona em qualquer época.

Sugestão Mágica: *Encontre uma forma de integrar bolhas de sabão em seu próximo feitiço ou ritual, ou apenas sopre algumas bolhas hoje para lançar seus desejos no mundo.*

OS BARCOS VIKING
28 DEZ

Não se preocupe, não estou sugerindo que construa um barco — pelo menos não um barco em tamanho real. (Você também não precisa usar o capacete dos vikings, a menos que queira muito.)

Mas, em algumas culturas, era tradição celebrar as festividades do solstício de verão construindo pequenos barcos. Esses barcos eram, então, preenchidos com oferendas e colocados em um corpo d'água. É bem fácil fazer um barco simples de papel (tente seguir as instruções de algum site). Antes de iniciar a dobradura, escreva desejos — ou coisas das quais queira se livrar — no papel. A fim de deixá-lo mais impermeável para que flutue por mais tempo, use papel encerado, que pode ser encontrado em lojas de materiais artísticos, ou pinte-o com um giz de cera (criando, talvez, uma encantadora obra de arte).

Você também pode fazer barquinhos com palitos de picolé ou folhas grandes.

Sugestão Mágica: *Se houver um rio, lago ou mar onde você possa liberar seus barcos, coloque neles algumas oferendas leves — como flores —, e deixe que levem seus desejos embora. Se quiser se livrar de alguma coisa (e for seguro fazer isso), coloque o barco na água e ateie fogo nele, ao melhor estilo viking.*

29 DEZ

GRATIDÃO
Nº 6

Espero que agora você já tenha pegado o jeito desta prática de gratidão e ela esteja integrada à sua vida cotidiana. Cultivar uma "atitude de gratidão", como dizem, faz uma enorme diferença em como se percebe o mundo. Sempre haverá realidades desagradáveis com as quais teremos de lidar; mas, em minha experiência, se você se concentrar nos aspectos positivos, a vida será muito mais suportável.

Se você manteve um diário ou Livro da Luz, releia todos os exercícios de gratidão que fez e veja se ainda se sente grata por algo que tenha registrado. Pergunte a seus amigos pelo que eles são gratos, principalmente se vocês se reunirem para um banquete ou celebração.

Sugestão Mágica: *Conforme chegamos ao final do ano (e deste livro), faça uma lista de doze coisas pelas quais é grata no ano que vamos deixando para trás. E sim, "sobrevivi a mais um" vale.*

SABEDORIA DE BRUXA Nº 19

30 DEZ

É óbvio que não preciso trazer uma citação de nenhum de meus outros livros (você já leu todos, certo?). Se fiz meu trabalho direito, este livro inteiro traz pedacinhos de sabedoria que vêm de mim — alguns que você tenha achado inspiradores, úteis ou ao menos divertidos. Então vou deixá-la com algumas reflexões sobre a feitiçaria do dia a dia e o que ela significa para mim.

Ser bruxa todos os dias significa que suas crenças espirituais são parte de como vive sua vida — não apenas nas luas cheias e sabás, mas em como segue seu caminho como pessoa, mãe, companheira, filha, irmã, amiga, colega de trabalho, vizinha. Significa convidar o divino para fazer parte de sua vida de uma forma ou de outra, e coexistir junto à natureza com amor, apreço e cuidado. Significa prestar atenção a como suas palavras e ações afetam os outros, ser generosa com eles e consigo mesma, e se esforçar para continuar aprendendo e crescendo tanto como ser humano quanto como bruxa.

Ser bruxa todos os dias é uma dádiva e uma bênção; e, de um jeito ou de outro, conecta você a todas as outras bruxas e Pagãos que trilham seus próprios caminhos no passado, no presente e no futuro. Fico feliz por você fazer parte da minha família de bruxas e agradeço por ter me recebido na sua.

Sugestão Mágica: *No ano que se aproxima, encontre novas formas de "bruxificar" sua vida todos os dias.*

31 DEZ

FIM DE ANO, INÍCIO DE ANO

Bem, é isto: o fim de mais um ano. Foi um ano bom, cheio de bênçãos, ou foi um dos difíceis, cheio de desafios inesperados? Para a maioria de nós, a resposta provavelmente é uma mistura dos dois. A vida raramente corre bem, mesmo quando se é bruxa. (Para algumas de nós, especialmente quando se é bruxa.)

Então, na verdade, a pergunta é menos "Foi um ano bom ou ruim?" e mais "O que você aprendeu?" Como superou os desafios dos 364 dias que ficaram para trás e aprendeu alguma coisa no processo? O que faria diferente se tivesse a oportunidade? Quais bênçãos não trocaria por nada no mundo?

Algumas pessoas gostam de celebrar a chegada do Ano-Novo com uma festa e fogos de artifício. Outras, como eu, tendem a passar a noite sozinhas, apreciando o silêncio enquanto nos recolhemos nos últimos instantes do ano, prontas para adentrar o que quer que esteja por vir no ano seguinte. Independentemente de como encara esta noite, reserve alguns momentos para apreciar tudo que passou (mesmo que a maior coisa que tenha a celebrar seja o fato de tudo ter passado) e abra-se para o potencial que o novo ano pode ter.

Sugestão Mágica: *Faça uma prece aos deuses para que o ano que está por vir traga tudo que você precisa e a maior parte do que você deseja. Acenda uma vela branca para simbolizar a esperança pelo futuro.*

O NOVO CICLO: PARA ONDE VOCÊ IRÁ?

01 JAN

Aqui estamos, de volta ao ponto onde começamos. É o início de mais um novo ano, cheio de potencial. O que fará com ele? Que jornada imagina para si? O que espera mudar e melhorar, e o que deseja continuar construindo? Como pretende cultivar tudo que aprendeu no ano que passou e promover uma prática espiritual contínua?

Aqui está um pequeno ritual para o primeiro dia do ano começar bem. Saia e fique sob o céu noturno ou busque um cômodo tranquilo e privacidade. Acenda uma vela branca. Levante os braços e mantenha-os abertos para receber as dádivas do universo, e fique em silêncio por um instante. Sinta o potencial que espera por você e puxe-o para dentro. Então afirme essas palavras:

> *Eu, (diga seu nome), sou uma bruxa. Trilho meu caminho por vontade própria. Escolho esta vida e este caminho e seguirei por ele com honra. Faço esta promessa, a mim mesma e aos meus deuses, de que farei o meu melhor e me esforçarei para ser a minha melhor versão. Que aprenderei, crescerei e ajudarei os outros quando puder. Canalizarei o amor dos deuses para este mundo porque sei que eles estão comigo, dentro de mim, sempre. Sou a luz, o amor e a magia. Sou uma bruxa.*
>
> *Que assim seja e assim é.*

Sugestão Mágica: *Afirme essas palavras e fique em silêncio até que esteja pronta para sair e começar sua jornada, seja ela qual for.*

Leituras Mágicas Recomendadas

Abaixo há uma lista dos livros que foram citados. Escolhi tais livros para compartilhar como "sabedoria de bruxa" porque cada um desses autores têm algo importante a dizer. Se desejar expandir sua biblioteca de temas bruxescos, estes livros serão um bom começo.

BUCKLAND, Raymond. *Wicca for Life: The Way of the Craft from Birth to Summerland*. New York: Citadel Press, 2001.

CUNNINGHAM, Scott. *Cunningham's Encyclopedia of Crystal, Gem & Metal Magic*. St. Paul: Llewellyn, 2002. [Ed. Bras.: *Enciclopédia Cunningham de Magia com Cristais, Gemas e Metais*. São Paulo: Madras, 2011.]

_____. *Cunningham's Encyclopedia of Magical Herbs*. St. Paul: Llewellyn, 2003. [Ed. Bras.: *Enciclopédia das Ervas Mágicas do Cunningham*. São Paulo: Alfabeto, 2021.]

_____. Cunningham's Encyclopedia of Wicca in the Kitchen. St. Paul: Llewellyn, 1990. [Ed. Bras.: *Enciclopédia de Wicca na Cozinha*. São Paulo: Gaia, 2004.]

_____. *Wicca: A Guide for the Solitary Practitioner*. St. Paul: Llewellyn, 1988. [Ed. Bras.: *Wicca: O Guia do Praticante Solitário*. São Paulo: Madras, 2015.]

DIGITALIS, Raven. *Shadow Magick Compendium: Exploring Darker Aspects of Magickal Spirituality*. Woodbury: Llewellyn, 2008.

DUGAN, Ellen. *Garden Witchery: Magick from the Ground Up*. St. Paul: Llewellyn, 2003.

DUMARS, Denise. *Be Blessed: Daily Devotions for Busy Wiccans and Pagans*. Franklin Lakes, NJ: New Page Books, 2006.

FITCH, Ed. *Magical Rites from the Crystal Well: The Classic Book for Witches and Pagans*. St. Paul: Llewellyn, 2000.

GRIMASSI, Raven. *Spirit of the Witch: Religion & Spirituality in Contemporary Witchcraft*. St. Paul: Llewellyn, 2003.

ILLES, Judika. *The Element Encyclopedia of Witchcraft: The Complete A-Z for the Entire Magical World*. New York: Harper Element, 2005.

MARQUIS, Melanie. *The Witch's Bag of Tricks: Personalize Your Magick & Kickstart Your Craft*. Woodbury: Llewellyn, 2011.

MCCOY, Edain. *The Witch's Coven: Finding or Forming Your Own Circle*. St. Paul: Llewellyn, 1997. [Ed. Bras.: *Coven de Bruxos: Formando seu Próprio Círculo*. São Paulo: Gaia, 2005.]

MORRISON, Dorothy. *Everyday Moon Magic: Spells & Rituals for Abundant Living*. St. Paul: Llewellyn, 2003.

MOURA, Ann. *Green Witchcraft: Folk Magic, Fairy Lore & Herb Craft*. St. Paul: Llewellyn, 1996. [Ed. Bras.: *Wicca: A Grande Arte da Bruxaria Verde*. São Paulo: Madras, 2004.]

PENCZAK, Christopher. *The Mystic Foundation: Understanding and Exploring the Magical Universe*. Woodbury: Llewellyn, 2006.

STARHAWK. *The Spiral Dance: A Rebirth of the Ancient Religion of the Goddess: 20th Anniversary Edition*. New York: Harper, 1991. [Ed. Bras.: *A Dança Cósmica das Feiticeiras: Guia de Rituais para Celebrar a Deusa*. Rio de Janeiro: Nova Era, 2007.]

SYLVAN, Dianne. *The Circle Within: Creating a Wiccan Spiritual Tradition*. St. Paul: Llewellyn, 2003.

TELESCO, Patricia. *365 Goddess: A Daily Guide to the Magic and Inspiration of the Goddess*. New York: HarperOne, 1998.

WEINSTEIN, Marion. *Positive Magic: Occult Self-Help*. New York: Earth Magic Productions, 1994.

WEST, Kate. *The Real Witches' Year: Spells, Rituals and Meditations for Every Day of the Year*. London: Element, 2004.

WHITEHURST, Tess. *Magical Housekeeping: Simple Charms and Practical Tips for Creating a Harmonious Home*. Woodbury: Llewellyn, 2010. [Ed. Bras.: *A Arte da Magia para Arrumar e Proteger sua Casa*. São Paulo: Pensamento, 2016.]

Deborah Blake é a premiada autora de *The Goddess is in the Details, Everyday Witchcraft* e inúmeros outros livros, além do popular *Tarô Diário de uma Bruxa*. Ela publicou artigos nos anuários da editora Llewellyn, e sua coluna "Everyday Witchcraft" é publicada na revista *Witches & Pagans*.

Deborah também é autora da série *Baba Yaga*, de romances paranormais, e da série de fantasia urbana *Veiled Magic*. Ela pode ser encontrada on-line no Facebook, no Twitter e em seu site www.deborahblakeauthor.com.

Quando não está escrevendo, Deborah gerencia a Artisans' Guild, loja colaborativa que fundou com uma amiga em 1999, e também trabalha com joalheria, tarô e terapias energéticas. Ela vive em uma casa de fazenda de 130 anos de idade, em uma área rural no norte do estado de Nova York, junto de diversos gatos que supervisionam todas as suas atividades, tanto mágicas quanto mundanas.

MAGICAE
DARKSIDE

MAGICAE é uma marca dedicada aos saberes ancestrais, à magia e ao oculto. Livros que abrem um portal para os segredos da natureza, convidando bruxas, bruxos e aprendizes a embarcar em uma jornada mística de cura e conexão. Encante-se com os poderes das práticas mágicas e encontre a sua essência.

DARKSIDEBOOKS.COM